NEUE FUNDE IN CHINA

Danielle und Vadime Elisseeff

NEUE FUNDE IN CHINA

Archäologie verändert die Geschichte

HIRMER VERLAG MÜNCHEN

Henri Maspéro (1883–1945),
dem Entdecker des alten China

CIP-Kurztitelaufnahme der Deutschen Bibliothek
Elisseeff, Danielle:
Neue Funde in China: Archäologie veränd. d.
Geschichte / Danielle u. Vadime Elisseeff.
[Die Übers. aus d. Franz. besorgte Klaus K. Brandt].
– München: Hirmer, 1983.
   Einheitssacht. : Récentes découvertes en Chine
   ›dt.‹
   ISBN 3-7774-3550-3

NE: Elisseeff, Vadime:

Die Übersetzung aus dem Französischen besorgten Klaus
J. Brandt und Rita Zeppelzauer

Titel der Originalausgabe:
Nouvelles découvertes en Chine – L'histoire revue par l'archéologie
© 1983 by Office du Livre Fribourg
© der deutschsprachigen Ausgabe:
   1983 by Office du Livre Fribourg und Hirmer Verlag
   München

Farblithos: Atesa Argraf SA, Genf
Schwarzweißlithos: C + L AG, Zürich
Satz und Druck: Freiburger Graphische Betriebe, Freiburg im
Breisgau
Buchbinderische Verarbeitung: H. + J. Schumacher AG,
Schmitten-Bern
Karte: Marcel Berger
Graphische Gestaltung und Herstellung: Franz Stadelmann
Redaktion: Hubertus von Gemmingen

ISBN 3-7774-3550-3
Printed in Germany, bound in Switzerland

INHALTSVERZEICHNIS

ZUR UMSCHRIFT DER CHINESISCHEN NAMEN UND BEGRIFFE

Im vorliegenden Band wird zur Umschrift der chinesischen Namen und Begriffe das sogenannte Pinyin-System (auch New Latin genannt) verwendet. Es wurde mit Hilfe des lateinischen Alphabets in der Volksrepublik China entwickelt und hat den Vorzug, der internationalen Fachwelt eine gemeinsame Grundlage zu bieten.

Bei der Aussprache nach dem Pinyin-System ist zu beachten:

i   nach den Zischlauten *c, sh, z* und *zh* entspricht einem kurzen Nachklang zu diesen Lauten, etwa wie in deutsch »Ka*tze*«, »Wä*sche*«.

e   *ist ein sehr offenes o, zwischen ö und e.*

o   entspricht fast dem deutschen *u (song = sung).*

u   klingt meist wie im Deutschen, nach manchen Zischlauten aber wie *ü (xun = chün; jun = djün).*

c   = *ts (cang = tsang; ci = tse).*

ch   = *tsch (chang = tschang).*

h   entspricht fast dem deutschen *ch* in *ach (han = chan).*

j   = *dj (jia = djia; jing = djing).*

q   = *tj.* Die Aussprache dieses Lautes liegt zwischen deutsch *tj* und *tsch (qin = tjin).*

r   entspricht dem englischen *r.*

sh   = *sch (shuang = schuang; shi = sche).*

x   entspricht dem *ch* in deutsch *ich (xiang = chiang; xu = chü).*

y   ist das deutsche *j (yong = jung).*

z   ist ein manchmal stimmhaftes *ds (zong = dsung; zi = dse).*

zh   entspricht einem leicht stimmhaften *dsch (zhou = dschou).*

EINLEITUNG

Man sagt, daß sich China heute, empfänglich für die Verlokkungen und die Einflüsse von außen, verändere. Was aber, wenn dieses Land seinen Glauben an sich selbst plötzlich wiederfände? Nachdem in China in den vergangenen dreißig Jahren versucht worden ist, das materielle und geistige Erbe der Vergangenheit abzulehnen, ja auszulöschen, kommt es nun zu neuen Ehren, gereinigt von Schimpf und Schande, in der Form großartiger Denkmäler. Darin einzig Zeugnisse für die Ausbeutung des Menschen durch den Menschen zu sehen, scheint sich als eine überholte Vorstellung herauszustellen. Die Chinesen entdecken jetzt mit Bewunderung das Werk ihrer Vorfahren wieder, das erstaunliche Erbe zahlloser Künstler, Kunsthandwerker oder einfacher Arbeiter: jener Menschen, von denen seit zweitausend Jahren die offiziellen Texte berichten – allerdings nur in Begriffen der Produktivität oder Rentabilität im Rahmen einer Wirtschaftsphilosophie, die während des gleichen Zeitraumes ständig zwischen Liberalismus und Dirigismus schwankte.

Die Neigung, die historischen Fakten mit den heutigen soziologischen, moralischen und politischen Zielen zu verbinden, ist immer noch verbreitet, aber es muß betont werden, daß die Archäologen bemüht sind, sich in den Dienst des Menschen und der Gesellschaft zu stellen, um dem chinesischen Volk endlich sein historisches Bewußtsein, seine Vergangenheit wiederzugeben.

Vor der Song-Zeit (960–1279) wurde in China die Antike, oder allgemeiner gesprochen, die Geschichte nur anhand der überlieferten Texte betrachtet, wobei es sich meistens um offizielle Texte erbaulichen oder politischen Inhaltes handelte. Man interessierte sich für archäologische Gegenstände nur soweit, wie sie zur Klärung oder Bestätigung der Angaben in den Annalen oder großen historischen Berichten beitrugen, denn man betrachtete sie immer als etwas, das eng mit Tod und Jenseits verbunden und somit furchterregend war.

All dies änderte sich während der ersten Hälfte des 11. Jahrhunderts, als der kritische Geist der Gebildeten, die inzwischen mit dem buddhistischen Gedankengut und nicht allein mit rein chinesischen Vorstellungen vertraut waren, plötzlich mit der zufälligen Entdeckung archaischer Bronzen in Anyang konfrontiert wurde. Diese außergewöhnlichen Funde weckten ein völlig neues Interesse für das frühe China. Die von Geheimnissen umgebenen alten Gräber erregten die Neugierde der Gelehrten, die mit ihrem ausgeprägten Hang zur Katalogisierung und Klassifizierung nun sofort in Form von Verzeichnissen, dem *Kaogutu* (1092) und dem *Bogutulu* (um 1120), die wichtigsten, zu ihrer Zeit bekannten archaischen Objekte inventarisierten. Jedes Werk umfaßte vier Abteilungen: die Bestandsaufnahme der Objekte, ihre Beschreibung, ihre Bestimmung und die Erforschung ihres Gebrauches. Den beschreibenden Texten wurden Abbildungen und vor allem Abreibungen beigegeben, deren Technik in der vorangegangenen Zeit der Fünf Dynastien (907–960) vervollkommnet worden war und noch heute einen der interessantesten Aspekte der chinesischen Kunst bildet. Überdies gab der Kaiser selbst während der Huangyu-Ära (1049–1054) die Anfertigung mehrerer Bronzegefäße im Stil der Bronzen von Anyang in Auftrag. Diese Vorliebe für das Alte brachte zwei Folgeerscheinungen mit sich, von denen die eine direkte Auswirkungen auf die Archäologie hatte. Auf der einen Seite vergrößerte sich das Repertoire der Künstler, indem antike Formen aufgenommen und tradiert wurden, doch auf der anderen Seite führte der kaiserliche Auftrag zu Nachbildungen, die seitdem in besonderem Maße die Vorstellungen, die die Chinesen von ihrer Vergangenheit entwickeln sollten, in Verwirrung brachten.

Der Begriff der Nachahmung oder gar Fälschung wird in China und ganz allgemein in Ostasien anders bewertet als bei uns im Westen. So wird in der Malerei bereits seit Xie He (6. Jahrhundert) der Geist eines Werkes so hoch eingeschätzt, daß der Wiedergabe der Auffassung eines Meisters mehr Wert beigemessen wird als einer neuen Interpretation.

Die Vorliebe für alte Dinge, die unter den Yuan etwas in den Hintergrund getreten war, erfuhr einen großen Aufschwung unter der Ming-Dynastie, deren Machtergreifung als nationale Erneuerung galt. Während der Xuande-Ära (1426–1436) wurde erneut durch kaiserlichen Erlaß der Guß einer großen Zahl von Bronzegefäßen angeordnet, die man nach den in den Song-Katalogen überlieferten Formen kopierte. Damit erwachte in ganz China die Begeisterung für Dinge im archaischen Stil; gleichzeitig verfeinerte sich die Technik geschickter Kopisten erheblich, die nun den Originalen zum Verwechseln ähnliche Imitationen anfertigten. Im 16. Jahrhundert versuchte bereits ein Gelehrter, Gao Lian, die Fälschungen aufzudecken. Aber die Beurteilungskriterien jener Zeit waren recht einfach: Sobald eine Bronze eine angenehme Patina aufwies, bestand an ihrer Authentizität nicht mehr der geringste Zweifel.

Echter archäologischer Forschergeist bildete sich erst im 18. Jahrhundert aus, im Zusammenhang mit der Entwicklung der Philologie, als Liang Tongshu eine ausführliche Untersuchung der mit Inschriften versehenen Bronzen durchführte. Aber letztlich beweist sein Werk, das auf dem *Dongtianqingluji* des Zhao Xihu (13. Jahrhundert) aufbaute, vor allem die geringen Sachkenntnisse der Gelehrten der Qing-Zeit, die sich leicht in die Irre führen ließen. Selbst Yuan Yuan, der 1804 einen bedeutenden Katalog herausgab und den Neubeginn der Studien über Bronzen mit Inschriften einleitete, vernachlässigte völlig die Unterscheidung zwischen Fälschung und Kopie und untersuchte mit gleichem Interesse alle alt aussehenden Bronzen, die durch seine Hände gingen. Das Problem der Echtheit und auch der Herkunft der erhaltenen Gegenstände wurde erst um 1840 von Chen Jieqi erörtert. Dies bedeutet jedoch keineswegs, daß nun die Kopien verschwanden, sie erfreuten sich erneuter Beliebtheit, als sich der westliche Markt für sie öffnete.

Die Bedeutung, die Europa und die USA für die chinesische Archäologie besitzen, sollte nicht unterschätzt werden. Am Anfang standen um die Jahrhundertwende Expeditionen wagemutiger Reisender, die sowohl Forscher als auch Abenteurer waren: die Deutschen Albert Grünwedel und Albert von le Coq, die Engländer Sir Aurel Stein und Dudley A. Milles, die Russen Berezovsky, Oldenburg und Kozlov, die Amerikaner Langdon Warner, Berthold Laufer und Torrance, die Franzosen Jacques Bacot, Paul Pelliot, d'Ollone, Edouard Chavannes und Victor Segalen. Ab 1920 leiteten europäische Geologen und Prähistoriker, beispielsweise der schwedische Forscher J.-G. Andersson oder Teilhard de Chardin, die Erforschung und Untersuchung frühgeschichtlicher Fundstätten ein, Forschungen, die 1923 zur Entdeckung einer altsteinzeitlichen Kultur am Rande der Ordos-Wüste und im Dezember 1928 zum Fund des Schädelknochens von Zhoukoudian führten.

Die chinesischen Gelehrten organisierten diese Ausgrabungen und beschäftigten sich mit archäologischen Studien unter der Leitung der Academia Sinica. Im Jahr 1928 führten die Arbeiten von Luo Zhenyu, Wu Qicheng und Guo Moruo unter der Leitung von Dr. Li Ji, Direktor der archäologischen Abteilung der Academia Sinica, zu den berühmten Ausgrabungen der shangzeitlichen Anlagen in Anyang in der Provinz Henan, der jungsteinzeitlichen Fundstätten von Chengziyai in der Provinz Shandong und der hanzeitlichen Relikte in der Provinz Shanxi.

Kurz vor diesem entscheidenden Jahr veröffentlichte 1927 Henri Maspéro, damals die maßgebliche Autorität auf dem Gebiet der historischen Erforschung Chinas, eine Zusammenfassung der im ersten Viertel des 20. Jahrhunderts erzielten Ergebnisse und Entdeckungen. Ein Zitat aus seinem Vorwort verdeutlicht besser als jede ausführliche Erörterung den überragenden Beitrag, den die Archäologie bisher und auch in Zukunft zur besseren Kenntnis der alten chinesischen Gesellschaft beisteuerte und noch erbringen wird: »Was man auch immer behaupten mag, die Geschichte des alten China reicht nicht sehr weit zurück, und der Aussagewert der Texte über die frühen Zeiten ist nicht gerade zuverlässig. Wir verfügen lediglich über Einblicke in bestimmte Epochen, zwischen denen praktisch unbekannte Zeitabschnitte liegen, und weniger über eine kontinuierliche Geschichtskenntnis. So beginnt dank neuester archäologischer Entdeckungen die Geschichte Chinas vom Ende der Yin-Dynastie (um das 12. bis 11. Jh. v. Chr.?) uns bekannt zu werden und Gestalt anzunehmen; aber die direkt darauffolgenden Jahrhunderte, die in den Überlieferungen als der Höhepunkt der Zhou-Dynastie bezeichnet werden, sind für uns ein Vakuum; erst gegen Ende des 9. Jh. v. Chr. beginnt das Dunkel sich aufzuhellen. Vom ausgehenden 8. Jh. v. Chr. an ist uns für rund zweieinhalb Jahrhunderte, von 722 bis 480 v. Chr., die Geschichte Chinas verhältnismäßig gut bekannt, dank einer Chronik, die diesen Zeitraum erfaßt. Dann verdichtet sich erneut der Nebel, weniger undurchdringlich als für die frühe Zeit, über der Periode bis zum 3. Jh. v. Chr.; die erhaltenen Dokumente sind gering an Zahl und nur wenig verläßlich.«

Dieser Text läßt zwei Dinge erkennen: den Scharfblick des großen Meisters, der die im Dunkeln liegenden Perioden umschreibt, und die Bedeutung der Schätze, die die moderne chinesische Archäologie zutage bringt und die die ungenauen oder gar fehlenden Texte ersetzen, es sei denn, sie holt auch seltene Manuskripte aus der Erde, die den kaiserlichen Annalen zeitlich vorangehen.

Seit 1949 ist die chinesische Archäologie, ohne dabei ihre politischen Ziele und Aufgaben aus dem Auge zu verlieren, nach wissenschaftlichen Richtlinien organisiert. Ihre rasche Entwicklung beruht auf der Zusammenarbeit verschiedener Einrichtungen. Jede Forschung, und noch mehr jede Ausgrabung unterliegt der Kontrolle des »Nationalen Büros für Kulturobjekte« *(Guojia wenwu shiye guanliju)*. Diese Behörde stellt Archäologen ein; ihr kommt auch die Aufgabe zu, die Museen im Lande zu verwalten, sei es direkt oder über ihre nachgeordneten regionalen oder städtischen »Kulturbüros« *(Wenhuaju)*. Die einzelnen Museen erfüllen zwei Aufgaben: Sie sind gleichzeitig Stätten der Aufbewahrung und Zentren der Forschung. In ihnen sind die früheren »Örtlichen Ausschüsse für die Bewahrung von Kulturschätzen« *(Wenwu quanli wei yuan hui)* aufgegangen.

Zwei wissenschaftliche Institute sind diesem dichten Netz regionaler Einrichtungen übergeordnet: das »Institut für Paläontologie der Wirbeltiere und Paläoanthropologie« und das

»Archäologische Institut« *(Kaogu yanjiusuo)*, die beide unter die Aufsicht der Akademie der Wissenschaften (Academia Sinica, *Zhongguo kexue yuan*) gestellt sind.

Das Archäologische Institut, das lange unter der Leitung von Professor Xia Nai stand, ist heute eine Organisation von beträchtlicher Bedeutung. Allein in der Zentrale in Beijing sind mehr als zweitausend Mitarbeiter angestellt: Archäologen, Paläographen, Zeichner, Restauratoren, Bibliothekare und Archivare. Hinzu kommen drei ständige Zweigstellen in Xi'an, Anyang und Luoyang. Darüber hinaus erfaßt das Institut alle Informationen der archäologischen Dienste in den verschiedenen Provinzen und sendet bei Bedarf Spezialisten zu wichtigen Ausgrabungsstätten. Es beaufsichtigt oder besorgt auch die Redaktion und Veröffentlichung von Berichten und wissenschaftlichen Arbeiten in zwei Zeitschriften, die direkt vom Institut herausgegeben werden, oder in anderen Publikationen, die in dem Verlag *Wenwu chubanshe* erscheinen. Wir werden am Ende dieses Buches die Besonderheiten und die Bedeutung darlegen, die diesen zahlreichen Publikationen trotz ihrer einfachen und gelegentlich drucktechnisch unzulänglichen Aufmachung zukommt.

Die chinesischen Archäologen bildeten zwei Gruppen: Die eine übt ihre Tätigkeit hauptberuflich in den Museen oder örtlichen Kommissionen aus, die andere, meist lokal geschult, wird nur auf begrenzte Zeit beschäftigt und für die Dauer einer Ausgrabung verpflichtet; danach kehren die Archäologen wieder zu ihren gewöhnlichen Arbeitsplätzen zurück. Aus ihren Reihen wählt die Regierung die örtlich Zuständigen aus. Sie bilden die freiwilligen Brigaden, die jederzeit bereit sind, bei bedeutenden Grabungen oder Rettungsaktionen einzuspringen.

Die Ausbildung der Berufsarchäologen findet an acht Universitäten – Beijing, Qirin, Shandong, Xibei, Nanjing, Sichuan, Amoy und Zhongshan – statt. Bis vor kurzem mußten die Bewerber nach Abschluß der Oberschule zwei Jahre lang, weit entfernt von ihrem Wohnort, als Arbeiter in der Industrie oder auf dem Lande arbeiten, um danach die Erlaubnis zum Studium an der Universität sowohl von ihren Arbeitskollegen, Bauern oder Soldaten als auch von ihren Vorgesetzten zu erhalten. Anscheinend sind diese Bestimmungen heute erheblich gelockert worden, aber die letzte Entscheidung hängt immer noch von den Regierungsstellen ab, die über die verfügbaren Studienplätze je nach Bedarf entscheiden. Es ist selbstverständlich, daß dabei das Archäologische Institut das Recht zur Überwachung der Ausbildung der Studenten besitzt, sie zu Praktika aufnimmt und bestmöglich auszubilden versucht.

Seit 1979 vereinigt ein jährlich abgehaltener Kongreß die Archäologen. Die Veröffentlichung der Vorträge des ersten Kongresses, der im April 1979 in Xi'an stattfand und dreißig Jahre archäologischer Forschungen feierte, legt Zeugnis ab von den Hauptinteressen der heutigen Forschung.

Eine größere Zahl dieser Archäologen hat sich der Weiterführung der Studien zur chinesischen Geschichte verschrieben. In ihren Bereich gehören die Entzifferung und Deutung der Orakelsprüche oder der Inschriften auf Bronzen aus der Shang- und Zhou-Zeit, ferner die Klassifizierung der Bronzen selbst und einiger ihrer keramischen Vorbilder sowie die Bedeutung der Großen Mauer als Barriere Chinas gegen die Nomadenvölker. Interessant ist zudem der Vergleich zwischen den neuen archäologischen Ausgrabungsergebnissen aus den Kernlanden Chinas und den bereits seit längerem bekannten Funden aus den Grenzgebieten des Kaiserreiches. Hierher gehören auch die Ausgrabungen von paläolithischen, neolithischen und bronzezeitlichen Schichten in den die Große Ebene umgebenden Gebieten wie der Inneren Mongolei und den Provinzen Heilongjiang, Zhejiang und Yunnan und die darauf basierenden detaillierten Berichte über die vielfältigen Kulturen, die das Neolithikum Chinas kennzeichnen, verbunden mit der Erforschung der Gemeinsamkeiten bzw. Gegensätze zwischen den einzelnen Kulturzentren. Besondere Aufmerksamkeit gilt schließlich den Ausgrabungen der eigenständigen Zivilisationen im Süden Chinas, wie etwa in dem Gebiet von Taihu an der Mündung des Yangzi-jiang, der Wiege des Königreiches Yue, oder der Erforschung des erstaunlichen Königreiches Chu, dessen Ausstrahlung anscheinend viel weiter in den Norden Chinas reichte und dessen Kultur mehr beeinflußte als bisher angenommen, oder noch die Untersuchung der Randkulturen in Sichuan und Yunnan, die zum Bereich der chinesischen Zivilisation gehören, sich aber nicht ganz in das traditionelle Bild, das wir von der Kultur der Großen Ebene besitzen, einordnen lassen.

Ein wesentlicher Anteil, wenn nicht sogar die Mehrheit der heute in Fachzeitschriften publizierten Artikel und Ausgrabungsberichte befaßt sich mit den oben erwähnten Problemen, und alle beschäftigen sich mit dem China vor der Kaiserzeit. Dies bedeutet aber keineswegs, daß das Interesse an Ausgrabungen nachläßt, sobald diese einer Fundstätte aus der Kaiserzeit gelten. Aber es scheint sich herauszukristallisieren, daß die umwälzenden neueren Entdeckungen über die Vergangenheit Chinas im wesentlichen vor der Zeit des Kaiserreiches liegen, noch vor der Bildung jener außergewöhnlichen zentralisierten Staatsform, die in den Archiven im großen und ganzen gut belegt ist.

Neben der traditionellen Unterscheidung zwischen historischer und prähistorischer Archäologie hat es sich als notwendig erwiesen, für China eine weitere Unterteilung einzuführen; die der vorkaiserzeitlichen Archäologie und der Archäologie der Kaiserzeit. Beide versuchen, die schriftliche Überlieferung mit den archäologischen Funden in Einklang zu bringen, aber sie gehören zwei grundverschiedenen, ja sich geradezu widersprechenden Welten an: Der vorkonfuzianischen Welt steht die Zeit des triumphierenden Konfuzianismus gegenüber, die durch die Stärkung des Staatsideals gekennzeichnet ist, trotz aller vorübergehenden, übrigens recht zahlreichen Veränderungen. Die gleiche Vorstellung findet man auch, verborgen hinter marxistischen Formulierungen, in der Mehrzahl der archäologischen Abhandlungen:

ZEITTAFEL

Xia-Dynastie		ca. 2100–1600 v. Chr.
Shang-Dynastie (Yin)		ca. 1600–1100 v. Chr.
Zhou-Dynastie	Westliche Zhou-Dynastie	ca. 1100– 771 v. Chr.
	Östliche Zhou-Dynastie	770– 256 v. Chr.
	Zeit der Frühlings- und Herbstannalen	770– 476 v. Chr.
	Zeit der Streitenden Reiche	475– 221 v. Chr.
Qin-Dynastie		221– 207 v. Chr.
Han-Dynastie	Westliche Han-Dynastie	206 v.– 24 n. Chr.
	Östliche Han-Dynastie	25– 220
Zeit der Drei Reiche	Wei-Dynastie	220– 265
	Shu-Han-Dynastie	221– 263
	Wu-Dynastie	222– 280
Westliche Jin-Dynastie		265– 316
Östliche Jin-Dynastie		317– 420
Südliche Dynastien	Song-Dynastie	420– 479
	Qi-Dynastie	479– 502
	Liang-Dynastie	502– 557
	Chen-Dynastie	557– 589
Nördliche Dynastien	Nördliche Wei-Dynastie	386– 534
	Östliche Wei-Dynastie	534– 550
	Nördliche Qi-Dynastie	550– 577
	Westliche Wei-Dynastie	535– 556
	Nördliche Zhou-Dynastie	557– 581
Sui-Dynastie		581– 618
Tang-Dynastie		618– 907
Zeit der Fünf Dynastien	Spätere Liang-Dynastie	907– 923
	Spätere Tang-Dynastie	923– 936
	Spätere Jin-Dynastie	936– 946
	Spätere Han-Dynastie	947– 950
	Spätere Zhou-Dynastie	951– 960
Song-Dynastie	Nördliche Song-Dynastie	960–1127
	Südliche Song-Dynastie	1127–1279
Liao-Dynastie		916–1125
Jin-Dynastie		1115–1234
Yuan-Dynastie		1271–1368
Ming-Dynastie		1368–1644
Qing-Dynastie		1644–1911
Republik China		1912–1949
Volksrepublik China		1949–

(Nach China, Sights and Insights, Bd. 1, Nr. 3, Beijing 1981)

Entstehung, Aufschwung und Untergang der Sklavengesellschaft, abgelöst von dem Aufkommen des Feudalismus.

Während die Erforschung des kaiserzeitlichen China zusätzliche Informationen, Richtigstellungen und Bestätigungen für verhältnismäßig bekannte Zeiträume bringt, öffnet die Archäologie der vorkaiserlichen Zeit völlig neue Perspektiven, indem sie Texte bestätigt oder widerlegt, neue Texte zur Kenntnis bringt und plötzlich Gebiete und Epochen erhellt, die seit zwei Jahrtausenden vergessen waren.

In solchen Gegenständen werden ganze Generationen wieder lebendig. Gleichzeitig versuchen die widersprüchlichsten Ideologien, sich ihrer nach jeweils eigenen grundverschiedenen und intoleranten Vorstellungen zu bemächtigen – aber all diese Gedankengebäude werden unaufhörlich durch neue Entdeckungen widerlegt. Es gehört zu den Überraschungen der Archäologie, daß sie uns immer wieder neben der Freude, neue Kenntnisse gewonnen zu haben, eine Lektion an Bescheidenheit erteilt.

NEUES BILD DES VORBRONZEZEITLICHEN CHINA

DIE ALTSTEINZEITLICHEN FUNDE

Die Erhellung der Geschichte der ersten Menschen ist vielleicht das wichtigste Ergebnis der modernen Archäologie. In China erleben wir zur Zeit, wie sich unsere Kenntnisse über die Besiedlung eines ganzen Kontinentes von Jahr zu Jahr erweitern, Kenntnisse, die noch zu Beginn unseres Jahrhunderts völlig fehlten.

Die ersten Entdeckungen wurden recht spät gemacht, erst in den zwanziger Jahren, als in den Felswänden von Zhoukoudian in der Nähe von Beijing die Überreste eines Menschen gefunden wurden, der vor 500000 bis 600000 Jahren gelebt hatte und unter dem Namen »Peking-Mensch« (Sinanthropus pekinensis) bekannt wurde. Das Auftauchen dieses Menschen, dem Kannibalismus keineswegs fremd gewesen war, mitten im 20. Jahrhundert versetzte damals die wissenschaftliche Welt in Aufregung, führte zur Entstehung der archäologischen Feldforschung und hat vielleicht sogar die philosophischen Vorstellungen von Teilhard de Chardin beeinflußt. Sein Erscheinen war allerdings nur von kurzer Dauer: Die Kisten, die den kostbaren Fund enthielten, gingen gegen Ende des Zweiten Weltkrieges auf der Flucht vor den japanischen Armeen verloren.

Dieser Verlust wurde jedoch 1963 durch die Entdeckung eines Bruders oder Vetters aufgewogen, der etwas älter ist als der »Peking-Mensch« und als »Lantian-Mensch« (Sinanthropus lantianensis) bezeichnet wird. Er lebte vor ungefähr 600000 bis 700000 Jahren in der Provinz Shaanxi. Erst vor kurzem, 1979, wurden die Überreste eines weiteren Vorzeitmenschen in Nanzhao in der Provinz Henan gefunden. Einige Archäologen bringen diese Funde mit bearbeiteten Steinwerkzeugen in Verbindung, die ebenfalls in der Provinz Henan, bei Houjiapo, ans Tageslicht kamen, und schließen damit auf die Entstehung der ältesten überhaupt bekannten Hochkultur in China, die sich im Herzen der Großen Ebene ausbreitete und im Wei-Tal bis zu den Löß-Hochebenen von Shaanxi reichte. Diese Schlußfolgerung ist von größter Bedeutung, wenn man bedenkt, daß noch vor dreißig Jahren eine altsteinzeitliche Kultur für diese Gegenden praktisch nicht nachgewiesen werden konnte.

Diesem doppelten nördlichen Zentrum in den Provinzen Shaanxi und Henan ist noch ein südlicher Schwerpunkt zur Seite zu stellen. Das in seiner Art vergleichbare, doch zweifellos ältere Zentrum ist durch den 1965 in der Provinz Yunnan entdeckten »Menschen von Yuanmou« und die 1964 in der Guanyin-Höhle (Guanyindong) in der Provinz Guizhou gefundenen Werkzeuge gekennzeichnet. Die chinesischen Prähistoriker gehen heute davon aus, daß der »Mensch von Yuanmou« vor etwa 1,7 Millionen Jahren lebte; vermutlich ist er der erste Vertreter eines Homo erectus in China (vgl. Vertebrata Palasiatica, Beijing 1976, Nr. 4, S. 267), der offenbar plumpe Steinwerkzeuge herstellte (vgl. Kaogu, 1976, 3, S. 153–160). Was die rund 3000 Steinsplitter betrifft, die unter einer 8 m dicken Erdschicht in der Guanyin-Höhle ausgegraben wurden, so bilden sie, in einer komplizierten Schichtung vorgefunden, die größte Fundstätte aus dem Altpaläolithikum, die bis heute südlich des Yangzi-jiang bekannt geworden ist.

Das Mittelpaläolithikum führt uns mit dem »Menschen von Changyang« – einem Neandertaler, der vor etwa 200000 bis 300000 Jahren lebte – nach Zentralchina in die Provinz Hubei. Ein anderer Neandertaler, der »Mensch von Maba«, der um 100000 v. Chr. in der Provinz Guangdong lebte, wurde 1958 entdeckt, während zwei weitere menschliche Überreste aus der gleichen frühen Zeit im Jahr 1966 in der oberen Höhle von Zhoukoudian gefunden wurden. An diesem Wendepunkt zum Jungpaläolithikum tauchen der »Mensch von Ziyang« in der Provinz Sichuan und der »Mensch von Hetao« in der Inneren Mongolei auf, während der »Mensch von Dingcun« aus der Provinz Shanxi das Fortschreiten der Hominisation in diesen Regionen belegt, obwohl seine Werkzeuge vom Clactonien-Typ etwas spät für die Epoche sind.

Aus all diesen Mosaikstücken, die eine längere, intensive Erforschung verdienten, ergibt sich, daß die chinesische Erde dem Menschen bereits seit den frühesten Anfängen Raum und Nahrung gegeben hatte, ohne daß man bei der geschichtlichen Rekonstruktion eine komplizierte Wanderungstheorie

14

in Anspruch nehmen muß. Damit rühren wir an eine der Lieblingsthesen der chinesischen Archäologen und noch mehr der chinesischen Führungsschicht: der These des Sinozentrismus, das heißt, des eigenständigen Charakters der chinesischen Kultur und ihrer Entstehung. Wenn auch die Beweisführung für die These, was Paläolithikum und manche Formen des Neolithikums betrifft, durchaus überzeugend wirkt, trifft sie doch für bestimmte Aspekte der Bronzezeit weniger zu. Für diese Epoche leugnen auch die chinesischen Archäologen enge Beziehungen zu anderen Kulturen nicht mehr ab, erklären jedoch China zum Mittelpunkt, eine Auffassung, die für ausländische Archäologen keineswegs dieselbe zwingende Schlüssigkeit besitzt.

Für den Beginn des Jungpaläolithikums werden die Wanderungstheorie und die These der chinesischen Eigenständigkeit bestätigt durch das Auftauchen der Überreste eines *Homo sapiens* bei Liujiang in der Provinz Guizhou. Dieser Mensch lebte vor 30000 bis 40000 Jahren, und sein Skelettaufbau zeigt überraschenderweise Merkmale der mongolischen Rasse. Wir werden hier daran erinnert, daß Rassenmerkmale dem Menschen nicht angeboren sind, sondern – unter noch unbekannten Umständen – erst in Erscheinung traten, als der Mensch praktisch seinen heutigen Entwicklungsstand erreicht hatte. Demnach sieht es augenblicklich so aus, als ob China vom Süden her »mongolisiert« worden sei, während die damaligen Siedler bereits einen hohen Entwicklungsstand erreicht hatten, eine Annahme, die sich durch zukünftige Entdeckungen in Nord-China als richtig oder als falsch erweisen könnte. Wie auch immer die durch die Spatenforschung gegebene Antwort ausfällt, sie wird die Vorstellung erheblich verändern, die die »Han«- und »Nicht-Han«-Völker in China von sich selbst und von anderen Bevölkerungsgruppen haben.

1
Schultertopf mit Dekor von vier großen Kreisen. Ton, bemalt. H. 49 cm. Neolithikum. Entdeckt 1956 in Yangjing, Provinz Gansu
Dieser Schultertopf mit zwei Ösenhenkeln am Gefäßbauch ist ein gutes Beispiel für die westchinesische bemalte Keramik der jungsteinzeitlichen Yangshao-Kultur. Die Töpferware wurde aus Wülsten aufgebaut, mit der Hand geformt oder gelegentlich – bei qualitativ besonders hochstehenden Stücken und am Ende der Periode – auf der Töpferscheibe gedreht. Die feinen Stücke tragen – wie der abgebildete Topf – einen bemalten, meist geometrischen Dekor, der für den sogenannten Banshan-Stil kennzeichnend ist. In Banshan förderte man seit 1923 solche Gefäße zutage. Sie zeigen mit verschiedenen Motiven gefüllte Medaillons, konzentrische Kreise oder große Spiralen, alles Symbole, deren Bedeutung heute unbekannt ist. Zahlreiche dieser Motive scheinen auf einer Stilisierung von zoomorphen und selbst anthropomorphen Elementen zu beruhen. Der Dekor beschränkt sich auf die obere Hälfte des Gegenstandes, da man den unteren Gefäßteil in den Boden steckte.

ENTWICKLUNGEN UND PROBLEME DES NEOLITHIKUMS

»Zu der Zeit, als die Hochkulturen des Vorderen Orients ihren Höhepunkt erreichten, begannen am entgegengesetzten Ende des asiatischen Kontinents, in den weiten, zum Golf von Chili und dem Gelben Meer hin geöffneten Tiefebenen die Bauern, die an den Ufern des Gelben Flusses lebten, langsam eine Zivilisation aufzubauen und legten, ohne noch etwas von der Größe ihrer zukünftigen Werke zu ahnen, den Grundstein zum chinesischen Kaiserreich.«[1]

Die ersten Agrargesellschaften

Während die Entdeckung zusammengehöriger, über den chinesischen Kontinent verstreuter altsteinzeitlicher Kulturen eines der erstaunlichsten Ergebnisse der modernen Archäologie darstellt, war dagegen die Existenz einer neolithischen chinesischen Hochkultur bereits seit den ersten Ausgrabungstätigkeiten der Academia Sinica in den späten zwanziger Jahren bekannt. Nichtsdestoweniger sind die neuesten Forschungsergebnisse von großer Bedeutung, denn sie ermöglichen es, für die Regionen Chinas ein gemeinsames Bild der ersten Akkerbau betreibenden Gesellschaften zu entwerfen[2], und unterstreichen die weite Verbreitung eines technologischen Entwicklungsstandes, den die wichtigsten chinesischen Länder etwa gleichzeitig erreicht zu haben scheinen.

Als Bindeglied zwischen der paläolithischen und neolithischen Welt steht die mikrolithische Kultur – gekennzeichnet durch die Verwendung winziger Steinabschläge –, die sich über den asiatischen Steppengürtel vom Kaspischen Meer bis Nord-China erstreckte und Tibet, Xinjiang, die Innere Mongolei, aber auch Shanxi (in Xiachuan) oder Hebei (in Hutouliang) umfaßte. Die mikrolithischen Erzeugnisse, für die Lanzen und sehr kleine, fein zugespitzte Pfeilspitzen charakteristisch sind, blieben in Gebrauch weit über den Zeitraum hinaus, der ihnen von den Archäologen allgemein zugestanden wird. Die Datierungen von zeitgleichen organischen Materialien mit der C-14-Methode bestätigen diese Tatsachen, indem sie die Anfänge des Mikrolithikums vor über 20000 Jahren ansetzen. Aber in den Gebieten der – wesentlich später errichteten – Großen Mauer lassen sich beispielsweise für die verschiedenen Entwicklungsstadien, die von der Kultur der einfachen Kammkeramik bis zu den Fundstätten der Longshan-Kultur mit ihrer extrem dünnwandigen, glänzend polierten und bereits an Metallgefäße erinnernden Keramik reichen, relativ bedeutende mikrolithische Steinwerkzeugfunde feststellen.

Nach dem Mesolithikum entzieht sich die chinesische Frühgeschichte erneut unserem Blick. Doch beweisen jüngste

Funde die Anfänge einer Agrargesellschaft in der Großen Ebene: Peiligang in Zentral-Henan und Cishan in Hebei weisen Fundstätten einer auf Ackerbau basierenden Gesellschaft auf, allerdings noch ergänzt durch Sammlertätigkeit, wie dies besonders deutlich in Cishan festzustellen ist. Die Menschen besaßen damals Haustiere wie das Schwein und bestatteten ihre Toten in würdevoller Form. Sie stellten eine grobe, aber mit recht hohen Temperaturen gebrannte Keramik her; der in Peiligang entdeckte, schräg ansteigende Brennofen ist vergleichbar mit den Öfen in Yangshao und läßt vermuten, daß die Töpfertechnik gegenüber der von Cishan etwas fortschrittlicher war, während die Keramik von Cishan einen größeren Dekor- und Formenreichtum aufweist. Zeitlich und typologisch verkörpern diese beiden Fundstätten, soweit man den Ergebnissen aus den C-14-Untersuchungen vertrauen kann, den Entwicklungsstand einer Gesellschaft vor ungefähr 7000 oder 8000 Jahren. Zudem lassen sie die spätere Entwicklung der Yangshao-Kultur erahnen, jenen Höhepunkt des ersten chinesischen Neolithikums, dem fast gleichzeitig ein zweiter mit der Longshan-Kultur folgte.

Die Entdeckung dieser noch sehr primitiven Ackerbaukulturen bereichert somit wesentlich die Kenntnisse über die chinesische Frühgeschichte; es fehlen aber immer noch die Übergangsstufen von den einzelnen mesolithischen Stadien zum bereits voll ausgebildeten Neolithikum.

Die Kultur von Yangshao

So verlieren wir erneut festen Boden, sobald wir Peiligang und Cishan verlassen, und finden ihn erst wieder mit der voll erblühten Yangshao-Kultur, einer Kultur, die sich durch eine fortgeschrittene Ackerbauwirtschaft, eine rötliche, polierte und bemalte Keramik und durch die Anlage von Siedlungen auszeichnet, die sich über mehrere tausend Quadratmeter und in einigen Fällen sogar mehrere Hektar ausdehnten. Die Untersuchungen von Funden nach der C-14-Methode ergaben für die Yangshao-Kultur Daten, die zwischen 4515 und 2460 v. Chr. liegen, aber die Deutung aller Fakten bleibt noch schwierig und bedarf der Diskussion. Die heutige chinesische Geschichtsschreibung sieht in dieser Periode das Zeitalter des Matriarchats.

Entsprechend dem heutigen Wissensstand wird allgemein davon ausgegangen, daß die Yangshao-Zeit sich in vier Gruppen aufteilen läßt: die Gruppe der Löß-Hochebenen, die der Ebene, die von Shandong und die am Oberlauf des Gelben Flusses (Huanghe). Die erste Gruppe umfaßt die Gesamtheit der Löß-Hochebenen mit den Fundorten Banpo, Miaodigou, Beishouling und Xiwangcun.

Die große, 1954 entdeckte neolithische Siedlung von Banpo ist seit 1958 zu einer Art »Museumsschule« geworden, zu der ganze Menschenscharen kommen, um sich in die Geheimnisse der Frühgeschichte und ihrer Erforschung einführen zu lassen. Sie verdeutlicht in vorbildlicher Weise das Leben der Menschen mitten in der Jungsteinzeit. Die Siedler bauten Feldfrüchte an, jagten und fischten. Sie ließen sich vor über 6000 Jahren in Banpo nieder. Die Hinterlassenschaften ihrer Tätigkeiten liegen heute drei oder vier Meter unter der Erdoberfläche und bedecken eine Fläche von mehr als zehn Hektar. Es gab hier ein Dorf mit einem gesonderten Töpferviertel im Osten und einem Friedhof im Norden, mehr als 40 Behausungen und über 100 Vorratsgruben, ferner über 10000 Werkzeuge und Gegenstände des täglichen Gebrauchs, mehr als 200 Gräber verschiedenster Art sowie unzählige Knochen von Haustieren: mit anderen Worten, wir erkennen hier im Spiegel der Archäologie eine ganze Epoche, die der Boden von Shaanxi vor uns ausbreitet.

Das eigentliche Dorf lag im Zentrum der Anlage und nahm etwa drei Hektar Fläche ein. Ein Wassergraben, der bei seiner Freilegung noch voll funktionsfähig war, umgab die Siedlung als Schutz vor wilden Tieren, die damals in der Umgebung umhergestreift sein müssen. In diesem abgegrenzten Bereich haben die chinesischen Historiker das Erscheinen einer deutlich in Klassen geschiedenen Gesellschaft feststellen können, in der die Größe und Ausstattung der Häuser den entsprechenden Status ihrer Bewohner anzeigen. Die Behausungen, deren Fundamente anhand der unterschiedlichen Dichte des Erdreiches erkennbar sind, hatten runden oder viereckigen Grundriß und waren entweder gänzlich über der Erde errichtet oder teilweise in den Boden eingetieft. Die weiträumigsten waren mehrere Dutzend Quadratmeter groß, die kleinsten begnügten sich dagegen mit einigen wenigen Quadratmetern; die durchschnittliche Größe schwankte zwischen sechzehn und zwanzig Quadratmetern. Alle waren nach Süden hin ausgerichtet und mit einfachen Materialien errichtet: Baumstämmen, getrocknetem Schlamm, Zweigen und Blättern. Bei manchen Häusern hatte das Dach eine Öffnung als Rauchabzug; dies war jedoch nicht immer der Fall – einige der Häuser besaßen sogar überhaupt keine Feuerstelle.

Von dem über der Erde liegenden Aufbau der Häuser ist nichts oder fast nichts erhalten: Holzasche und von den Mauern Reste gestampfter Erde, die stark mit Pflanzenmaterial vermengt ist. Die leicht erhöhten Fundamente aus festgestampfter Erde, über denen sich später alle chinesischen Hausbauten erheben sollten, existieren hier noch nicht; die ersten Belege datieren, soweit dies heute zu übersehen ist, vom Ende des Neolithikums.

Die Fundstelle brachte eine große Zahl von Werkzeugen zutage – allein 735 für den Ackerbau benutzte Werkzeuge – und die vielfältigsten Gebrauchsgegenstände aus Stein oder Knochen. Die Untersuchung der gefundenen Tierknochen führte zu interessanten Erkenntnissen: Die zahlreichen Knochen von Schweinen beweisen, daß dieses Tier bereits einen wichtigen Bestandteil der Ernährung bildete und sicherlich zur Verbesserung der Arbeitskraft der damaligen Menschen beitrug. Allem Anschein nach wurden auch viele Fische verzehrt. Nicht weit von den Häusern entfernt erstreckten sich

3

16

die Anpflanzungen, besonders von Beerenfrüchten und Obstbäumen sowie der Eßkastanie.

Das Handwerk scheint eine ebenso wichtige Rolle gespielt zu haben wie der Ackerbau; zumindest läßt die große Zahl der insgesamt 1133 gefundenen Werkzeuge, die zur Bearbeitung von Leder, Fell, Knochen, Textilien und Keramik dienten, diesen Rückschluß zu. Das östlich vom Dorf gelegene Töpferviertel ist dabei von besonderem Interesse. Es besaß sechs Brennöfen, fünf mit schräg geführtem und einen mit zentralem Rauchabzug. Jeder Ofen war höhlenförmig in die Erde gegraben und bestand aus zwei Teilen, dem eigentlichen Feuerraum und einer darübergelegten, durchlöcherten Steinplatte, die später mit Schlitzen versehen war und auf der die zu brennenden Keramikstücke standen. Die Öffnungen in der Steinplatte ermöglichten den Durchzug der Hitze und des Rauches. Jeder Brennvorgang lief dabei folgendermaßen ab: Nachdem man die fertig geformten Keramikgefäße auf die durchlöcherte Steinplatte gestellt hatte, errichtete man über ihnen aus mit pflanzlichem Material angereichertem Schlamm eine Art Brennkammer, die mit einer Öffnung für den Rauchabzug versehen war. Auf diese Weise kamen die Keramiken nicht in direkten Kontakt mit dem offenen Feuer, und der Brennvorgang wurde langsam und über mehrere Stunden hinweg aufrechterhalten. Es handelte sich dabei um eine langwierige Arbeit, denn in den kleinen Brennöfen konnten, je nach Größe, immer nur einige wenige bis maximal mehrere Dutzend Gefäße gleichzeitig gebrannt werden. Der Brennvorgang mußte deshalb öfters wiederholt werden. Die heutigen Töpfer bestätigen übrigens durchaus die Qualität der damaligen Brennöfen, die sich im Prinzip nur geringfügig von den modernen, für einfache Töpferware üblichen Öfen unterscheiden – dies erklärt auch die hohe Qualität der keramischen Erzeugnisse von Banpo.

Die Mehrzahl dieser Keramiken waren noch von Hand in die Form geknetet oder mit spiralig übereinandergelegten Tonwülsten aufgebaut, mit Ausnahme einiger sehr kleiner Schalen, für deren Herstellung man bereits die Töpferscheibe verwendete.

Nach dem Brand wurden die besseren Keramikstücke kalt in den Farbtönen Rot, Schwarz oder Grau bemalt. Die Gesellschaft von Banpo scheint sich in der Tat durch sicheren Kunstgeschmack ausgezeichnet zu haben. Man bemalte Keramiken, beschnitzte Holz mit Personen, Vögeln und Tieren

2
Flasche. Ton, bemalt. H. 38 cm. Neolithikum. Entdeckt 1958 in Wushan, Provinz Gansu
Die dickbauchige Flasche mit zwei Ösenhenkeln am Gefäßbauch hat einen bemerkenswert feinen Scherben und ist mit einem seltenen schlangenförmigen Motiv geschmückt. Vermutlich handelt es sich um die Darstellung eines Drachen, der mit den Wolken, dem Regen, dem Wasser und somit der Fruchtbarkeit in Verbindung gebracht wird. Vgl. *Kaogu xuebao*, 1960, 2, S. 14 und Abb. 1, Nr. 9

3
Schale mit Dekorstreifen. Ton, bemalt. H. 10 cm, ⌀ 18 cm. Neolithikum. Entdeckt 1966 in Dadunzi, Sihu, Pixian, Provinz Jiangsu
Diese Schale mit ihrer eleganten Form und dem kühnen Dekor von Spiralen und Diagonalen ist ein Beispiel für die Qingliangang-Kultur, die ihrerseits zur Yangshao-Kultur mit ihrer aus Wülsten aufgebauten und bemalten Keramik gehört. Die Feinheit der Wandung, die leicht glänzende Oberfläche und der kunstvolle Rhythmus des Dekors kündigen schon die spätere Entwicklungsphase an: die Longshan-Kultur, deren Verbreitung inzwischen überall in China belegt ist und die ihre Blütezeit besonders in der Provinz Shandong erlebte. Vgl. *Wenwu,* 1977, 3, S. 77

und verzierte die verschiedensten Materialien wie Knochen, Elfenbein und Jade mit Ornamenten. Insgesamt 900 Objekte belegen dies, darunter sogar zwei Blasinstrumente (Okarina?) aus Ton.

Schließlich stellen die auf Keramiken eingeritzten Zeichen, die die Schrift erahnen lassen und von denen sich zwölf Formen unterscheiden lassen, wohl eine der erstaunlichsten Entdeckungen dar. Sie besaßen wahrscheinlich eine Bedeutung, deren Sinn uns heute fremd bleibt. Einige Gelehrte glauben allerdings, daß es sich hierbei nur um einfache Töpfermarken handle.

Neben dem Dorf befanden sich außerdem 250 Gräber, 174 Gräber von Erwachsenen, die im wesentlichen nördlich vom Dorf lagen, und 76 Gräber von Kindern, die meist im Innern der Häuser bestattet waren. Diese Trennung der Gräber und die vielfältigen Formen der Erwachsenengräber bilden die Hauptmerkmale der Fundstätte von Banpo. Die Verstorbenen lagen entweder lang ausgestreckt oder zusammengekauert im Grab, allein oder zusammen mit zwei, drei oder auch vier weiteren Toten, wobei die Köpfe in der Regel nach Westen ausgerichtet waren. 71 Gräber enthielten Grabbeigaben, die aus fünf oder sechs Gegenständen des täglichen Gebrauches bestanden. Die Beigaben waren besonders reichhaltig in den Gräbern von Frauen, was unter anderem die geläufige These, daß die frühe chinesische Gesellschaft auf dem Matriarchat aufbaute, erneut bekräftigt.

Von den 76 Kindern waren 73 in großen, gebrannten Tongefäßen bestattet, eine Sitte, die später auch in Japan während der Yayoi-Zeit (ca. 3. Jahrhundert v. Chr. – ca. 3. Jahrhundert n. Chr.) weitverbreitet war. Die Archäologen fanden zudem das reich ausgestattete Grab eines ungefähr sechsjährigen Mädchens, das wie ein Erwachsener ausgestreckt in einem Holzsarg lag, dem ersten, den man aus China kennt.

Bei den freigelegten Gräbern ergab sich nicht zuletzt noch folgende interessante Tatsache: Kein einziger Erwachsener

18

scheint älter als 30 Jahre geworden zu sein. Dies belegt auf eindrucksvolle Weise die geringe Lebenserwartung der damaligen Menschen. Die modernen chinesischen Geschichtsbücher ziehen daraus eine ideologisch gefärbte Lehre – die alten konfuzianischen Gelehrten waren im Irrtum, als sie in den frühen Zeiten das Goldene Zeitalter suchten, denn damals war die Kindersterblichkeit sehr hoch, und die Erwachsenen starben spätestens in den Dreißigern. Die Archäologie ist in China keineswegs nur die Wissenschaft des Altertums, der Vergangenheit, sondern sie zielt auch auf gegenwärtige Fragen.

Der zweite, 1972 entdeckte neolithische Fundort liegt in Dahe[3], südwestlich der eben beschriebenen Gegend, im Nordosten von Zhengzhou in der Provinz Henan, am Rand der Lößebene und im Zentrum des Beckens des Gelben Flusses. Dahe kommt außerdem eine besondere Bedeutung zu, da hier Überreste aus der Yangshao-Kultur und anderen, bereits auf der Longshan-Kultur beruhenden Gesellschaften gefunden wurden. Die Funde gehören damit einem Zeitraum an, der sich ohne Unterbrechung über mehr als 2000 Jahre erstreckt. In dieser lückenlosen zeitlichen Abfolge unterscheiden die chinesischen Archäologen sechs verschiedene Kulturhorizonte.

Die Untersuchungen der ältesten Schicht in Dahe sind noch nicht abgeschlossen. Es wurden in ihr nicht nur rote oder graue Keramiken gefunden, sondern auch – und hier beginnen die Schwierigkeiten – zwei weiße Keramikscherben. Handelt es sich um Vorläufer der Longshan-Töpferware oder nur um eine Verschiebung innerhalb der Schichtenfolge?

Die Scherben besitzen im allgemeinen einen eingeschnittenen oder aufgemalten Schnurdekor in den Farben Weiß, Hellgelb und Schwarz. Formen und Dekor sind höchst vielfältig, und dieser Einfallsreichtum scheint charakteristisch zu sein für die gesamte Töpferproduktion in Dahe. Bedeutet dies, daß bereits zu diesem Zeitpunkt die Provinz Henan eine fortschrittlichere Technologie besaß als die umliegenden Gebiete? Theorie und Ideologie kommen hier erneut zusammen, denn wir befinden uns in Henan im Herzen des eigentlichen China.

Neben den Keramiken gibt es die üblichen neolithischen Werkzeuge wie Äxte, Querbeile, Steinschaber, dazu Pfeilspitzen oder Nadeln aus Knochen. Kurz darauf, das heißt in der darüberliegenden Schicht, scheinen sich die Werkzeuge stark spezialisiert und vielfältigere Formen angenommen zu haben, so daß es schwierig wird, sie in übergeordnete Kategorien einzuordnen. Die geheimnisvolle weiße Töpferware, die nicht mit der gleichzeitigen, weiß grundierten Ware verwechselt werden darf, kommt etwas häufiger vor, und die Qualität der bemalten Keramik verbessert sich. Oft ist sie mit schwungvollen symmetrischen oder spiegelbildlich angeordneten Motiven *(xiangziwen)* verziert.

In der dritten Schicht werden die Funde unzählig. Die Behausungen der Lebenden liegen neben Urnen der Verstorbenen. Die Bewohner von Dahe lebten demnach in Häusern mit mehreren ineinanderverschachtelten Räumen, die meist nur 3,7 × 1,5 m groß waren. Dies läßt sich zumindest aus den erhaltenen Grundmauern erschließen. In die Löcher, die die Mauern aufweisen, waren Tragstützen eingelassen. Entsprechend ihrer Funktion variierte der Durchmesser dieser Säulen zwischen 16 und 18 oder 8 und 10 cm, und das Bodenniveau konnte von einem Raum zum nächsten um 5 oder 10 cm höher oder tiefer liegen. Die Feuerstelle befand sich entweder in einer Ecke oder im Zentrum des Hauses. Die wichtigsten Elemente des traditionellen chinesischen Wohnhauses sind hier bereits vereint: primitive Fundamente aus festgestampfter Erde, eine als Ständerbau angelegte Architektur mit Holzsäulen oder -pfeilern, die eine variable Grundrißaufteilung ermöglichte und sich erst später im Zusammenhang mit den Anforderungen des Rituals und der Geomantik verfestigte.

In der folgenden Periode von Dahe scheint sich das Hauptinteresse der Bewohner auf die Gestaltung der Grabstätten gerichtet zu haben. In dieser Schicht wurden 60 Urnengräber und 37 andere Grabstätten mit sorgfältig gestampfter Erde gefunden: Hier entsteht die Frühform jener Erdgräber, die zu Beginn der Bronzezeit unter den Shang-Königen ihre Entfaltung erleben sollten. In diesen Erdgräbern waren 24 Männer bestattet, gegenüber nur sieben Frauen; dagegen scheinen die Grabbeigaben bei den Frauen reichhaltiger gewesen zu sein als bei den Männern, ein weiteres Argument, das für die Existenz eines Matriarchats spricht.

Die Schicht enthielt auch Reste der Lebenden: zahlreiche Gebrauchsgegenstände, rote und graue Keramik mit eingepreßtem Dekor und in komplizierten Formen, Töpferware, die nun nicht mehr weiß, sondern rot grundiert und mit schwarzen, oft wesentlich zurückhaltender als zuvor angelegten Mustern geschmückt ist. Hinzu kommen einige neue Formen, die noch eine große Zukunft vor sich haben, wie die »Teekannen« mit einer siebartig durchlochten Tülle zum Filtern der Flüssigkeit und zweiteilige Töpfe zum Dämpfen mit einem vielfach durchlochten Boden.

Nach diesen kulturell außerordentlich aktiven Phasen scheint die Siedlung von Dahe gegen 2500 oder 2000 v. Chr. an Bedeutung verloren zu haben, und die elegante Longshan-Kultur ist in den beiden letzten Schichten nur durchsichtlich verarmte und bescheidene Leistungen vertreten. Es erhebt sich hier die Frage, in welchem Einvernehmen die Bewohner von Dahe mit ihren Nachbarn gelebt haben. Vielleicht erhalten wir eine Antwort, wenn einmal die wechselseitigen Beziehungen zwischen Dahe und den geographisch benachbarten oder typologisch vergleichbaren Fundstätten aufgeklärt sein werden.

Im Augenblick läßt nur die dritte Schicht, die Reste von Behausungen aufweist, einige Beziehungen zu der Kultur von Dawenkou in der Provinz Shandong erkennen, die von 1959 bis 1979 intensiv ausgegraben wurde und die dritte Stufe der Yangshao-Kultur repräsentiert. Während der zwanzigjährigen Grabungen wurden über die ganze Shandong-Halbinsel verstreut über 100 Fundstätten freigelegt, die verdeutlichen,

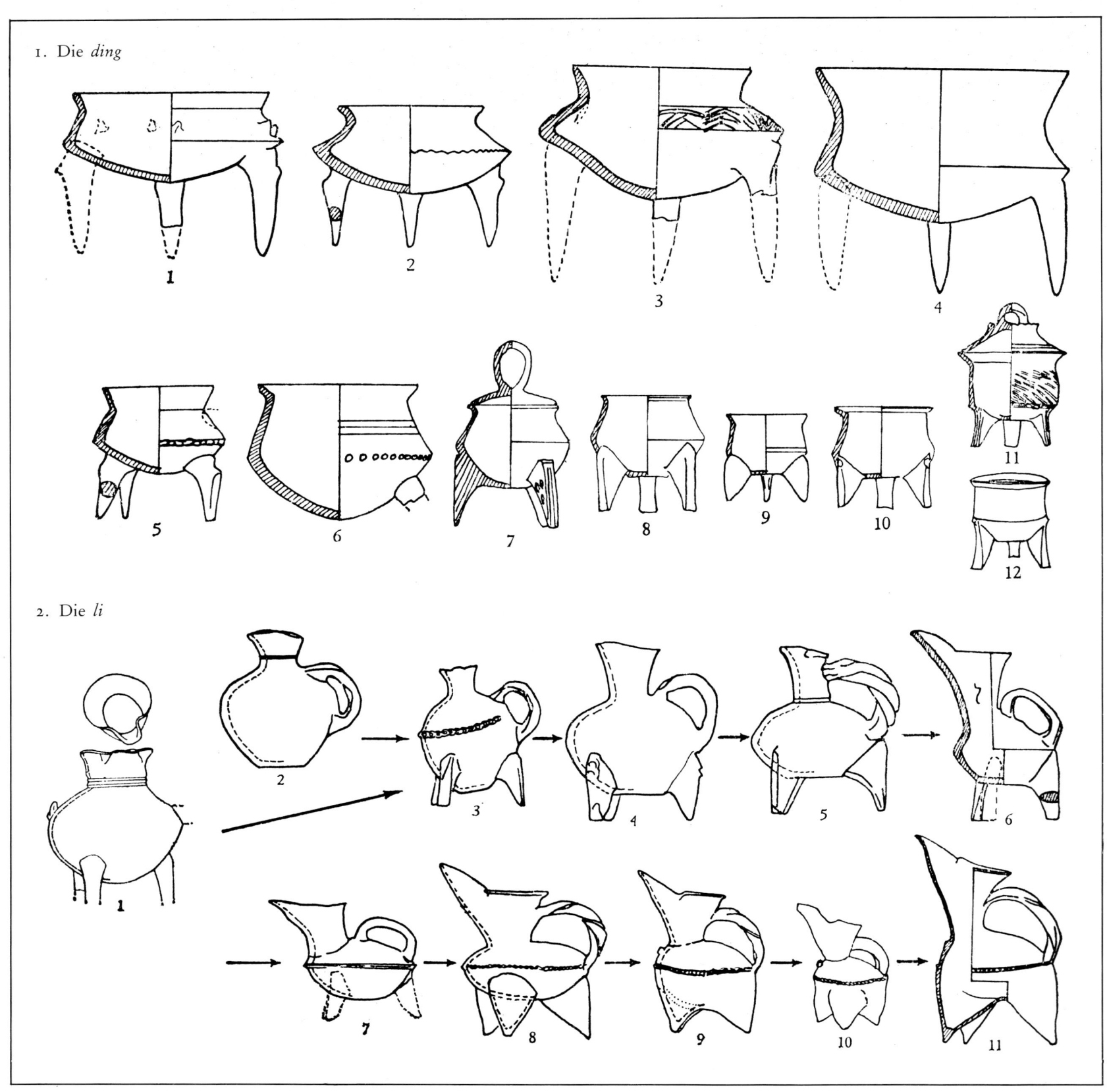

Fig. 1
Entwicklung der Keramiken von Dawenkou. Nach *Kaogu xuebao*, 1982, 3, S. 279

daß es sich hier nicht um vereinzelte Siedlungen, sondern um einen echten Kulturkreis handelt, der alle Stufen vom reinen Neolithikum bis zu den Anfängen der Bronzezeit, von der Yangshao- bis zur Longshan-Kultur, umfaßt.

Die Kultur von Dawenkou

Die im 4. Jahrhundert v. Chr. entstandene und während 2000
Fig. 3 Jahren blühende Kultur von Dawenkou erstreckte sich über ein riesiges Gebiet; sie reichte im Süden bis zum nördlichen Teil der Provinz Anhui, umfaßte die gesamte Shandong-Halbinsel und dehnte sich dem Nordufer des Gelben Flusses entlang nach Westen aus. Für den Historiker ergibt sich daraus die wichtige Erkenntnis, daß bereits seit frühesten Zeiten in China große geographische Zonen kulturell eng miteinander zusammenhingen, die uns durch die späteren feudalen und dann kaiserlichen Verwaltungen als fest umrissene Distrikte und Verwaltungskreise vertraut sind.

Eine der bemerkenswertesten Fundstätten dieses Kulturkreises neben Sanlihe[4], dessen Keramiken uns in Gestalt ausgewogen geformter Tiergefäße entgegentreten, ist zweifellos Chengziyai[5] in Shandong, das sowohl Architekturreste als auch Grabstätten besitzt. In der ältesten Schicht kommen überwiegend Einzelgräber vor; der Verstorbene ruhte in einem Sarg, begleitet von, wenn auch sehr bescheidenen, Grabbeigaben. Hier handelt es sich zweifellos um eine der ersten Siedlungsgruppen in China, in der sich die Vorstellung, daß das Leben nach dem Tod dem auf Erden gleiche, unverkennbar ausdrückt, im Gegensatz zu der Sitte der Doppelbestattung, die in der ganzen Welt, einschließlich Chinas, während des Neolithikums üblich war und in der chinesischen Kultur teilweise noch die Einführung der buddhistischen Religion seit dem Ende des 1. Jahrhunderts n. Chr. oder des sehr viel später übernommenen christlichen Glaubens überlebte. Seltsamerweise fand man neben den Einzelgräbern auch Kollektivgräber. Ging es hier vielleicht um die Bestattung von Sklaven oder ganzen Familien, die durch Katastrophen oder Kriege ausgelöscht worden waren? Man hat in diesen »Massengräbern« die Körper der Toten ohne Unterscheidung von Alter und Geschlecht übereinandergeschichtet.

Die jüngste Schicht enthielt die Fundamente eines Rundbaues mit einem Durchmesser von 4,50 m und 26 Säulenbasen, die das Dach trugen. Diese Dachkonstruktion wurde auch unter den Shang und Zhou angewandt, dann aber aufgegeben und erst wieder unter der Herrschaft der Mongolen aufgegriffen, der Yuan, die andere Grundrisse gewohnt waren als die auf Rechtecken aufbauenden Architekturformen der kaiserlichen Gebäude.

Zu diesem Zeitpunkt läßt sich auch erstmals eine deutliche Unterscheidung in einzelne soziale Schichten erkennen. Die Grabstätten sind jetzt, gegen Ende des Neolithikums, nicht nur außerordentlich zahlreich geworden, sondern lassen sich

entsprechend ihrer Größe und Zugehörigkeit zu bestimmten Gräberfeldern in drei Kategorien einteilen. Die größten unter ihnen wiesen umfangreiche Grabbeigaben aus Keramik auf, Fig. 1 die bescheidensten besaßen keinerlei Beigaben, bei einigen fehlte sogar der Sarg. Die chinesischen Soziologen sehen hier den Beginn eines Klassensystems, den Übergang von der Klansgesellschaft zu einer Gesellschaft mit staatlichen und hierarchischen Strukturen, in der die Position des einzelnen durch seine soziale Gruppenzugehörigkeit bestimmt wird und nicht mehr ausschließlich aufgrund seiner verwandtschaftlichen Beziehungen zu einer Familie oder einem Clan.

Die Frage nach der Herkunft jener Menschen, deren Gebeine heute ausgegraben werden, ist schwer zu beantworten, da sie unmittelbar die gelegentlich durch Gefühle beeinflußten Vorstellungen berührt, die die Chinesen selbst von ihren Vorfahren haben. Yan Yan, der Verfasser eines ersten Berichts über die Kultur von Dawenkou, sieht in deren Bewohnern Angehörige der polynesischen Rasse, die sich von der Gruppe unterscheiden, die in Zentral-China die Yangshao-Kultur geschaffen hatte. Han Kangxin und Pan Qifeng[6] kommen jedoch zu einer anderen Deutung. Sie lehnen die »polynesische« Theorie ab und betonen dagegen eine bestimmte physiologische Verwandtschaft zwischen den Menschen von Dawenkou und denen von Yangshao. Dabei verweisen sie auf jüngste Untersuchungen, die ergaben, daß diese beiden Gemeinschaften direkt mit der ostasiatischen mongoloiden Rasse verbunden sind. Wir stoßen hier erneut auf jenen endlosen, teils wissenschaftlich begründeten, teils politisch motivierten Streit zwischen den Anhängern eines eigenständigen beziehungsweise fremden Ursprungs der chinesischen Kultur.

Kulturen am Oberlauf des Gelben Flusses

Diese Frage kann ebenfalls für die Kulturen am Oberlauf des Gelben Flusses gestellt werden, die eine vierte Gruppe bilden und einige Besonderheiten aufweisen, die sich vor allem in Gefäßformen und den Mustern mit einer starken Vorliebe für Kurven ausdrücken. Man faßt diese Kulturen unter dem Namen »Yangshao aus Gansu« oder »Kultur von Majiayao« (1924 von J.-G. Andersson festgestellt und 1958 genau bestimmt) zusammen und unterscheidet drei Haupttypen, die auch der zeitlichen Abfolge entsprechen: Majiayao, Banshan 1 und Machang (1923–1924 entdeckt). Man ist sich allerdings einig darüber, daß sie alle etwas später anzusetzen sind als die Kultur von Miaodigou in der Großen Ebene. Die C-14-Methode datiert Majiayao in die Zeit um 3000 v. Chr., Banshan um 2600 v. Chr. und Machang um 2400 bis 2000 v. Chr.

Man weiß heute auch – was man beispielsweise in dieser Eindeutigkeit vor fünfzehn Jahren noch nicht zu behaupten wagte –, daß sich die Yangshao-Kultur, trotz aller zeitlicher Diskrepanzen und auch örtlicher Sonderentwicklungen, über

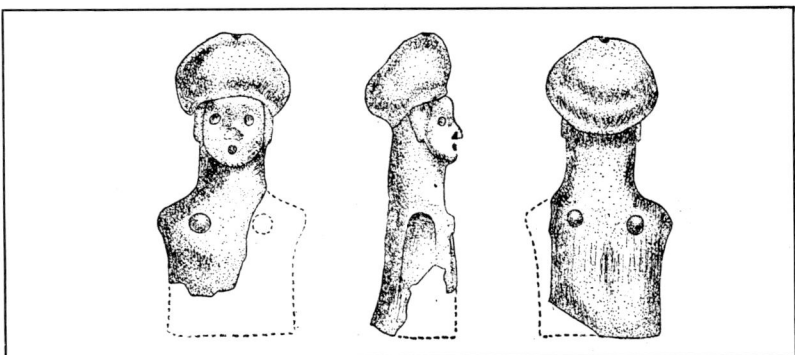

Fig. 2
Figürchen aus dem Neolithikum, Lintongxian. Nach *Kaogu yu wenwu*,
1982, 1, S. 6

Gefäßformen auszeichnet, wurden bereits Ende der zwanziger und Anfang der dreißiger Jahre entdeckt. Zunächst nahm man an, daß die Longshan-Kultur nur für die Halbinsel Shandong charakteristisch sei, aber bald zeigte sich, daß sie sich auch bis in die Ebene, nach Henan, erstreckte. Einige Forscher wagten sogar von einer »Longshan-Kultur der Küste« und einer »Longshan-Kultur der Yangzi-jiang-Mündung« zu sprechen. Die heutigen Entdeckungen geben ihnen Recht: Zeichen der Longshan-Kultur finden sich über ganz China verstreut. Es hat sich deshalb seit etwa zwanzig Jahren die Ansicht durchgesetzt, daß überall eine dem Longshan-Typ vergleichbare Kultur auf eine Vorgängerkultur vom Yangshao-Typ folgte. Die Soziologen sehen hier auch den Wechsel vom Matriarchat zum Patriarchat.

Aber Theorien und Denkschemata schwanken ständig zwischen der Versuchung, entweder alles unter einem gelegentlich konstruierten Gesamtbegriff zusammenzufassen oder alles in zahlreiche Untergruppen aufzusplittern. Zur Zeit bewegt sich die Tendenz mehr in die letztere Richtung; man betrachtet den Fundort, sogar jede stratigraphische Schicht, als eine unabhängige Einheit, eine eigene Kultur. Daraus ergibt sich eine Unzahl von Unterteilungen, die zu gruppieren sich durchaus lohnte, denn sie haben unleugbar Gemeinsamkeiten aufzuweisen, eine auf jeden Fall: Sie lassen sich weder dem mittleren Neolithikum vom Yangshao-Typ zuordnen noch der eindeutig auf der Kupferverarbeitung basierenden Zivilisation ganz am Anfang der Shang-Zeit. Alle Archäologen erkennen auch eine weitere Besonderheit der Longshan-Kultur an, ohne diese jedoch bisher befriedigend erklären zu können, wobei der Staat Lu – in wesentlich späteren Zeiten die Heimat von Konfuzius – eine Art Angelpunkt bildet: Die Charakteristika der Longshan-Kultur östlich und westlich dieses Gebiets, das als kleines Fürstentum zur Zeit der Frühlings- und Herbstannalen (770–476 v. Chr.) in die Geschichte eingegangen ist, sind nicht genau identisch. Worin bestehen nun jedoch die vielfältigen Aspekte der Longshan-Kultur?

In dem Gebiet, in dem sich die heutigen Provinzen Henan, Shanxi und Shaanxi berühren, entstand die sogenannte Miaodigou II-Kultur, die die Yangshao-Kultur von Miaodigou überlagerte. Sie ist durch den ausschließlichen Gebrauch einer grauen Keramik gekennzeichnet, die zu dieser Zeit, um 2700 v. Chr., überall hergestellt wurde. Zwei Jahrhunderte später war dagegen in Henan bereits die auf der Töpferscheibe gedrehte schwarze Keramik bekannt. Anscheinend setzte um diese Zeit die allgemeine Verwendung der Töpfer-

das gesamte Gebiet Chinas erstreckte und eine bestimmte Zahl von Merkmalen besitzt, die weit auseinanderliegende Kulturgruppen miteinander verbindet.

Diese Welt ohne eigene Schrift kannte bereits graphische Zeichen. Die sorgfältige Untersuchung der Töpferware von Banpo – aus der Zeit um 3000 v. Chr. – ergab sowohl die Existenz eines von eins bis acht reichenden numerischen Systems als auch zu Dreiecken angeordnete Punkte, wie wir sie ebenfalls in Chaldäa finden.

Wie schon erwähnt, hatte die Kunst in dieser Gesellschaft bereits ihren Platz. Aus dieser Zeit sind uns auf den Gefäßen
2 geometrische Muster, einige tierähnliche Motive oder sogar aus der Endphase von Banpo Menschendarstellungen bekannt. Die jüngeren Ausgrabungen von 1977 und 1978 haben in dieser Hinsicht Erstaunliches zutage gebracht: In Egoubeigang, einer größeren neolithischen Ansiedlung in der Provinz Henan, wurde ein in Ton modellierter und gebrannter Kopf eines älteren Mannes gefunden, der aufgrund der Fundschicht und anhand des C-14-Radiokarbon-Tests auf um 5300 v. Chr. datierbar ist. In jüngster Zeit wurde ein ver-
Fig. 2 gleichbarer Fund im Bezirk Lintong, Provinz Shaanxi, in der Nähe der Stadt Xi'an gemacht. Diese Funde haben uns eine der überraschendsten Enthüllungen überhaupt gebracht: die Existenz menschlicher Darstellungen in einem Formen- und Motivschatz, den wir durch den Dekor der shang- und zhouzeitlichen Bronzegefäße bisher als betont geometrisch oder zoomorph anzusehen gewohnt waren.

Die Kulturen von Longshan

Die letzte Phase des chinesischen Neolithikums trägt die Be-
5 zeichnung Longshan nach dem ersten Fundort bei Chengzi in der Provinz Shandong. Die Erzeugnisse dieser Kultur, die sich durch den Gebrauch einer glänzend polierten, dünn getöpferten Keramik mit eleganten und teilweise komplizierten

4
Tiefe Schale. Ton, bemalt. ⌀ 30 cm. Neolithikum. Entdeckt 1963 im Grab Nr. 44 in Dadunzi, Sihu, Pixian, Provinz Jiangsu
Die tiefe Schale mit einem Dekor von achtzackigen Sternen illustriert die Endphase der Qingliangang-Kultur, einer spätneolithischen Kultur am Unterlauf des Xangzi-jiang. Vgl. *Kaogu xuebao*, 1964, 2, S. 32 und Abb. 1, Nr. 2

5
Zylindrisches Gefäß mit ausladender Mündung vom Typ *dou*. Sehr dünnwandige schwarze Tonware. H. 16,3 cm. Neolithikum. Entdeckt 1960 in Yaoguanzhuang, Weifang, Provinz Shandong
Dieses glänzend polierte, schwarze Gefäß ist ein gutes Beispiel für die Longshan-Kultur. Die auf der Töpferscheibe gedrehte Keramik ist außerordentlich fein und von schönem Glanz. Anstelle eines gemalten Dekors setzte der Töpfer das Spiel mit dem Relief und den Farben des Scherbens: Weiß, Ocker, Ziegelrot, Grau oder Schwarz. Bei Grabungen waren seit 1949 weiße, graue oder rote Stücke zutage gefördert worden; schwarze Ware kannte man jedoch schon sehr viel länger. Die ersten Beispiele wurden 1930 in Chengziyai in der Provinz Shandong ausgegraben. Wie das abgebildete Stück zeigt, bestätigten die neueren Ausgrabungen die technische Meisterschaft der Töpfer, die vor allem in der Qualität des Scherbens und der Eleganz der Form zu erkennen ist. Enge Beziehungen zwischen Keramik und Metallarbeiten werden hier sichtbar. Vgl. *Kaogu xuebao*, 1963, 7, S. 349 und Abb. 2, Nr. 4

scheibe ein, nachdem sie schon seit längerem als zusätzliches Hilfsmittel zur abschließenden Überarbeitung besonders qualitätvoller Keramiken, die zunächst von Hand aufgebaut wurden, benutzt worden war.

Im Flußtal des Yangzi-jiang tauchen vergleichbare Kulturen auf, deren Verbindungen zu den Kulturen in Nord-China offenkundig sind. Aber die südchinesischen Bauern pflanzten im Gegensatz zu den Siedlern im Norden und in der Provinz Gansu, die Hirse oder Reis im Trockenanbau kultivierten, in den feuchten Niederungen Süd-Chinas den Reis im Naßanbau, auf überschwemmten Reisfeldern, an. Über der Schicht, die der Yangshao-Kultur entspricht, kann man überall Kulturen wie jene von Daxi in Sichuan oder von Qujialing in Hubei feststellen. Die weitere Entwicklung scheint demnach hier, stärker noch als im übrigen China, zu kultureller Vielfalt mit regional bezogenen Eigenheiten geführt zu haben.

Die Kultur von Daxi erstreckte sich bis in das Gebiet der »Drei Schluchten« (Sichuan, Südwest-Hubei und Nord-Hunan). Untersuchungen nach der C-14-Methode datieren sie in die Zeit um 2900 v. Chr. Der Einfluß von Qujialing macht sich besonders um 2500 v. Chr. im Norden der Provinz Hubei und im Südwesten von Henan bemerkbar. Die Longshan-Kultur in der Provinz Hubei, am Han-Fluß und am Mittellauf des Yangzi-jiang, unterschied sich beachtlich von der in der Großen Ebene; obwohl ihr die graue Keramik sehr wohl vertraut war, wurde sie ausschließlich von Hand aufgebaut und war oft mit eingedrückten Flechtmustern verziert. Es bestätigt sich hier, daß man in Süd-China lange Zeit keine Notwendigkeit für die Verwendung der Töpferscheibe sah, höchstens um den Gefäßen am Ende den letzten Schliff zu geben. Man brannte die Keramik bei verhältnismäßig niedrigen Temperaturen: 750°–810° C in Daxi, 600°–700° C in Honghuatao in Hubei, 880° C in Mengxi in Hunan; selbst in Qujialing brannte man sie nicht höher als mit 900° C. Wir sind damit weit entfernt von jenen 1000° C oder gar 1050° C, mit denen die nordchinesischen Longshan-Töpfer ihre Ware brannten. Erst ganz am Ende des Neolithikums machten die Brennöfen im Süden eindeutige Fortschritte. Sie erreichten 1100° C und erzielten damit einen technischen Vorsprung gegenüber dem Norden, den sie über viele Jahrhunderte hinweg behaupten sollten.

Dies war die Situation im Herzen von Zentral-China; den Yangzi-jiang abwärts oder in Richtung Süden scheinen sich die Dinge jedoch zu komplizieren. Am Unterlauf des Yangzi entstanden drei Kulturen: die von Hemudu, Majiabang und Liangzhu. Die erste war in der Bucht von Hangzhou angesiedelt, während die beiden anderen in dem Gebiet des Taihu-Sees lagen und sich ablösten. Die Bewohner von Hemudu stellten gut durchdachte Ackergeräte aus Holz und eine poröse, schwarze Keramik her, die verhältnismäßig derb, aber mit kraftvollen, eingeschnittenen Mustern verziert war. In Majiabang wurde eine rote Keramik angefertigt, die schlicht oder auch feiner gearbeitet sein konnte, ferner etwas graue Keramik und einige sehr seltene schwarze Stücke. Die Gefäße

4

Fig. 3

Fig. 3
Einige charakteristische Formen der Kulturen von Qujialing, Dawenkou und Liangzhou. Nach *Kaogu,* 1982, 1, S. 44

von Liangzhu, die zeitlich später entstanden sind und die sporadische Verwendung der Töpferscheibe erkennen lassen, sind von wesentlich höherer Qualität. Die an allen drei Stätten gefundenen zahlreichen Reiskörner belegen aber mindestens eine Gemeinsamkeit: Alle drei Kulturen basierten auf dem Reisanbau.

Weiter südlich ist vieles noch ungeklärt. Die Versuche, Datierungen mittels der C-14-Methode zu erhalten, blieben erfolglos, da es bisher noch nicht gelungen ist, zeitlich sich deckende Daten für die in den gleichen Schichten gefundenen Muschelschalen und Knochen von Säugetieren zu finden.

So sieht sich die Archäologie Chinas heute einer großen Zahl von Funddaten gegenüber, die noch aufgeschlüsselt werden müssen, und der Eindruck extremer Vielfältigkeit hat die Oberhand über den der Geschlossenheit gewonnen. Dennoch

muß festgehalten werden, daß trotz feststellbarer Unterschiede im Material, in den Herstellungsprozessen und der Brenntechnik für Keramik, in denen sich lokale Eigenheiten und Entwicklungen ausdrücken, gewisse Gemeinsamkeiten der Formen eine relative Einheit und eine Verbindung mit dem historischen China nahelegen: Gefäßtypen wie *ding, gui, he, dou* oder *hu,* die uns vor allem als Bronzegüsse vertraut sind, waren Formen, die bereits in ganz China von den Töpfern der vorgeschichtlichen Zeit hergestellt wurden.

Die Kunst des Bronzegießers scheint demnach in zwei verschiedenen Traditionen ihre Wurzeln zu haben: in jener der nordchinesischen Waldbewohner, die zweifellos das Holz ebenso verarbeiteten wie ihre Vettern in Sibirien, und in jener der Töpfer, deren besondere Begabung immer wieder durch die über ganz China verstreut liegenden Funde bestätigt wird.

DIE WIEDERENTDECKUNG EINER VERGESSENEN DYNASTIE: DIE XIA

»Nur mit Mühen konnte das chinesische Land, das sich nur unter größten Schwierigkeiten roden ließ, urbar gemacht werden... All diese Arbeiten lagen bereits so weit zurück, daß sich die Erinnerungen daran im Dunkel der Legenden verloren...
Zu jener Zeit, im 8. Jahrhundert v. Chr. und in den nachfolgenden Jahrhunderten, als die vielen kleinen Verträge geschlossen wurden, die heute unter dem Titel *Chou king* zusammengefaßt sind, wurden all die alten Legenden in Art einer zusammenhängenden Erzählung niedergeschrieben...«[7]

Eines der wichtigsten Ergebnisse der heutigen chinesischen Archäologie besteht darin, die in den alten Texten oder Legenden gemachten Behauptungen und Erzählungen zu bestätigen und zu bekräftigen.

Alle frühen chinesischen Texte, darunter auch das *Liji*, berichten, daß die traditionelle, auf dem Klassenunterschied und den unterschiedlichen Besitzverhältnissen beruhende Gesellschaftsstruktur während der ersten königlichen Dynastie, den Xia, entstand. Der Historiker Sima Qian (um 145–90 v. Chr.) beschreibt als geographischen Ursprung dieser Dynastie die Gegend innerhalb der Schleife des Gelben Flusses und das jenseitige Flußgebiet bis hin zu den Flüssen Luo und Yi, eine Region, die sich in etwa mit dem heutigen Bezirk Xia (Xiaxian) deckt. Die von dem wohlwollenden Schöpfer Yu dem Großen, dem Ordner von Flüssen und Meeren, begründete Dynastie schien sich bis vor wenigen Jahren noch im Dunkel der traditionellen Schöpfungsmythen zu verlieren. Aber seit Jahrzehnten wurde bereits die Frage nach der geschichtlichen Realität der »legendären« Xia-Dynastie gestellt; hatte man nicht auch bis vor 1928, dem Jahr der Entdeckung von Anyang, der letzten Hauptstadt der Shang-Dynastie, auch diese auf die Xia folgende Dynastie ebenfalls in das Reich der Legenden und Fabeln verwiesen? Könnten eines Tages nicht vergleichbare Entdeckungen auch die Xia-Dynastie geschichtliche Gestalt annehmen lassen?

Seit dreißig Jahren versuchen die chinesischen Archäologen diesem Ziel näher zu kommen und eine Antwort zu erhalten.

Nach der Unterbrechung im Jahr 1963 wurden ab 1973 die Ausgrabungen im Bezirk Xia wieder aufgenommen. Sie brachten Beweise aus den verschiedenen Phasen der chinesischen Kultur auf ihrem Weg vom Neolithikum zur Eisenzeit zutage. Falls die Xia-Dynastie, die der Überlieferung nach zu Beginn der Bronzezeit herrschte, wirklich existiert hatte, dann mußten auch Spuren von ihr zu finden sein.

Vielleicht sind die 1976 im Bezirk Xia entdeckten Anlagen einer ungefähr 2000 Jahre v. Chr. bestehenden Stadt die Überreste der ältesten königlichen Hauptstadt Chinas. Um dies bestätigt zu bekommen, braucht man geeignetes Vergleichsmaterial. Elemente dazu liefern möglicherweise die 1954 für kurze Zeit begonnenen, aber erst viele Jahre später weitergeführten Ausgrabungen von Erlitou[8] in der Provinz Henan, einem Fundort, der stratigraphisch zwischen den Schichten der Longshan-Kultur und denen von Erligang, das heißt der ersten shangzeitlichen Siedlung, einzuordnen ist.

In der über einen sehr langen Zeitraum hinweg bewohnten Anlage machte man zahlreiche bedeutende Entdeckungen, darunter auch den Palast, die alle der Bronzezeit angehören und sich nach der C-14-Methode auf die Zeit zwischen 1500 und 1300 v. Chr. datieren lassen: Dies wäre bereits der Anfang der Shang-Zeit. Aber direkt darunter liegt die Schicht einer Kulturepoche, in der vielleicht die Anfänge der Schrift in China zu suchen sind.

Der gebräuchlichste Werkstoff ist schlicht: eine relativ dickwandige graue Tonware, die bei niedrigen Temperaturen gebrannt wurde und mit Schnurdekor versehen ist, wie dies überall im Grenzgebiet der chinesischen Kultur üblich war, sei es in den Steppen, sei es auf den Pazifischen Inseln oder sogar am Mittellauf des Yangzi-jiang. Aber die außerordentlich vielfältigen Formen zeigen trotz einer klaren Verbindung zur Inneren Mongolei eine neue zeitliche, technologische und auch soziologische Stufe an, deren Zeugnisse sich im ganzen mittleren Bereich des Gelben Flusses finden lassen. So wurden in der Provinz Shanxi zwei mit Erlitou vergleichbare Siedlungen in Dongxiafeng und Maputou entdeckt. Nur wenig unterscheidet die beiden Fundstätten voneinander, es sei denn, daß man in Dongxiafeng vor allem dreibeinige Gefäße *(li)* mit hohl geformten Beinen herstellte, während in Maputou bevorzugt rechteckige, vierbeinige Gefäße *(fang ding)* mit massiven Beinen geschaffen wurden.

All dies könnte nur eine einfache Weiterentwicklung innerhalb des Neolithikums bedeuten, wenn uns nicht ein besonderer Fund dazu veranlassen würde, Dongxiafeng eher der früheren Bronzezeit zuzurechnen. In einem Grab entdeckte man den Leichnam eines Jugendlichen, den man einzubalsamieren versucht hatte. In seinem Grab befanden sich Urnen mit den üblichen Grabbeigaben, wie sich das bereits seit der Yangshao-Kultur verfolgen läßt. Neben ihm war aber außerdem noch eine ungefähr dreißig Jahre alte Frau mitbestattet worden, die mit keinerlei Grabbeigaben versehen war und zweifellos den jugendlichen Toten in das Jenseits begleiten sollte. In der ganzen Welt setzen jedoch derartige Menschenopfer erst mit dem Beginn der Bronzezeit ein.

Augenblicklich werden in China die charakteristischen Merkmale der Bronzezeit neu definiert. Seit der Song-Dynastie (960–1279) verbanden die Gelehrten und Archäologen die Bronzezeit gerade aufgrund der Qualität ihrer sehr aufwendig gearbeiteten archaischen Kultgefäße mit den königlichen Dynastien der Shang und Zhou. Im Jahr 1977 fand man aber in der Provinz Gansu in Majiayao, etwa 1,20 m unterhalb der Erdoberfläche, ein 12,6 cm langes Bronzemesser. Dieser Entdeckung käme eigentlich keine besondere Bedeutung zu, wenn sie nicht durch andere vergleichbare Funde in Machang, Huangniangniangtai, Dahezhuang (Provinz Gansu), Sanlihe (Provinz Shandong) oder Dachengshan (Provinz Hebei) bestätigt worden wäre. Es fällt schwer sich vorzustellen, daß die archäologische Schichtenfolge gleichzeitig an fünf verschiedenen Plätzen durcheinandergeraten sein soll und dann ausgerechnet noch mit ähnlichen kleinformatigen Bronzeobjekten. Nach heutigem Kenntnisstand ist es deshalb durchaus möglich, daß die Xia-Zivilisation auf primitive Weise bereits

die Bronze zu bearbeiten wußte. Demnach könnte durchaus ein Kern Wahrheit in jener berühmten Legende stecken, die von dem Guß der neun Dreifüße *(ding)* durch den legendären Schöpfer Yu den Großen berichtet; die Gefäße sind die Symbole seiner zivilisatorischen Kraft und seines Herrschaftsanspruches, während sein Sohn Qi das Erz abbaute und verarbeitete.

Die Archäologen bemühen sich nun, ohne dabei diese poetischen Erzählungen abzutun oder ihnen auf der anderen Seite allzu große Beweiskraft einzuräumen, die verschiedenen, heute bekannten Elemente der »Longshan-Kultur von Henan«, der ältesten Kulturschicht in Erlitou und der Kultur von Dongxiafeng miteinander zu verbinden und in eine chronologische Abfolge zu bringen. Xia Nai, der Direktor des Archäologischen Instituts, zählt vier Möglichkeiten auf:

1. Die »Longshan-Kultur von Henan« und die vier stratigraphischen Schichtenfolgen von Erlitou bilden eine ununterbrochene Entwicklungskette; diese ist ausschließlich der Xia-Zeit zuzurechnen und nicht irgendeiner »Frühphase« der Shang-Zeit, die bereits der voll entwickelten Bronzezeit angehört.

2. Die Xia-Zeit entspricht nur den Zwischenschichten, die das Ende der Longshan-Kultur und den Anfang der Erlitou-Phase kennzeichnen.

3. Nur die Anfangszeit von Erlitou kann der Xia-Zeit zugerechnet werden.

4. Die »Longshan-Kultur von Henan« ist eine rein neolithische Kultur, während die Fundstätte von Erlitou dem Beginn der Xia-Herrschaft entspricht.

All dies bedeutet, daß die Archäologen heute praktisch von der Gewißheit ausgehen können, eines Tages den unwiderlegbaren Beweis für die Existenz der Xia-Dynastie zu finden. Sie sehen dies gewissermaßen als eine wissenschaftliche Notwendigkeit an, als die bevorstehende Auffindung des noch fehlenden Bindegliedes.

DAS CHINA DER KÖNIGREICHE

EINTRITT IN DIE GESCHICHTE: DIE SHANG-DYNASTIE UND DIE ANFÄNGE DER BRONZEZEIT

China betritt die geschichtliche Zeit, falls man die auf einigen neolithischen Keramiken eingeritzten Zeichen berücksichtigt, bereits lange vor der Shang-Dynastie. Die eindeutig historische Epoche Chinas beginnt jedoch erst mit der Shang-Zeit, bezieht man sich auf das Zeichenschrift-System, das sich zunächst mit kurzen, eingeritzten Orakelsprüchen und Gedächtnismarken oder mit einfachen Symbol- und Clanszeichen auf Bronzegefäßen begnügt.

Die Shang bildeten einen Clan, eine Minorität wie zahlreiche andere, die noch bis heute einen Großteil Chinas bewohnen. Sie stammten ursprünglich aus der Ebene am Unterlauf des Gelben Flusses in der heutigen Provinz Hebei. Von dort aus erweiterten sie langsam ihren Machtbereich bis in das Zentrum der heutigen Provinz Henan und verstärkten gleichzeitig ihre militärische Kraft und ihren politischen Einfluß. Gestärkt durch die Vereinigung mit anderen Stämmen, die sich ihnen anschlossen oder unterwarfen, gelang es den Shang, den letzten Herrscher der Xia-Dynastie, Jie, zu schlagen und die Macht im Lande, *wangdao* genannt, an sich zu reißen.

Die Shang durchlebten vom 16. bis in das 14. Jahrhundert v. Chr. eine unruhige Zeit, während der sie nur langsam ihren Machtanspruch festigen konnten. Die Hauptstadt, Sitz der Monarchie und Residenz der Herrscher, wurde in diesem Zeitraum mindestens fünfmal verlegt, bis sie unter König Pan Geng (reg. vor 1370 v. Chr.) ihren endgültigen Standort in Anyang in der Provinz Henan fand. Dieser Ort sollte sehr viel später von den Chinesen Yinxu, »Die Ruinen von Yin«, genannt werden nach dem anderen Namen, Yin, den die Shang am Ende ihrer Herrschaft annahmen. Die Shang-Könige residierten in Anyang während 273 Jahren bis zu ihrem Sturz durch die Zhou gegen Ende des 11. Jahrhunderts vor unserer Zeitrechnung.

Anyang

Die Stadt Anyang, in der man bereits während der Song-Zeit (960–1279) die Hauptstadt der Shang vermutete, wurde gegen Ende des 19. Jahrhunderts wiederentdeckt und ab 1928 von der Academia Sinica wissenschaftlich ausgegraben. Dabei kamen ein großes und reich ausgestattetes Gräberfeld und Gebäudefundamente zum Vorschein, die alle um das Dorf Xiaotun auf dem Südufer des Yuan-Flusses verstreut lagen. Die Grabungen mußten 1937 aufgrund der japanischen Invasion für dreizehn Jahre unterbrochen werden und konnten erst nach der Einrichtung der kommunistischen Regierung im Jahre 1950 wiederaufgenommen werden. Man entdeckte südlich des Yuan-Flusses Fundamente von größeren, sicherlich schilfgedeckten Häusern und im Osten bei Hougang die Reste einfacher Hütten; offenkundig war das Südufer vorwiegend den Lebenden vorbehalten gewesen. Die Toten waren dagegen auf der Nordseite des Flusses bestattet, wo bei Wuguancun (1950 entdeckt) und bei Houjiazhuang die Aristokratie neben den zehn bisher bekannten königlichen Gräbern ihre letzte Ruhestätte gefunden hatte. Südlich des Flusses befindet sich allerdings ebenfalls ein Gräberfeld; hier war, wie auch auf dem Nordufer bei Dasikongcun, in schlichten Gräbern das einfache Volk beerdigt.

Demnach lebten damals bei Xiaotun und Hougang die Menschen zwischen den königlichen Grabanlagen und dem Friedhof der Armen, und die lange Siedlungszeit ist sicherlich der Grund dafür, daß sich die Gräber auch zwischen den Überresten von Behausungen befinden. Die Grabungen bei Anyang werden immer noch intensiv weitergeführt, und bis heute wurden bereits mehrere tausend Gräber freigelegt, ein deutliches Zeichen für die Bedeutung dieser Siedlung. Die von 1969 bis 1977 in großem Maßstab durchgeführten Grabungen[9] im westlichen Gebiet von Yinxu haben auf einer Fläche von drei Hektar 1003 neue Shang-Gräber zutage gebracht, fünf Gräber, in denen auch Pferde beigesetzt waren, ferner über 200 Gräber, die sich über einen jahrhundertelangen Zeitraum von der Zeit der Streitenden Reiche bis zur

6
Dreifuß vom Typ *li*. Bronze. H. 16,5 cm. Shang-Zeit, Zhengzhou-Periode (ca. 1600–1300 v. Chr.). Entdeckt 1955 in Zhengzhou, Provinz Henan
Der Typ des euterförmigen Dreifußes erscheint schon im Neolithikum und wurde von der Keramik in den Bronzeguß übernommen. Das von Ringleisten gesäumte Ornamentband zeigt eine Reihe von stilisierten *taotie*-Masken. Sie sind gegenständig angeordnet und haben keine Augen. S-förmige Spiralen stellen einerseits Schnauze und Nüstern, andererseits Hörner und Schwänze dar. Diese extreme Stilisierung löst die letzten zoomorphen Motive des neolithischen Dekors ab.

7
Kultgefäß vom Typ *gu*. Bronze. H. 18 cm. Shang-Zeit, Zhengzhou-Periode (ca. 1600–1300 v. Chr.). Entdeckt 1965 im Grab Nr. 2 in Minggonglu, nordwestlich von Zhengzhou, Provinz Henan

Der Gebrauch des *gu*, eines Trinkgefäßes, scheint gegen Ende der Shang-Zeit in Vergessenheit zu geraten. An der Stelle der kreuzförmigen Öffnungen saßen während des Gusses die Abstandhalter für die äußere Gußform und den Gußkern. Das Ornamentband zeigt *taotie*-Masken. Vgl. *Kaogu*, 1965, 10, S. 502 und Abb. 3, Nr. 2

8
Kultgefäß vom Typ *jia*. Bronze. H. 30,8 cm. Shang-Zeit, Anyang-Periode (ca. 1300–1030 v. Chr.). Entdeckt 1959 in Anyang, Provinz Henan
Das *jia* ist ein Gefäß zum Wärmen von Opferwein. Seine Form gleicht der des *jue*, ohne daß es dessen Ausguß besitzt. Das abgebildete *jia* trägt eine Widmung an Mu Ya, »Mutter Ya«, und hat drei Dekorzonen: Zuunterst erscheinen *taotie*-Masken mit S-förmigen Hörnern, darüber Paare gegenständiger *kui*-Drachen und zuoberst ein Dreieckfries.

Song- und Yuan-Zeit erstrecken. Mit Ausnahme von nur fünf Gräbern, die einen eigenen Zugang zur Grabkammer aufweisen, handelt es sich nur um bescheidene Gräber.

Die Nekropole von Yinxu[10] ist ohne festen Plan angelegt, obwohl die meisten Gräber in etwa auf die Achse Nord-Süd ausgerichtet sind. Die Toten sind überwiegend in ausgestreckter, gelegentlich auch in gekrümmter Haltung, bestattet; dabei ist das Gesicht, entsprechend der chinesischen Kosmogonie, nach Süden orientiert oder aber auch nach Norden. Im letzteren Fall befanden sich allerdings die Körper in einer leicht vom geographischen Nordpol abweichenden Lage.

Einige Tote waren nur in einem schlichten Holzsarg beigesetzt, während andere Gräber mit einem Doppelsarkophag ausgestattet waren, in dessen Zwischenraum man Grabbeigaben untergebracht hatte. Dieser größere Sarkophag bestand aus Holz, das gewöhnlich mit rotem, gelegentlich aber auch mit grüngelbem Lack überzogen war; bei einigen wenigen Sarkophagen waren die Außenwände sogar mit einem hellroten, gelben, schwarzen oder weißen Dekor bemalt. Dieser Dekor bestand entweder aus geometrischen Motiven wie Dreiecken, Kreisen und Zickzacklinien oder aus pflanzenähnlichen Elementen. Gelegentlich war das Ganze mit einem bemalten Banner bedeckt, auf dem die Grabbeigaben standen. In jener Zeit entwickelten sich die Begräbnisriten, die bis tief in die kaiserliche Zeit beibehalten wurden.

Den Verstorbenen wurden zahlreiche Tieropfer in das Grab mitgegeben, wie Pferde, Schweine, Ziegen und Fische, aber am weitaus häufigsten Hunde – man fand in 339 Gräbern allein 439 Hundeskelette. In der Shang-Gesellschaft kam dem Hund eine besondere Bedeutung zu, die er bereits in der neolithischen Zeit gehabt hatte. In den Orakelinschriften wird oft von Hundeopfern gesprochen, und bei jeder Ausgrabung von Befestigungsmauern einer Siedlung findet man die Skelette geopferter Hunde. Jedes bedeutendere Grab besitzt eine kleine gesonderte Grube (yaokeng), in der gelegentlich das Skelett eines Menschen, aber immer die Überreste eines Hundeopfers beigesetzt sind. Der Hund scheint damals sowohl in der diesseitigen als auch in der jenseitigen Welt die Funktion eines getreuen Wächters und Führers für seinen Herrn gehabt zu haben.

Die Grabbeigaben bestanden aus Gebrauchsgegenständen und Zeremonialobjekten aus Stein, darunter auch Messer mit geraden, ovalen, sichelförmigen oder unregelmäßig gestalteten Klingen, die mit eingeschnittenen Dekorelementen geschmückt sind, vergleichbar denen auf den gleichzeitigen Bronzen. Bronzegegenstände kommen in großer Zahl vor. Sie sind oft mit kurzen Inschriften versehen und an bestimmten Stellen des Gräberfeldes in Gruppen zusammengefaßt. Möglicherweise handelt es sich bei den kurzen Inschriften um Symbole oder Zeichen eines bestimmten Clans oder Stammes; die Gräber wären dann nach Familien angelegt. Vielleicht wird man eines Tages aus den Inschriften die Genealogien dieser Familien ermitteln können.

Neben den unzähligen einfachen und recht unbedeutenden Gräbern wurden in letzter Zeit in Yinxu auch fünf bedeutende Gräber freigelegt, die alle eine Zugangsrampe besitzen und zwischen 7 und 9 m lang und rund 3 m breit sind. Ähnlich wie die bereits 1950 ausgegrabenen großen Königsgräber in Wuguancun waren die fünf Gräber im Süden über eine Rampe oder über Stufen zugänglich. Entsprechend der königlichen oder aristokratischen Tradition hatte man den Verstorbenen Menschenopfer mitgegeben. Insgesamt wurden in siebzehn Gräbern 38 Opfer entdeckt; dies sind, gemessen an der Gesamtzahl der Gräber, relativ wenige, was aber keineswegs die Grausamkeit dieser Sitte mildert. Somit erhielten nur rund zwei Prozent der Bestatteten zusätzliche Menschenopfer, bei denen es sich vorwiegend um Jugendliche handelte.

Das wichtigste dieser fünf bedeutenden Gräber ist zweifellos das Grab Nr. 5. Die chinesischen Forscher bezeichnen es sogar als die bedeutendste und aufregendste archäologische Entdeckung der letzten Jahre[11]. Obwohl das Grab im oberen Teil sehr beschädigt ist, mißt es noch 5,5 m in nordsüdlicher und 5 m in ostwestlicher Ausdehnung. Der Verlauf des Zugangsweges ist im Osten erkennbar. Es handelt sich zwar nur um ein kleines Grab, aber der Reichtum seiner Beigaben macht es zu einem Markstein der chinesischen Archäologie.

Über dem Grab befinden sich sechs Löcher und die zugehörigen Steinbasen für Holzsäulen oder -pfosten; drei von

9
Trommel vom Typ gu. Bronze. H. 75,5 cm, L. 49 cm. Shang-Zeit, 15.–14. Jahrhundert v. Chr. Entdeckt 1977 in Chongyangxian, Provinz Hubei. Hubei Provincial Museum.
Diese Bronzetrommel ist die zweite ihres Typs, die augenblicklich aus der Shang-Zeit bekannt ist. Die andere ist in der Sumitomo-Sammlung in Kyōto, wohin sie vor dem Zweiten Weltkrieg gelangte. Die in der gleichen Gegend gefundenen Stücke sind sich recht ähnlich, wobei die vor kurzem entdeckte Trommel aufgrund ihres Dekorstils als das ältere Werk angesehen werden muß. Die Untersuchung der Gußspuren ist höchst aufschlußreich: Während die Trommel der Sumitomo-Sammlung mit kompliziert zusammengestellten Teilformen hergestellt wurde, goß man das abgebildete Stück – mit Ausnahme des sattelförmigen oberen Teils – in einem Mal mit Hilfe von vier Modeln. Der taotie-Dekor mit »Augen« in Relief ist zwar sehr stilisiert und schematisiert, doch noch gut zu erkennen. Ein Problem stellt die Funktion des Aufsatzes dar, der auf der Trommel der Sumitomo-Sammlung die Form von zwei voneinander abgewendeten Phantasievögeln hat. Vielleicht wurden daran die Schlegel gehängt, doch ist es unserer Meinung nach eher eine Vorrichtung, um die Trommel an einem Balken aufzuhängen und ihr auf diese Weise einen volleren Klang zu verleihen. Eine mögliche Bestätigung dieser Hypothese ist im Buch der Rituale zu finden, in dem von den »stehenden Xia-Trommeln, der an einem Pfosten befestigten Trommel der Yin [= Shang] und den aufgehängten Trommeln der Zhou« die Rede ist. Diese Bronzetrommeln, die ihren schönen Klang bewahrt haben, sind Instrumenten nachgebildet, die sich ursprünglich aus verschiedenen Materialien zusammensetzten. So finden wir beispielsweise die Nägel wieder, mit denen die Haut auf dem Holzkörper befestigt war. Auf der Sumitomo-Bronze ist die Schlagfläche mit den Schuppen einer Reptilhaut dargestellt. Vgl. Wenwu, 1978, 4, S. 94 und Abb. 8.

10
Tierförmiges Kultgefäß vom Typ *guang*. Bronze. H. 19 cm, L. 41,5 cm. Shang-Zeit, 14.–13. Jahrhundert v. Chr. Entdeckt 1959 in Shilou, Lüliang, Provinz Shanxi

Diese Bronze in Form eines Drachen mit scharfen Fangzähnen ist ein *guang*, ein Gefäß zum Aufbewahren von Opferwein. Der Rücken des Tiers bildet den Deckel, das Maul dient als Ausguß. Auf dem Körper sind glückbringende Tiere dargestellt, die den Dekor vom Anfang der Zhou-Zeit ankündigen: Reptilien, Drachen, Schlangen und Schildkröten. Die Ringe auf den Seiten des Gefäßes lassen vermuten, daß dieses ursprünglich bewegliche Henkel aus vergänglichem Material oder andere Vorrichtungen zum Tragen oder Aufhängen besaß. Vgl. *Wenwu*, 1960, 7, S. 50–51

11
Auf den Fersen hockende Person. Jade. H. 6,9 cm. Shang-Zeit, Anyang-Periode (ca. 1300–1030 v. Chr.). Entdeckt 1976 im Grab Nr. 5 von Anyang (Grab der Fu Hao). Beijing, Archäologisches Institut, Yinxu, Grab Nr. 5, Nr. 371

Die dargestellte Person sitzt auf ihren Fersen, wie das heute noch in Japan üblich ist. In China verlor sich dieser Brauch in der Song-Zeit, als die Verwendung von Stühlen aufkam. Derartige Jadeskulpturen sind höchst selten. Das Musée Cernuschi in Paris besitzt zwei Beispiele, die kunstvoller gearbeitet und deswegen wohl später entstanden sind. Das Material ist dasselbe: ockerfarbener Jade mit grünen und braunen Reflexen und einigen Rotspuren, vermutlich Zinnober. Rätselhaft bleibt die Bedeutung von zwei Attributen der einfachen, etwas grob gearbeiteten Figur: zum einen von der flachen Kopfbedeckung mit der vorderen Rolle, zum anderen von dem langen Motiv auf der linken Seite der Figur. Handelt es sich um eine Prunkwaffe oder, wie R. W. Bagley (*The Great Bronze Age of China*, London – New York 1980, S. 187) vermutet, um die räumliche Entfaltung eines schlangenförmigen Motivs auf der Hüfte der Person? Der gravierte Dekor ist in der für die Shang-Zeit typischen Weise in Doppellinien eingeschnitten. Vgl. *Kaogu*, 1977, 3, Abb. 7, Nr. 1; *Kaogu xuebao*, 1977, 2, s. 80–81 und Abb. 26, Nr. 3

stärkt, von denen allerdings nur einige Fragmente der Decke mit roten Farbresten zu sehen sind. Nichts mehr ist dagegen von dem Verstorbenen, seinem Sarkophag und seinem Holzsarg erhalten mit Ausnahme einiger Stückchen Schwarzlack und einiger Textilfragmente, darunter anscheinend Hanf- und vielleicht auch Seidengewebe.

Die rund 1500 Grabbeigaben aus unvergänglichem Material haben jedoch nichts von ihrer Großartigkeit verloren: Es handelt sich um 440 Bronzen, fast 500 Objekte aus Jade und Bein, kleine Stein- und Elfenbeinschnitzereien, ferner Kera- 15 mikgefäße und nahezu 7000 Kaurimuscheln, die damals als Zahlungsmittel dienten.

Die Jadearbeiten lassen sich in vier Gruppen einteilen: Ri- 12-14 tualobjekte, Opferstücke, die auf den Leichnam gelegt waren, Gebrauchsgegenstände und Schmuck. Außerdem gab es noch eine Gruppe kleiner Skulpturen: die Figuren von sieben hok- 11 kenden Männern, die entweder sich auf ihren Fersen abstützend knieten oder halbkreisförmig gekrümmt mit gekreuzten Armen und Beinen saßen, auf diese Weise der natürlichen Form des Jadestückes folgend; ferner ein Jadestück, das beidseitig mit einem nackten Paar mit angedeuteten Geschlechtsmerkmalen, großen Ohren und einem hirschgeweihähnlichen Gehörn beschnitzt war, und verschiedene Tierskulpturen wie Tiger, Bär, Elefant, Pferd, Rind, Widder, Affe, Hase, Ente, Eule, Zikade, Fisch und Kröte. Keine dieser Jadeschnitzereien ist größer als 12,5 cm.

Die 440 hervorragend erhaltenen Bronzen bilden den be- 16-22 deutendsten und schönsten bisher gemachten Fund dieser Art. Er enthält – ohne die Waffen, Spiegel, Glocken und Schellen, Beschläge von Streitwagen und verschiedenen Geräte (darunter eine Schaufel) zu berücksichtigen – allein über zwanzig verschiedene Opfergefäßtypen. Besonders interes-

12
Anhänger in Form eines Raubvogels. Jade. H. 6,2 cm. Shang-Zeit, Anyang-Periode (ca. 1300–1030 v.Chr.). Entdeckt 1976 im Grab Nr. 5 von Anyang (Grab der Fu Hao). Beijing, Archäologisches Institut, Yinxu, Grab Nr. 5, Nr. 390
Der Jadeanhänger in Form eines Raubvogels mit ausgebreiteten Flügeln ist auf beiden Seiten graviert, auf der Vorderseite mit doppelten, auf der Rückseite mit einfachen Linien. Vgl. *Kaogu xuebao*, 1977, 2, S. 85–86 und Abb. 33, Nr. 5

ihnen weisen noch Aschenreste der ehemaligen Holzkonstruktion auf. Weitere Pfostenlöcher im Osten, Westen und Norden der Anlage markieren nicht nur die überirdische Größe, sondern auch die Abmessungen eines kleinen Tempels über dem Grab, in dem Opfer und Zeremonien zu Ehren des Bestatteten abgehalten wurden.

Die eigentliche Grabkammer (5,4 × 4 m und 5,7 m tief) wurde über einer 20 bis 30 cm dicken Schicht aus roter gestampfter Erde und einem darunterliegenden Schotterbett angelegt. In der östlichen und westlichen Kammerwand ist in 6,2 m Tiefe je eine Nische (1,7 × 0,3 × 0,35 m) eingelassen, in denen die Gebeine mehrerer Menschenopfer ruhten.

Insgesamt konnte man sechzehn Opfer feststellen, die von sechs Hunden begleitet wurden. Die Skelette von acht Opfern waren nur noch fragmentarisch erhalten; bei den anderen ließen sich dagegen die Überreste von vier Männern, zwei Frauen und zwei Kindern unterscheiden. Ihre Todesursache bleibt bis auf zwei Ausnahmen ungeklärt; ein Opfer wurde erwürgt und das andere durch einen Hieb oder Stich in die Brust getötet.

Die Grabkammer war ringsum von einer Erhöhung umzogen, auf der die Opfergaben standen. In der Mitte war die eigentliche Grube wohl mit Balkenlagen eingefaßt und ver-

13
Vogelfiguren. Jade. H. 5,3 cm, 7,7 cm, 5,5 cm. Shang-Zeit, Anyang-Periode (ca. 1300–1030 v.Chr.). Entdeckt 1976 im Grab Nr. 5 von Anyang (Grab der Fu Hao). Beijing, Archäologisches Institut, Yinxu, Grab Nr. 5, Nr. 403, 507, 508
Die mittlere Figur stellt eine Eule dar, während rechts und links zwei Fabelwesen mit Vogelkörper und Widderhörnern abgebildet sind. Die Haube der Eule ist mit einem Loch versehen, so daß die Figur als Amulett getragen werden konnte. Der Dekor ist in den für die Shang-Zeit typischen Doppellinien eingeschnitten. Die stehenden Stücke erinnern an die Bronzegefäße vom Typ *zun* oder *you*, die oft Eulen oder Raubvögel darstellen. Vgl. *Kaogu xuebao*, 1977, 2, S. 84, 85 und 87 sowie Abb. 31

14
Frosch, Kranich und Gans. Jade. H. 7,8 cm, 9,8 cm, 7,1 cm. Shang-Zeit, Anyang-Periode (ca. 1300–1030 v.Chr.). Entdeckt 1976 im Grab Nr. 5 von Anyang (Grab der Fu Hao). Beijing, Archäologisches Institut, Yinxu, Grab Nr. 5, Nr. 356, 416, 386
Jedes der mit Doppellinien verzierten Jadeplättchen ist mit einem Loch versehen, um sie an ein Kleid zu nähen oder aufzuhängen. Die Wassertiere bringen Glück, da sie Symbole für Fruchtbarkeit sind. Vgl. *Kaogu xuebao*, 1977, 2, S. 82–86 und Abb. 34

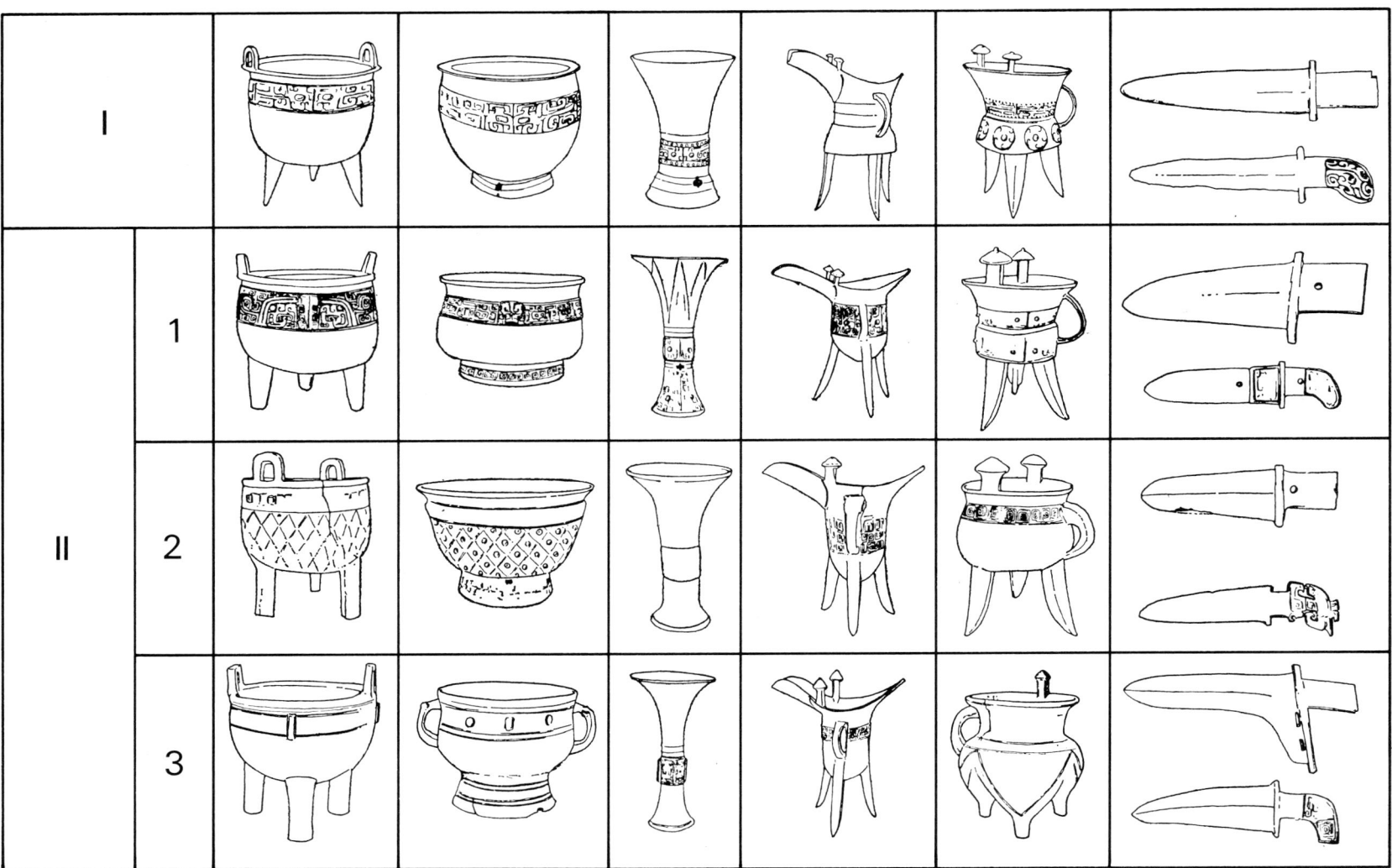

Fig. 4
Die wichtigsten Entwicklungsstadien der Shang-Bronzen. Nach *Zhou kaogu,* 1979, S. 35

17 sant ist dabei, daß siebzig dieser Opfergefäße Inschriften tragen, mit deren Hilfe die Person identifiziert werden konnte,
für die dieses in den Ausmaßen relativ bescheidene, dafür
aber überreich ausgestattete Grab angelegt worden war: Fu
Hao, die Gemahlin des Königs Wuding (1324–1266 v. Chr.).
Kein einziger der klassischen Texte erwähnt sie; diese wurden
zu einer wesentlich späteren Zeit zusammengestellt, als die
Frau längst ihren sozialen Rang und Machteinfluß in der Gesellschaft verloren hatte. In den Inschriften auf den zahllosen
Orakelknochen aus der Shang-Zeit – jenen umfangreichen
chinesischen »Staatsarchiven«, die Ende letzten Jahrhunderts
von den Apothekern als Drachenknochen mit heilender Wirkung verkauft wurden – wird dagegen ihr Name bei mindestens 170 verschiedenen Gelegenheiten genannt. Als Ehefrau
und Schamanin, als Vermittlerin zwischen den Gottheiten
und den Menschen begleitete sie ihren königlichen Gemahl in
den Krieg und bestimmte gegebenenfalls sogar den Zeitpunkt
des Beginns der Kampfhandlungen. Mehrere Male stellte sie

15
Trinkgefäß. Elfenbein mit Türkiseinlagen. H. 30,3 cm, ⌀ (Mündung)
11,2 cm, Wanddicke am Mündungsrand 0,1 cm. Shang-Zeit, Anyang-
Periode (ca. 1300–1030 v. Chr.). Entdeckt 1976 im Grab Nr. 5 von Anyang (Grab der Fu Hao). Beijing, Archäologisches Institut, Yinxu, Grab
Nr. 5, Nr. 100
Dieses Kultgefäß bildet mit einem zweiten ein Paar. Die Türkiseinlagen
betonen die Hauptelemente des aus feinen eingeschnittenen Linien gebildeten Dekors. Die Motive sind von den Kultbronzen her bereits vertraut: auf der Hauptzone zu Dreiecken stilisierte Zikaden, deren Kopf
einem *taotie* gleicht und deren Vorderbeine die langgestreckten Hörner
des *taotie* bilden. Zwei Dekorbänder begrenzen das Hauptmotiv; im
oberen Band erscheinen *taotie*-Masken mit kurzen Hörnern, im unteren
Band *taotie* mit langen Hörnern. Der Henkel ist in Form eines Raubvogels mit Hakenschnabel, zusammengelegten Krallen und langem
Schweif gestaltet. Vgl. *Kaogu xuebao,* 1977, 2, S. 90 und Abb. 37, Nr. 2

selbst Soldaten auf und führte sie an bei Strafexpeditionen gegen Stämme, die an den Grenzen des von den Shang kontrollierten Gebietes lebten. Sie war sicherlich auch Mutter, denn auf Orakelknochen stehen die Sorgen und Fragen des Königs Wuding an die Götter über das Wohl der werdenden Mutter geschrieben. Sie starb vor ihrem königlichen Gemahl, der sie offensichtlich nicht vergaß. Er ließ diese reich ausgestattete letzte Ruhestätte für sie anlegen und stand durch die von Schreibern sorgsam auf den Orakelknochen festgehaltenen Opfergaben auch noch nach ihrem Tode mit ihr in Verbindung.

Zhengzhou: Erligang

Außer Anyang, dessen archäologische Schätze schier unerschöpflich scheinen, hat die chinesische Archäologie in den letzten Jahrzehnten zwei oder drei Jahrhunderte der Geschichte des Shang-Reiches an den Tag gebracht, die zeitlich noch vor der Verlegung des Hofes nach Anyang liegen.

6, 7 So entdeckte man 1952 Erligang, eine Shang-Siedlung bei Zhengzhou in der Provinz Henan. Sie könnte der alten »Hauptstadt Ao« entsprechen, der Hauptstadt der Shang zur Zeit des zehnten Königs Zhongding, dessen Regierungszeit die Archäologen augenblicklich zwischen 1562 und 1550 v. Chr. ansetzen. Die den Anlagen aus dem Neolithikum vergleichbare Stadt schützte sich durch einen Wall aus gestampfter Erde, der einen Umfang von 6960 m hatte: etwa 1700 m im Süden, 1690 m im Norden, 1870 m im Westen und 1700 m im Osten. Elf Öffnungen, bei denen es sich wahrscheinlich um Stadttore handelte, unterbrachen die Mauer.

Um die Stadt selbst war ein blühendes Handwerk angesiedelt. Im Norden und Süden lebten die Bronzegießer, im Westen die Töpfer und ebenfalls im Norden die Knochenschnitzer, die sowohl tierische als auch menschliche Knochen beschnitzten. Die Töpfer konnten bereits eine sehr harte, klingende Ware, ein sogenanntes Protoporzellan *(yuanshici)*, herstellen, dessen Ursprung anscheinend sogar bis in das 20. Jahrhundert v. Chr. zurückzuverfolgen ist. Es handelt sich hier um Vasen mit weiten Mündungen, deren klingender Scherben mit einer glänzenden grünlichen oder auch gelbbräunlichen Aschenglasur überzogen ist.

Der gleiche archäologische Horizont von Erligang wurde dank einer 1976 bis 1977 durchgeführten Grabungskampagne in Mengzhuang in der Provinz Henan freigelegt. Dieses Dorf besaß auf einer Gesamtfläche von 400 m² neun Häuser, 25 Vorratsgruben, eine Gießerei, einen Brennofen und zwei Grä-
Fig. 5 ber. Eines der Häuser (Nr. F 1–3) ist von besonderem Interesse. Drei Gebäudeteile, oder, genauer gesagt, drei kleine Einzelgebäude waren aneinandergereiht auf einer Terrasse aus gestampfter Erde errichtet worden. Es ist wahrscheinlich, daß dabei die Dächer alle die gleiche Firsthöhe und Traufe hatten. Dieser langgestreckte Gebäudekomplex stellt in vor-

bildlicher Form das bisher älteste bekannte Beispiel des chinesischen Hauses dar, wie es sich im Laufe der folgenden Jahrhunderte über ganz China verbreiten sollte.

In Erligang fand man vor allem die bisher ältesten Bronzekultgefäße: sehr kleine dreibeinige Gießgefäße vom Typ *jue*, der in der späteren Shang-Zeit sehr häufig vorkommt, mit einem dreieckigen und leicht geschwungenen Gefäßkörper. Das *jue* erhielt vermutlich bald am oberen Rand einen oder häufiger zwei stabartige Aufsätze, die je mit einem unterschiedlich dekorierten Knauf bekrönt waren. Es ist nicht ganz klar, wozu diese genau dienten, aber die Archäologen nehmen im allgemeinen an, daß man während der Opferhandlungen das Gefäß an ihnen anfaßte und aus dem Feuer nahm.

Das kleine *jue* aus Erligang sowie die chemischen Untersuchungen von weiteren *jue* jüngeren Datums aus dem Grab Nr. 5 in Yinxu zwingen uns jedoch dazu, diese Annahme erneut zu überdenken. Denn diese Gefäße weisen weder auf den Beinen noch auf dem eigentlichen Gefäßkörper die geringsten Spuren von Feuer oder Rauch auf. Bedeutet dies nun, daß es sich hier um unbenutzte Kultgefäße handelt, oder daß vielleicht der heiße Wein in das kalte Gefäß gegossen wurde? Falls dieses Gießgefäß und sein Inhalt nicht über einem Feuer erwärmt wurden, fiele es auch leichter, den Verwendungszweck der *jue* mit doppeltem Boden zu verstehen, wie etwa jenes *jue* im Museum von Shanghai mit seiner durchlöcherten äußeren Wandung.

Der Ursprung dieser stabförmigen Zapfen liegt vielleicht im Herstellungsprozeß begründet. Das kleine *jue* aus Erligang hat eine sehr dünne Wandung, und entlang dem oberen Rand ist innen eine schmale Verdickung, die den Eindruck erwecken könnte, der dünne Rand sei einfach zur Verstärkung abschließend nach innen umgebogen, gebörtelt und festgeschlagen worden. Diese von der Treibarbeit her bekannte Technik ist hier jedoch nicht angewandt worden. Das Gefäß wurde mit Formen in einem Arbeitsgang gegossen, einschließlich des scheinbar gebörtelten Randes. Das hier besprochene *jue* weist ferner eine gewisse Verdickung der Wandung am

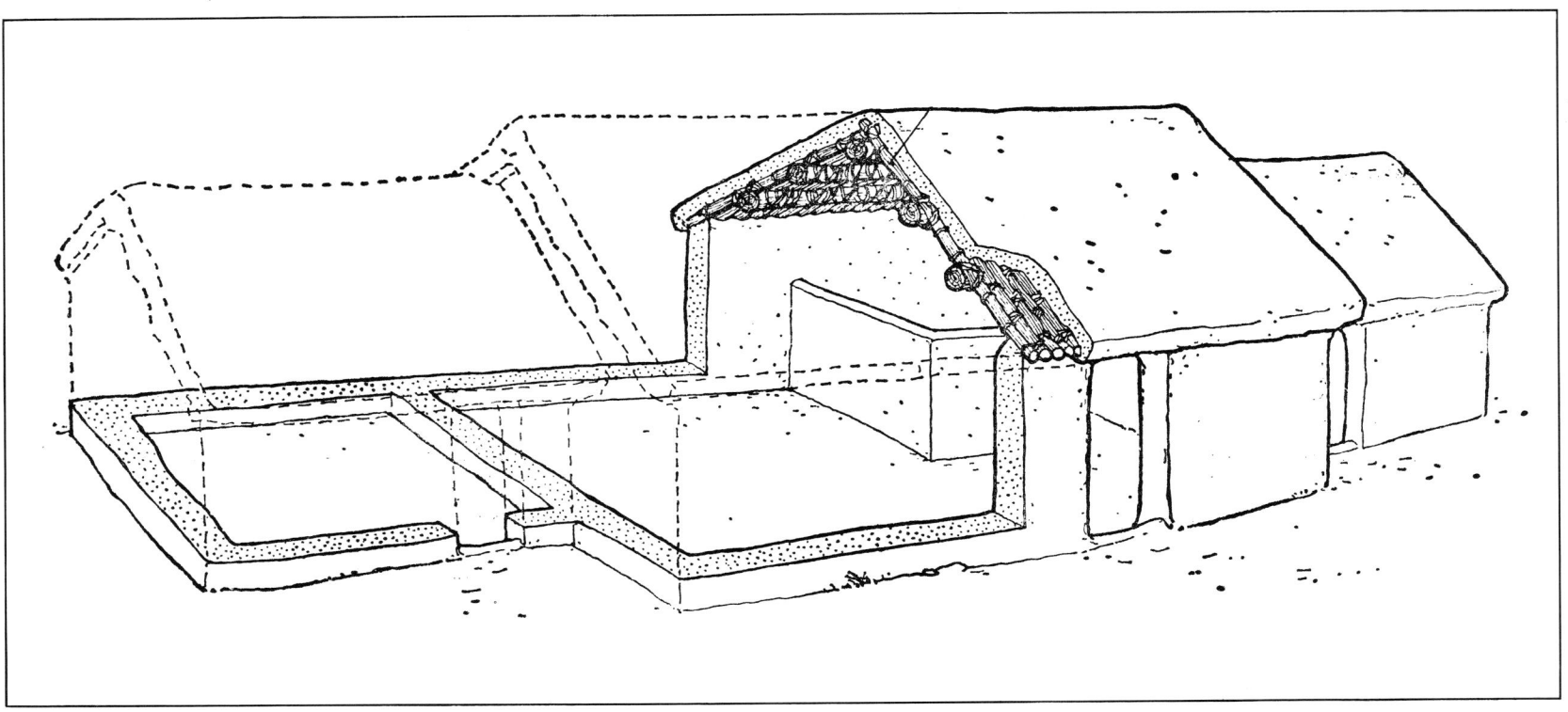

Fig. 5
Rekonstruktion eines Hauses in Mengzhuang. Nach *Kaogu xuebao,* 1982, S. 53

Ansatz des Ausgusses auf, die sich sogar in Form von zwei leichten Erhebungen über den Rand hinaus bemerkbar macht – vielleicht haben sich daraus später die auffallenden bekrönten Zapfen rechts und links vom Ausguß entwickelt?

Wie dem auch sei, diese Zapfen erfüllen bei den späteren *jue* einen eindeutig dekorativen und nicht funktionellen Zweck, und der mitgegossene gebörtelte Rand – der noch bei anderen *jue* der Erlitou- und Erligang-Funde anzutreffen ist – gibt noch Anlaß zu einigen bisher ungeklärt gebliebenen Fragen. Manche Forscher wie John Laplante in Stanford nehmen sogar an, daß man damals zunächst erhitzte Bronzebleche bearbeitet und in die gewünschte Form gebracht hat. Ein solcher Herstellungsprozeß scheint sehr umständlich, einige bezeichnen ihn sogar als höchst unwahrscheinlich. Aber dann einfach diese Hypothese ersatzlos zu verwerfen, wozu diese genau dienten, erklärt immer noch nicht die Existenz des gebörtelten Randes. Viel näherliegend ist die Vermutung, daß diese technisch für den Bronzeguß völlig überflüssige Besonderheit eine Erinnerung an noch ältere Metallbearbeitungstechniken ist, als Metallgefäße nicht gegossen, sondern vermutlich noch aus Blechen (Kupfer- oder Bronzeblechen) zurechtgeformt oder mit Hämmern in Treibarbeit in die gewünschte Form gebracht wurden.

So wirft ein einziger Fundort und ein kleines, gerade handgroßes Bronzegefäß eine Vielzahl von archäologischen Fragen und Problemen auf. Bei diesen Erörterungen handelt es

17
Tierförmiges Gefäß vom Typ *guang, »simu xin«.* Bronze. H. 36 cm, L. 46,5 cm. Shang-Zeit, Anyang-Periode (ca. 1300–1030 v. Chr.). Entdeckt 1976 im Grab Nr. 5 von Anyang (Grab der Fu Hao). Beijing, Archäologisches Institut, Yinxu, Grab Nr. 5, Nr. 803
Das Stück gehört zu sechs Gefäßen vom Typ *guang,* die sich im Grab der Fu Hao befanden. Es besteht aus einem Behälter mit einem Deckel, der Rücken und Kopf eines Drachen nachahmt. Die eingerollten Hörner verleihen dem Gefäß jedoch auch das Aussehen eines Huftiers. Das *guang,* eine typische Shang-Form, verschwand zu Beginn der Zhou-Dynastie, um das 10. Jahrhundert v. Chr. Das abgebildete Stück ist in mehr als einer Hinsicht einzigartig. Als Zeugnis einer Bildkunst, zu der wir den Schlüssel verloren haben, zeigt es das Bemühen um wirklichkeitsnahe Darstellung, zum Beispiel in der Behandlung des Kopfes. Die Vielfalt der Details erschwert jedoch jede Deutung. Die seitlichen Flügel und die Klauen der Hinterfüße geben dem Hinterteil das Aussehen einer Eule oder eines Uhu, während die *kui*-Motive auf den Vorderfüßen an die schützende Wirkung des Drachen erinnern. Am Schwanzansatz sitzt ein menschenähnliches Gesicht. Derartige *guang,* die die vierbeinigen Gefäße vom Typ *yi* der Zhou-Zeit ankündigen, sind in der Shang-Zeit höchst selten (es gibt zwei weitere Beispiele, das eine in der Freer Gallery of Art in Washington, D. C., das andere im Fujita Art Museum in Ōsaka), denn dieser Gefäßtypus steht gewöhnlich auf einem hohen, ovalen Standring. Das Stück trägt eine Inschrift, in der Fu Hao vermutlich unter ihrem posthumen Namen *(si mu)* von einem ihrer Nachkommen angerufen wird. Der Stifter spricht sie als »Mutter« *(mu)* an, so daß es sich nach den Verwandtschaftsgesetzen der Shang-Zeit um ihren Sohn oder Neffen handeln könnte. Vgl. *Kaogu xuebao,* 1977, 2, S. 69 und Abb. 8

44

sich keineswegs um kleinliche Streitereien von Gelehrten oder weltabgeschiedenen Liebhabern von Altertümern, sondern um das Bemühen, die verschiedenen Ursprünge unserer modernen Technologie besser kennenzulernen.

Schließlich zwingen uns die jüngsten Funde zum Umdenken in Hinblick auf die Ausdehnung der Shang-Kultur in China selbst, die wesentlich größer gewesen ist, als man bisher annahm. H. Maspéro vermutete dies bereits früher, als er schrieb: »Das eigentliche Herrschaftsgebiet der Yin (= Shang) umfaßte die beiden Ufer des Gelben Flusses, von seinem Eintritt in die Ebene, am Fuß der Hochebene von Shaanxi, bis zu den Hängen des Taishan und dem Becken des Huai-Flusses, vielleicht sogar bis zum Meer. Außerhalb dieses ihnen direkt unterstehenden Gebietes dürfte sich ihre Vorherrschaft über das ganze chinesische Gebiet im Norden und Osten erstreckt haben... Im Südosten machten sie ihren Einfluß bis in die Länder von Jiangsu und des nördlichen Nganhouei geltend, deren barbarische Völkerschaften wenigstens zu bestimmten Zeiten ihre Oberherrschaft anerkannt haben mußten...«[12]

Die moderne Archäologie bestätigt diese Annahme. So entdeckte man im Juli 1981 bei Changping (Gebiet von Beijing) zwei Tonnen Bronzen aus der Shang-Zeit, darunter unter anderem 56 Objekte hoher Qualität und einen bisher unbekannten Gefäßtyp. Wer mögen jene Bronzegießer im Norden Chinas gewesen sein? Das Vorhandensein shangzeitlicher Kulturen in der Gegend um Beijing und in den Provinzen Jiangsu und Hubei bedeutet noch keineswegs, daß diese auch Vasallen der Shang-Könige gewesen waren oder deren Herrschaft sogar direkt unterstanden haben.

18

Vierbeiniges Kultgefäß vom Typ *fang ding* mit messerartigen Füßen. Bronze. H. 42,4 cm, L. 33,3 cm, B. 25,1 cm. Shang-Zeit, Anyang-Periode (ca. 1300–1030 v. Chr.). Entdeckt 1976 im Grab Nr. 5 von Anyang (Grab der Fu Hao). Beijing, Archäologisches Institut, Yinxu, Grab Nr. 5, Nr. 813

Zusammen mit einem gleichen Gefäß entdeckt, gehört diese Bronze zur bedeutenden Gruppe der Behälter mit Füßen, in denen man kochte und die man ins Feuer stellte. Verwandt ist der Dreifuß mit halbkugelförmigem *(ding)* oder euterförmigem Körper *(li* oder *li ding*, vgl. Abb. 6). Gewöhnlich sind die Beine des viereckigen *ding (fang ding)* zylindrisch. Das abgebildete Stück, eine der schönsten Bronzen aus dem Grab der Fu Hao, bietet eine bisher unbekannte Variante: das *fang ding* mit messerartigen Füßen in Form von stehenden Drachen. Dieser Fußtyp tritt gewöhnlich bei Dreifüßen auf, sehr selten jedoch bei Vierfüßen. Die vier Gefäßwandungen sind mit *taotie* geschmückt, deren Körper auf jeder Seite zu aufrechtstehenden Drachen geworden sind. Im Innern steht die Inschrift »Fu Hao«. Vgl. *Kaogu xuebao*, 1977, 2, S. 63 und Abb. 19, Nr. 2

Panlongcheng und Umkreis

Ein Kleinod der frühen Shang-Zivilisation außerhalb der Provinz Henan bildet die befestigte Stadt Panlongcheng[13] in der Provinz Hubei, die 1974 ausgegraben wurde. Sie liegt im Herzen eines Gebiets, in dem bereits seit zwanzig Jahren shangzeitliche Gegenstände gefunden wurden, ohne daß man das eigentliche Zentrum entdeckte.

Ein Wall aus gestampfter Erde *(hangtu)* umgab und beschützte Panlongcheng. Innerhalb der Mauern befinden sich die Überreste einer Palastanlage und reich ausgestattete Gräber. Die Bewohner haben jedoch bald wieder, ohne daß man bis jetzt den Grund hierfür kennt, zu Beginn der Anyang-Periode die Stadt verlassen und aufgegeben. Die Siedlung erstreckte sich über eine Fläche von etwas mehr als zehn Hektar und wurde im Osten durch einen See und im Süden durch einen Nebenfluß des Yangzi-jiang, den Fuhe, begrenzt. Während der Hochwasser im Sommer und Herbst war sie auf drei Seiten vom Wasser umgeben und damit leicht zu verteidigen.

Das Wenige, das von dem Erdwall erhalten ist, läßt erkennen, daß zur Zeit der Errichtung von Panlongcheng die Technik des *hangtu* noch wenig entwickelt war. Damals benützte man noch keine mit Seilen zusammengehaltenen Holzplanken, mit deren Hilfe man die Erde zusammenpressen und halten konnte, ähnlich den im Betonbau verwendeten Holzverschalungen. Im nordöstlichen Stadtgebiet befindet sich eine Terrasse aus gestampfter Erde, die als erhöhtes Fundament für die Palastgebäude diente. Es lassen sich Spuren einer Fig. 6 Holzarchitektur mit Säulen entdecken. Die Stützen ruhten auf Steinsockeln, die wiederum in die vorher festgestampfte Erde, ein charakteristisches Merkmal der chinesischen Wohnanlage, eingelassen waren.

Überall befinden sich Gräber, oft zwischen den Häusern, als ob man im Laufe der Jahrhunderte mehrmals das Gräberfeld mit den eigentlichen Wohnvierteln ausgetauscht hätte. Die bedeutendsten Grabstätten liegen allerdings im Osten der Stadt, außerhalb der Stadtmauern bei Lijiazui. Zwei von ihnen gelten heute als die schönsten Gräber aus der Erligang-Periode, in der die Shang-Hauptstadt in Zhengzhou errichtet wurde.

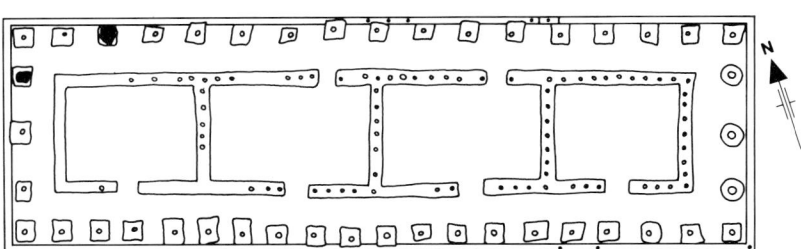

Fig. 6
Grundriß des Palastes (F I) von Panlongcheng. Nach *Shang Zhou kaogu*, 1979, S. 67

Die in den Gräbern gefundenen Bronzen lassen keinerlei Spuren von Provinzialismus der Bronzegüsse von Panlongcheng im Vergleich mit denen von Zhengzhou erkennen. Bedeutet dies, daß die Macht der Shang-Herrscher sich bis hierher erstreckte, oder daß es sich hier vielmehr nur um eine Kolonie in einer sonst feindlich gesinnten Umgebung handelte? Die Tatsache, daß man 300 km südlich von Panlongcheng, in Wuchang in der Provinz Hubei, auf Steinformen und Keramiken Diagramme und Zeichen gefunden hat, die denen im Norden gleichen, gibt Anlaß zu der Annahme, daß die Shang-Zivilisation mit ihrem neuen technologischen Wissensstand, dem Bronzeguß und der Schriftentwicklung, überall entstand oder sich wie eine alles überflutende Welle weit über die Grenzen der Provinz Henan hinaus in die umgebenden Gebiete ausbreitete.

19
Kultgefäß vom Typ *zeng*. Bronze. H. 15 cm. Shang-Zeit, Anyang-Periode (ca. 1300–1030 v. Chr.). Entdeckt 1976 im Grab Nr. 5 von Anyang, (Grab der Fu Hao). Beijing, Archäologisches Institut
Das Kultgefäß vom Typ *zeng* diente zum Kochen von Opferspeisen. Es hat in der Mitte eine Röhre mit durchlöchertem Deckel und gleicht den Töpfen zum Dämpfen von Fleisch, wie sie heute noch von der Mongolei bis Japan in Gebrauch sind. Im Innern steht das Schriftzeichen »Hao«. Zwei vergleichbare Stücke sind bekannt: Das eine wurde in Anyang (Grab Nr. M 1005 von Xibeigang, Houjiazhuang) entdeckt; es ist aus Bronze und hat einen runden Sockel (*yu*). Das zweite, das ebenfalls aus Anyang (Grab Nr. M 230 von Wuguancun; vgl. *Kaogu*, 1977, 1, S. 28 und Abb. 10, Nr. 9) kommt, ist aus Ton und hat keine Henkel. Offenbar war also dieser Typus seit der Shang-Zeit recht geläufig, da man ihn auch in einfacher Tonware ausführte. Vgl. *Wenwu*, 1981, 9, S. 84

46

20
Kochgestell mit drei Dampfkochtöpfen *(xian)*. Bronze. H. (mit Töpfen) 68 cm. Shang-Zeit, Anyang-Periode (ca. 1300–1030 v. Chr.). Entdeckt 1976 im Grab Nr. 5 von Anyang (Grab der Fu Hao). Beijing, Archäologisches Institut, Yinxu, Grab Nr. 5, Nr. 770 und 790
Dieses Kochgestell in Art eines Wärmeofens für Opferspeisen ist bis jetzt einzigartig. Vergleichbar sind lediglich zwei Altartische, die beide aus Baoji in der Provinz Shaanxi kommen. Der eine Tisch mit zwölf Gefäßen (ehemals in der Sammlung des Vizekönigs Duan Fang, heute im Metropolitan Museum of Art in New York) wurde 1901, der andere (heute im Amt für Kulturschätze in Tianjin) 1925–1926 ausgegraben. Beide Tische haben jedoch unten durchgehende Seitenflächen und keine sechs Füße wie hier, die es ermöglichen, das Stück in die Glut zu stellen. Im Innern eines der Kochtöpfe steht die Inschrift »Fu Hao«. Vgl. *Wenwu*, 1981, 9, S. 83

Dieses Phänomen impliziert ein weiteres kulturelles Faktum: Viele Ansiedlungen am Rand der Großen Ebene waren keineswegs so rückständig, wie man dies gelegentlich behauptete. Dem Aufkommen der Bronzekultur hat sogar oft – gibt es da kausale Zusammenhänge? – ein Zurückweichen des Machteinflusses der Shang-Könige entsprochen. So wurde Panlongcheng genau zu dem Zeitpunkt aufgegeben, als die Shang-Herrscher ihre Hauptstadt von Zhengzhou mehr nach Norden, nach Anyang, verlegten. Diese Vitalität des Südens scheint auch durch zahlreiche Knocheninschriften aus der Regierungszeit des Königs Wuding (1324–1266 v. Chr.) bestätigt zu werden, in denen immer wieder auf die Feldzüge des Herrschers im Tal des Han-Flusses angespielt wird, einer von den Shang nur wenig, wenn nicht gar völlig unkontrollierten Gegend.

◁ 21

Kultgefäß vom Typ *ding* mit Beinen in Form aufrechtstehender Vögel. Bronze. H. 50 cm. Shang-Zeit, Anyang-Periode (ca. 1300–1030 v. Chr.). Entdeckt 1976 im Grab Nr. 5 von Anyang (Grab der Fu Hao). Beijing, Archäologisches Institut

Dieser Dreifuß befand sich bei seiner Entdeckung in einem sehr schlechten Erhaltungszustand und mußte erheblich restauriert werden. Die vogelförmigen Beine sind nicht flach gegossen wie sonst bei dieser Sonderform des *ding,* sondern rundplastisch, was für diese frühe Zeit ziemlich selten ist.

22

Rechteckiges Kultgefäß vom Typ *fang yi* (Breitseite mit zoomorphem Dekor). Bronze. H. 60 cm, L. 88,2 cm, B. 17,5 cm. Shang-Zeit, Anyang-Periode (ca. 1300–1030 v. Chr.). Entdeckt 1976 im Grab Nr. 5 von Anyang (Grab der Fu Hao). Beijing, Archäologisches Institut, Yinxu, Grab Nr. 5, Nr. 792

Dieses *fang yi,* ein rechteckiges Gefäß in Hausform zum Aufbewahren von Opfergetränken, hat eine ungewöhnliche Größe. Die beiden als winzige Dächer gestalteten Griffe verleiten sogar dazu, eher von einem »doppelten *fang yi«* zu sprechen. Der vielteilige Dekor mit Raubvögeln, die sich auf ihre Schwänze stützen, ist für diese Zeit charakteristisch. Er besteht aus *taotie,* verschiedenen Drachenformen, die teilweise Schlangenleiber haben, und schreitenden Vögeln, die auf der einen Längsseite eine Reliefmaske mit Widderhörnern, auf der anderen Längsseite eine Reliefmaske mit Rüssel und auf dem Deckel eine *taotie*-Maske einrahmen. Daneben interessieren sich die Archäologen vor allem für das zahnartig gezackte Motiv auf dem dachförmigen Deckel und für die sieben, auf der einen Längsseite gerundeten, auf der anderen dreieckigen vorstehenden Elemente am Rand des Gefäßkörpers. Diese Motive erinnern an die aus der Wand herausragenden Enden von Querbalken, die auf den tragenden Längsbalken aufliegen. Vgl. *Kaogu xuebao,* 1977, 2, S. 67 und Abb. 21, Nr. 1

Nach anderen Forschern wies vor kurzem Virginia Kane[14] erneut darauf hin, daß gegen Ende der Shang-Zeit im Süden Chinas Bronzen in einem eigenständigen Stil geschaffen wurden, die man gemeinsam mit Bronzegüssen im nördlichen Stil in den Gräbern aufstellte. Man ist versucht, hierin die Zeugen bedeutender und alter gegenseitiger Beziehungen schon fast geschäftlicher Art zwischen den beiden Teilen des chinesischen Kontinents zu sehen.

Die Tierdarstellungen auf Bronzen

Die Shang-Kultur fesselte bereits vor langem die Gemüter, und die Gelehrten beschäftigten sich jahrhundertelang mit den sonderbaren Tierdarstellungen auf den Bronzeobjekten. Bestens vertraut mit den alten Texten, entdeckten sie auf den Bronzen die bildliche Wiedergabe der in den alten Schriften genannten Fabelwesen: die Schlange mit doppeltem Körper, die in dem *Shanghaijing* (um 220 v. Chr.) als ein gefährliches Wesen beschrieben und deren Erscheinen als Zeichen einer bevorstehenden verheerenden Dürre gedeutet wird, oder das *kui,* über das im *Shuowen,* dem großen Lexikon der Han-Zeit, gesagt wird, daß es einem Stier ohne Hörner und mit nur einem Bein ähnelte, daß es wie die Sonne und der Mond glänzte und genauso laut wie der Donner brüllte und das jedesmal, wenn es in das Wasser ginge oder dieses verließe, den Wind zum Wehen brächte und den Regen auslöste. Nur Huangdi konnte es fangen und töten. Er bespannte mit der Haut des *kui* eine Trommel und schlug sie mit den Knochen des Fabelwesens. Die Töne dieses seltsamen Musikinstruments waren mehr als 500 Meilen weit zu hören. Was den Drachen betrifft, so scheint die Deutung bei jedem Autor anders auszufallen. Aber diese lang geübten Interpretationsversuche haben sich heute, überprüft man die relativ jungen, aus dem Anfang der Kaiserzeit datierenden Texte, als rein spekulativ herausgestellt. Sie erlauben uns einen Einblick in die Welt der Fabelwesen, die in den Köpfen der Gelehrten herumgeisterten, geben uns jedoch keine sicheren Hinweise zum Verständnis dessen, was die Menschen in der Shang-Zeit bewegte, die diese phantastischen Wesen schufen.

Nach der Gründung des Kaiserreiches hat sich anscheinend die Richtung der Deutungen rasch geändert: Man maß jetzt den Darstellungen einiger der Fabelwesen weniger Bedeutung zu als zuvor und hielt sich mehr an literarische, mehr oder weniger geistreiche und gelehrte Beschreibungen der Objekte. Eine große Ausnahme bildet nur jene sehr oft auf Bronzegefäßen dargestellte und bereits im *Lüshi chunqiu* als »Vielfraß« (taotie) bezeichnete Maske, die sich im wesentlichen aus dem großen, maskenähnlichen und frontal gesehenen Kopf eines Fabeltieres mit weit aufgerissenem Maul und Fangzähnen und zwei, von der Seite wie aufgeklappt gesehenen kleinen Körperhälften zusammensetzt. In alten Bronzekatalogen werden gelegentlich bestimmte, schwierig zu deutende Dekormotive als *taotie* bezeichnet.

Dies besagt nichts anderes, als daß bereits damals die Bedeutung der Bronzemotive nicht mehr bekannt war und seitdem ein gewisses Durcheinander in der Deutung dieser Motive herrscht. Die Ergebnisse der Ausgrabungen bringen deshalb unschätzbare Erkenntnisse und tragen mit dazu bei, die anhand von Objekten in verschiedenen Sammlungen und aus einigen Ausgrabungen der Vorkriegszeit von westlichen und chinesischen Archäologen ermittelten Klassifizierungen zu vervollständigen.

Heute nimmt eine neue, allgemeine Typologie des Motivschatzes Gestalt an. Einige Motive ließen sich bis zu den neolithischen Jaden und Yangshao-Keramiken zurückverfolgen. Hierin liegt auch die bereits früh zu verzeichnende Kompliziertheit einer Reihe von Bronzemotiven begründet. Ihre Umsetzung in die Materie Metall vollzog sich durch die Vereinfachung einer alten Vorlage oder einer Reihe mehr bildhafter Muster, deren verschiedene Entwicklungsstufen sich anhand der Keramik nachvollziehen lassen. So wurde zum Beispiel das Froschmotiv nach und nach zu einem schlichten Gittermuster vereinfacht, das in Banpo noch den Froschkörper modelliert und geschmückt hatte. Die chinesischen Archäologen, die sich von den seit zweitausend Jahren festgesetzten Vorstellungen zu befreien versuchen, neigen dazu, sich nur noch an den rein graphischen Aspekt der Motive zu halten und dabei die bis vor kurzem gültigen Kategorien und Klassifikationen aufzugeben. So ziehen sie es heute vor, der klassischen Unterscheidung der Tiermotive in Tiere, die tatsächlich in der Natur vorkommen, und in Fabeltiere aus Märchen und Legenden, eine wesentlich strengere und ausschließlich typologisch ausgerichtete Unterscheidung in rein tierische Motive und in Motive, die, zoomorph oder auch nicht, eine menschliche Darstellung enthalten, gegenüberzustellen.

Zwei Meisterwerke der letzteren Kategorie stellen die beiden Gefäße in Form einer Tigerin dar, die einen Menschen in den Pranken hält. Die Bronzen befinden sich in der Sammlung Sumitomo in Japan und im Musée Cernuschi in Paris. Beide Gefäße standen, trotz ihres offenkundig alten und echt wirkenden Aussehens, lange Zeit im Zentrum erbitterter Aus-

23
Vierbeiniges Kultgefäß vom Typ *fang ding.* Bronze. H. 38,7 cm. Späte Shang-Zeit (ca. 11. Jahrhundert v. Chr.). Entdeckt 1959 in Ningxiang, Provinz Hunan
Dieses rechteckige, vierbeinige Gefäß diente zum Zubereiten oder Aufwärmen von Opferspeisen. Zwar entspricht die Form durchaus dem Gefäßtyp *fang ding,* doch ist der aus menschlichen Gesichtern bestehende Reliefdekor auf den vier Seiten höchst ungewöhnlich. Die Gestaltung der Masken ist jedoch gut vergleichbar mit anderen Menschendarstellungen, auf die man in Shang-Gräbern stieß, zum Beispiel im Grab Nr. 5 (Grab der Fu Hao) von Anyang. Vgl. *Wenwu,* 1960, 10, S. 57–59

einandersetzungen. Man kannte zwar weitere Menschendarstellungen aus der Shang-Zeit in Jade oder auf Bronzen, die in der ganzen Welt verstreut waren, besonders in den Sammlungen der Freer Gallery of Art in Washington und auch im Musée Cernuschi, aber es handelte sich in jedem Fall nur um kleinformatige Objekte. Die jüngsten Funde in Anhui, in Hunan in Ningxiang (1959 entdeckt) oder in Houjiapo, in Xibeigang oder vor kurzem noch im Grab der Fu Hao haben endlich unwiderlegbare Beweise für die Echtheit der besagten Bronzen gebracht: In allen Fällen fand man auf relativ großen Objekten menschliche Gestalten oder Gesichter. Fast immer hält ein Tier oder ein *taotie* das menschliche Wesen in seiner Gewalt. Das Tier erweckt immer die Vorstellung – sei es durch ein Detail und gleichgültig welche Rassenmerkmale es aufweist – eines mächtigen, menschenfressenden Tigers. Aber der dargestellte Mensch wirkt seltsamerweise keineswegs erschreckt oder gar ängstlich, sondern er scheint sich vertrauensvoll in die Pranken oder Fänge des Ungeheuers zu schmiegen. Man kann demnach nicht umhin festzustellen, daß während der Bronzezeit, wie auch schon seit dem Ende des Neolithikums, in der chinesischen Kunst eine Entwicklung eingesetzt hatte, die dem Menschen und seiner Darstellung wesentlich mehr Aufmerksamkeit entgegenbrachte und sich weitaus weniger um Abstrahierung von Motiven kümmerte, als dies bis vor kurzem noch angenommen wurde. Das schließt natürlich keineswegs die Entwicklung eines reichen, geometrisch abstrakten Dekors aus, von dem man noch nicht sicher weiß, ob es sich um reinen Schmuck oder um Elemente mit symbolischer Bedeutung handelt. Einige Kunsthistoriker betonen deshalb, wie undurchschaubar und verwickelt noch dieses Problem ist und fragen sich, welche Rolle allein die graphischen Ähnlichkeiten bei der Übermittlung oder der Umbildung der alten Motive gespielt haben. Diese Möglichkeit ist sicherlich nicht auszuschließen, insbesondere bei den untergeordneten oder nur begleitenden Motiven. Aber der Verweis auf den Schamanismus, auf die alles beherrschende Macht der Natur, die den Menschen umgibt, erscheint einleuchtender und zwingender für die Deutung und Entwicklung des chinesischen Bronzedekors als eine reine Grammatik des Formenkanons, auch wenn diese methodologisch durchaus ihre Berechtigung und Notwendigkeit hat.

DIE ZHOU: BEGINN DER KLASSISCHEN ARCHITEKTUR

Als die Zeit der Shang, deren Kräfte nach jahrhundertelanger Machtausübung erlahmten, sich ihrem Ende zuneigte, wurde diese Dynastie von einem neuen Clan, den Zhou, vertrieben. Die Zhou kamen aus der Gegend der Löß-Hochebenen, und ihr König Wen gründete bei Fengjing, im heutigen Herzen der Provinz Shaanxi, seine Hauptstadt, in einem Landstrich,

24
Orakelknochen. Bauchpanzer der Schildkröte. Anfang der Zhou-Zeit (ca. 1100 v. Chr.). Entdeckt 1977 in Qishan, Fundstelle H 11, Nr. 1, Fengchu, Provinz Shaanxi
Diese mit einer Inschrift versehene Schildkrötenschale wurde in Qishan an der Stelle H 11 im Westflügel des Palastes gefunden (vgl. *Wenwu*, 1979, 10, S. 38). Der Fund der Orakelknochen von Qishan ist bis jetzt mengenmäßig der umfangreichste. Man fand 16 700 Inschriften auf Schildkrötenschalen und 300 weitere auf Rinderknochen, und vermutlich sind bis jetzt noch lange nicht alle Knochen ausgegraben. Die Schriftzeichen gehören stilistisch zur frühesten Form. Manche gleichen im Duktus durchaus den heute gebräuchlichen, andere weichen erheblich davon ab, während einige überhaupt nicht mehr existieren. Die letzteren konnten auch noch nicht entziffert werden. Daraus erklärt sich die Schwierigkeit, die Texte genau zu lesen und zu deuten. Bis heute identifizierten die Paläologen über 600 verschiedene Schriftzeichen in den Inschriften von Qishan. Eine Inschrift kann aus nur einem bis zu 300 Schriftzeichen bestehen. Die hier abgebildete Inschrift beschreibt die Zeremonien und Opfer, die die Zhou-Familie für die Ahnengeister der Shang abhielt. Sie zeigt zugleich, daß sich die Zhou vor dem Sturz der Shang-Dynastie durch den König Wu Wang (reg. 1122–1116 v. Chr.) zumindest moralisch der Autorität der herrschenden Shang-Könige verpflichtet fühlten. Vgl. *Wenwu*, 1979, 10, S. 39, 43 und Abb. 4, Nr. 1

dessen reiche geschichtliche und kulturelle Vergangenheit bis in das Neolithikum zurückreicht. Veränderungen gab es jedoch auch in Zentralasien. Dort hatten sich an der Grenze der ackerbauenden Welt nomadisierende Völker entwickelt, die die Bauern in bestimmten Abständen immer wieder bedrohten und ausplünderten. Außerdem war vielleicht das von den Chi-

25
Kultgefäß vom Typ *guang*. Bronze. H. 31,6 cm. Westliche Zhou-Zeit (Ende 11. Jahrhundert – 771 v. Chr.). Entdeckt 1963 in Qijiacun, Fufeng, Provinz Shaanxi
Der Gefäßtyp *guang* kam bereits zu Beginn der Zhou-Zeit außer Gebrauch. Er diente zum Aufbewahren alkoholhaltiger Getränke und gleicht einem großen Gießgefäß in Form eines stilisierten Tiers. Das Unterteil des hier abgebildeten viereckigen Gefäßes ist ungewöhnlich groß und zeigt die Weiterentwicklung des Typs gegenüber den eindeutig shangzeitlichen Beispielen. Die Seiten des Deckels sind mit Drachen verziert. Auf dem Hals wendet sich ein Drache mit eingerolltem Horn zu einem kauernden Vogel zurück, der ähnlich gestaltet ist wie die gegenständig angeordneten Vögel auf dem Gefäßkörper. Das *guang* wird durch eine plastisch ausgebildete *taotie*-Maske bekrönt. Es trägt die aus achtzehn Schriftzeichen bestehende Inschrift: »Kostbares Opfergefäß, gewidmet Ri Ji. Mögen seine Söhne und Enkel während 10000 Jahren einen ewigen und wertvollen Gebrauch davon machen.« Vgl. *Kaogu*, 1963, 8, S. 14 und Abb. 2, Nr. 2

nesen besiedelte Gebiet bereits zu unüberschaubar geworden, um vom Rand her regiert werden zu können; kurz darauf gründete König Wu (1122–1116 v. Chr.) in der Großen Ebene das heutige Luoyang. Dieser Ort sollte von nun an mehrere Jahrhunderte lang die östliche Hauptstadt Chinas gegenüber jener in der Provinz Shaanxi sein, die den westlichen Gegenpol bildete.

Die Zhou-Dynastie zog sich im Jahr 771 v. Chr. endgültig nach Luoyang zurück, als die Barbarenüberfälle die Lage des Königreiches mit seiner alten Hauptstadt im Westen unhaltbar werden ließen. Die chinesische Entwicklung wurde davon nicht sofort betroffen, wie eine vor kurzem erschienene Untersuchung festhält: »Es ist nicht damit getan zu vermerken, daß die ersten Zhou-Herrscher zunächst die Erben ihrer Unterlegenen waren, indem sie lediglich eine Periode des Über-

26–27
Stirnblatt eines Pferdeharnischs. Bronze. H. 13 cm. Westliche Zhou-
Zeit (Ende 11. Jahrhundert – 771 v. Chr.). Entdeckt 1955 in Zhang-
jiapo, Xi'an, Provinz Shaanxi. Xi'an, Shaanxi Provincial Museum
Dieses Stirnblatt eines Pferdeharnischs in Form einer Maske weist Löcher auf, mittels der es am Zaumzeug befestigt wurde. Das Zierstück ist
ein Beweis für die Sorgfalt, mit der man das Geschirr der Pferde hoch-
gestellter Persönlichkeiten behandelte.

28
Kultgefäß mit Henkeln vom Typ zun. Tonware mit brauner Glasur. H.
11,9 cm. Westliche Zhou-Zeit (Ende 11. Jahrhundert – 771 v. Chr.).
Entdeckt 1965 in Yiji, Tunqi, Provinz Anhui. Beijing, Palace Museum
Dieses Tongefäß in Form eines zun mit niedrigem Hals diente zum Auf-
bewahren von Getränken. Es hat zwei in Art von Korbflechtwerk appli-
zierte Ringhenkel und ist mit zwei gehörnten Tiermasken und einem
Flechtmuster auf dem oberen Gefäßteil geschmückt. Das Stück ist ein
Beispiel für die von den chinesischen Archäologen als yuanshici, »Proto-
Porzellan«, bezeichnete Tonware. In Wirklichkeit handelt es sich um
Steinzeug, das absichtlich glasiert wurde und nicht im Ofen eine zufäl-
lige Aschenglasur erhalten hatte. Die Glasur wurde vermutlich mit
Hilfe eines Pinsels aufgetragen. Vgl. Wenwu, 1965, 6, S. 52

29–30
Kultgefäß vom Typ *gui*. Bronze. H. 19,7 cm. Westliche Zhou-Zeit (Ende 11. Jahrhundert – 771 v. Chr.). Entdeckt 1965 in Tunqi, Provinz Anhui

Dieses Kultgefäß vom Typ *gui* wurde in einem Grab gefunden, das von der üblichen Grabform abweicht: Hier war der Tote nicht in einer Grube in der Erde bestattet, sondern ruhte, zusammen mit den Grabbeigaben, auf einer Lage aus Schottersteinen, über der ein 2 m hoher Grabhügel mit einem Durchmesser von rund 20 m aufgeschüttet wurde. Der Gefäßbauch ist in zwei Dekorzonen gegliedert. Die obere Zone zeigt auf jeder Seite die Maske eines stilisierten *taotie*, dessen Körper zu abgewinkelten Bändern abstrahiert wurde. Die untere Zone ist mit unterschiedlich schraffierten Feldern geschmückt. Um den kurzen Gefäßhals läuft ein linearer Dekor mit volutenförmigen Einrollungen und um den Sockel stark geometrisierte Drachenmotive. Die beiden tierförmigen Henkel werden von Widderköpfen bekrönt. Der Dekorgrund setzt sich aus Bändern mit liegenden, länglichen Hakenmotiven und gegenständig angeordneten langen Hakenmotiven, aus Spiralen und Flechtwerk mit kleinen Buckeln zusammen. Dieser Dekor, in dem abgewinkelte Linien und eine unorganisiert wirkende Anhäufung von Strichen und Punkten vorherrschen, ist kennzeichnend für die Gebiete in Südost-China. Aufschlußreich ist auch der Vergleich dieses Bronzedekors mit dem Dekor der Keramikgefäße aus derselben Gegend.

31
Kultgefäß vom Typ *ding*. Bronze. H. 22 cm, ⌀ (Mündung) 22,3 cm, Tiefe des Gefäßkörpers 12,3 cm. Westliche Zhou-Zeit (Ende 11. Jahrhundert – 771 v. Chr.). Entdeckt 1975 in Zhuangbocun, Fufeng, Provinz Shaanxi

Das Gefäß für die Zubereitung von Opferspeisen zeichnet sich durch seine ausgewogenen, eleganten Proportionen und den im Profil geschwungenen, tief herabgezogenen Gefäßkörper aus, beides typische Merkmale des Stils jener Zeit. Eine Besonderheit sind die Auswüchse auf den Innenseiten der drei Füße. Vielleicht ruhte auf ihnen ursprünglich eine Metallplatte, auf die man die glühenden Holzkohlestückchen zum Wärmen der Opferspeisen legte und die bei der Ausgrabung verlorenging. Der schlichte Dekor setzt sich aus drei Paaren gegenständig angeordneter, langgestreckter Drachen mit zurückgewandten Köpfen zusammen. Die aus fünf Zeichen bestehende Inschrift besagt: »Dong hat dieses kostbare *ding* anfertigen lassen.«. Vgl. *Kaogu yu wenwu*, 1981, 4, S. 30

ganges herbeiführten zwischen zwei in wesentlichen Punkten als grundverschieden angesehenen sozialen und kulturellen Systemen; das eine führte noch einen primitiven Kommunismus weiter, während das andere bereits das politische Staatsgebilde ankündigte, das eine symbolisierte die Sklavengesellschaft, das andere die Feudalgesellschaft. Zwischen den Yin (= Shang) und Zhou gibt es nicht bloß einen Übergang, sondern eine tiefreichende Identität in der gesellschaftlichen Dynamik ... Die Unterbrechung jener stetigen Entwicklung beruht nur auf der sich zunehmend verstärkenden Gegenströmung, die durch das Durcheinander nach dem Zurückweichen der Zhou-Monarchie vor den Barbaren im 8. Jahrhundert v. Chr. hervorgerufen wurde und aus der sich zunächst das Prinzip der Hegemonialmacht, dann das des legalistischen Staates und zuletzt das Kaiserreich herausbildeten.«[15]

Die zahllosen Überreste aus der Zhou-Zeit verdeutlichen 25–40 diese Stabilität einer bereits jahrtausendealten Kultur, und die Ausgrabungen bestätigen ständig die kulturelle Identität, die sowohl die Shang und Zhou vereinte wie auch alle darauffolgenden Dynastien.

Die Archäologie jener Jahrhunderte hält sogar einige Überraschungen bereit. So stieß man 1977 in Qishan in der Provinz Shaanxi auf bisher unbekannte Texte und die Reste einer weitläufigen Palastanlage[16]. Man fand dort unter anderem 17 000 Orakelknochen (jiagu), 16 700 Schildkrötenschalen mit Orakelinschriften und 300 Rinderknochen mit ziemlich langen Inschriften – in der Regel aus mindestens dreißig Schriftzeichen bestehend –, die eine bereits relativ entwickelte Sprache mit einem mehr als 600 Worte umfassenden Wortschatz erkennen ließen. Diese Dokumente waren sorgfältig in verschiedenen Verstecken im Innern oder in unmittelbarer Nähe der Gebäude aufbewahrt worden und bildeten offensichtlich das Archiv. Sie werden vielleicht dazu beitragen, eine noch kürzlich von L. Vandermeersch beklagte Lücke schließen zu helfen: »Für die Frühzeit der Zhou-Macht besitzen wir keine einzige Orakelinschrift, denn das bei den Yin (= Shang) übliche Einritzen der Orakelsprüche unter oder neben die durch Erhitzen herbeigeführten Risse in den Knochen wurde aufgegeben zugunsten von Niederschriften auf vergänglichen Materialien wie Seidenstücken oder Bambustäfelchen.«[17] Oder sollte es sich hier um ältere Dokumente handeln? Dann wäre aber ihre Aufbewahrung in der Nähe eines Zhou-Palastes ein Rätsel.

Das eindrucksvollste und zugleich am leichtesten verständliche Ergebnis der jüngsten Ausgrabungen ist die Entdeckung einer bereits hochentwickelten Architektur unter den Zhou, in der sich deren Verhältnis zu Umwelt, Kultur und Lebensauffassung spiegelt.

Die Fundstätte Qishan (Fengchu) in der Provinz Shaanxi läßt die wesentlichen Aspekte der frühen chinesischen Architektur erkennen, die hier nach einem bereits genau festgelegten Anlageplan die schon in Erlitou und Panlongcheng für die frühe Shang-Zeit erkennbaren Elemente wiederaufnimmt.

Jedes Einzelgebäude ist als Teil einer größeren Gesamtanlage in Form eines Viereckes errichtet und, gemeinsam mit ähnlichen Bauten, in einer Reihe im Innern einer durch einen Graben oder einen Wall aus gestampfter Erde eingefaßten quadratischen oder rechteckigen Fläche angeordnet. Das Fundament jedes einzelnen Gebäudes war fest gestampft und mit verschiedenartigem Putz bedeckt; es hatte eine Dicke von etwa 40 bis 50 cm, um die Säulen oder Pfosten darin einlassen zu können und diesen den nötigen Halt zu geben. Die Überreste dieser Säulen oder Pfosten erlauben uns heute, die Ausmaße, Anlage und den Grundriß der damaligen Paläste zu erkennen und zu rekonstruieren.

Die Paläste waren um ein westöstlich ausgerichtetes Hauptgebäude tang angeordnet, in dem die verschiedenen Zeremonien abgehalten wurden. Die vier Außenseiten hatten eine umlaufende Säulenstellung, deren Säulen sich in einem Abstand von jeweils 2 m folgten und entsprechend ihrer Höhe zwischen 50 bis 70 cm tief in die Erde eingelassen waren. Gelegentlich lief davor in einem Abstand von 1 m nochmals eine

33
Hellebardenspitze. Bronze. L. 29 cm. Westliche Zhou-Zeit (Ende 11. Jahrhundert – 771 v. Chr.). Entdeckt 1976 in Xi'an, Jiaoxian, Provinz Shandong. Changwei, Provinz Shandong, Bureau of Cultural Relics
Diese Hellebardenspitze vom Typ ge, die in einer Grube mit Streitwagen entdeckt wurde, trägt auf beiden Klingen noch Blutspuren. Sie ruhte zusammen mit einer Lanze neben dem Wagenlenker, dessen Skelett – nur die Knochen des Brustkorbes waren erhalten – noch immer in dem vierspännigen Streitwagen lag. Die Form der Hellebarde mit kurzer Seitenklinge entspricht dem alten Typ. Später wurde diese Klinge länger, im Profil gerundeter und stand eher waagrecht vom Schaft ab. Vgl. Wenwu, 1977, 4, S. 67 und Abb. 8, Nr. 4

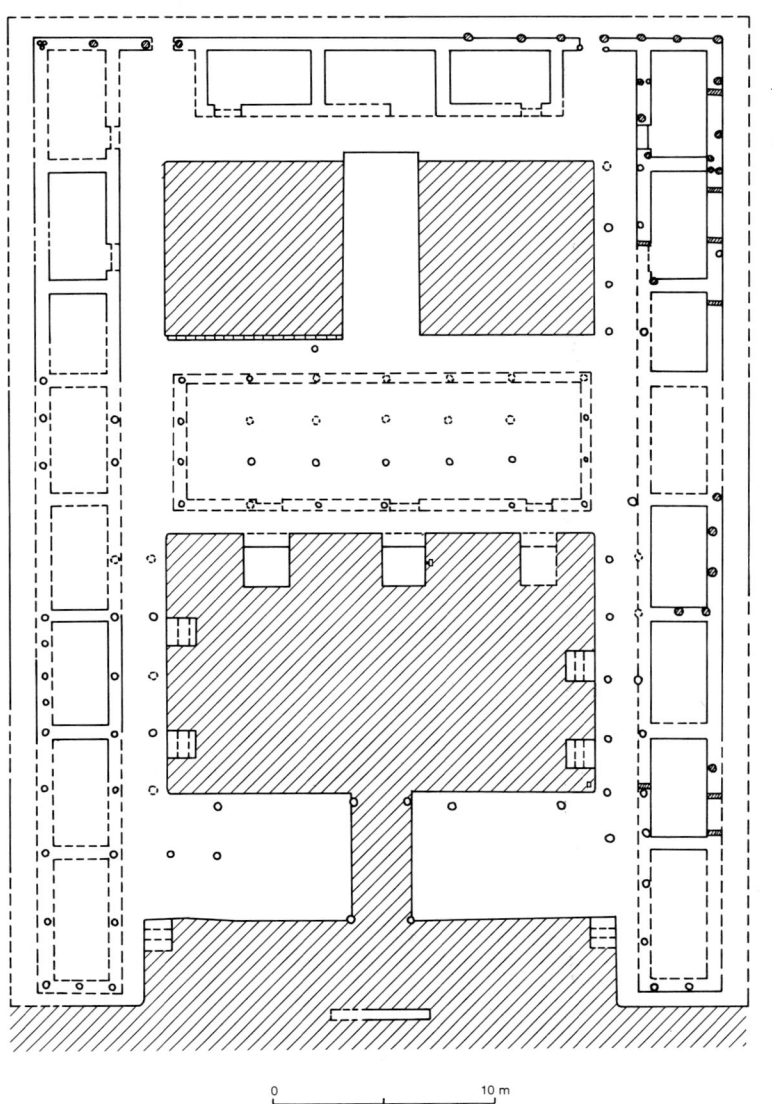

Fig. 7
Grundriß des Palastes (Nr. 1) von Qishan. Nach *Shang Zhou kaogu*,
1979, S. 182

Die Fassaden erhielten einen Verputz, der im wesentlichen
aus weißer Asche bestand, wie dies bereits in neolithischer
Zeit in Dahe üblich gewesen war. Aber bald wurden auch die
Seitenwände und Plattformen, auf denen die Gebäude standen, verputzt; dem dabei entstehenden hohen Materialver-
brauch begegnete man durch die Verwendung von Kalk.

In den Überresten der Paläste von Qishan fand man überall Fig. 7
Jadestückchen oder Muschelstücke verstreut. In den alten
Texten, dem *Shangshu* und *Zhoushu*, wird berichtet, daß zur
Zeit des Königs Cheng (1115–1079 v. Chr.) die Paläste der
Zhou mit Wandschmuck aus verschieden gefärbten Muscheln
und in Jade geschnittenen Blumen verziert waren. Vielleicht
handelt es sich hier um die Überbleibsel des Dekors einer
Architektur, in der H. Maspéro eine »Mischung aus äußer-

34
Kultgefäß vom Typ *zun* in Tiergestalt. Bronze. H. 24 cm, L. 38 cm.
Westliche Zhou-Zeit (Ende 11. Jahrhundert – 771 v. Chr.). Entdeckt
1967 in Hejiacun, in der Gegend von Qishan, Provinz Shaanxi. Xi'an,
Shaanxi Provincial Museum
Dieses Gefäß zum Aufbewahren von Opferwein ist in Form eines Büf-
fels gestaltet, auf dessen Rücken eine Raubkatze, wahrscheinlich ein
Tiger, sitzt. Der Deckel ist durch einen Ring mit dem Gefäßkörper ver-
bunden und dient zugleich als Griff. Das Maul des Büffels bildet den
Ausguß. Der lineare Dekor ist schwer zu interpretieren, aber das Auge
auf der Gefäßseite läßt ein Motiv vermuten, das wohl von einem Vogel
mit Federbusch abgeleitet ist, hier jedoch völlig geometrisiert wurde.
Vgl. *Wenwu*, 1972, 6

35
Kultgefäß vom Typ *zun* in Form eines Elefanten. Bronze. H. 24 cm,
L. 28 cm. Westliche Zhou-Zeit (Ende 11. Jahrhundert – 771 v. Chr.).
Entdeckt 1974 in Rujiazhuang, bei Baoji, Provinz Shaanxi. Baoji, City
Museum
Dieses Kultgefäß vom Typ *zun* in Form eines stämmigen Elefanten
diente zum Aufbewahren von Opferwein. Zu der umfangreichen
Gruppe der *zun* gehören insbesondere die tiergestaltigen Gefäße, die
seit langem bei Sammlern bekannt sind. Weitere Beispiele sind etwa das
Eulengefäß im British Museum, das Nashorn im Asian Art Museum in
San Francisco, der Elefant im Musée Guimet in Paris und der Elefant
der Freer Gallery of Art in Washington. Im Jahre 1975 wurde ein weiteres Gefäß in Form eines Elefanten in Lilingxian, südöstlich von
Changsha, in der Provinz Hunan gefunden. Die zoomorphen Gefäße
kamen in der Shang-Zeit auf und wurden, allerdings mit wenig Ge-
schick, von den Zhou übernommen. Verglichen mit dem großartigen
in Lilingxian entdeckten Elefanten aus der Anyang-Periode (ca.
1300–1030 v. Chr.) wirkt der hier abgebildete besonders plump; einzig
der Rüssel und die angedeuteten Stoßzähne erlauben es, das Tier als
Elefanten zu identifizieren. Die Seiten schmücken zwei große Medaillons mit Spiralmotiven, in deren Band Vögel mit langgestrecktem Körper und Federbusch dargestellt sind. Man kann sich, wie H. Brinker
und R. Goepper (*Kunstschätze aus China*, Zürich 1980, S. 77) fragen, ob
die Bronzegießer der Zhou-Zeit jemals Elefanten zu Gesicht bekommen hatten oder ob sie sich nicht eher von ihrer Phantasie und den aus
der Shang-Zeit überkommenen Vorbildern anregen und leiten ließen.
Kann man darin unter Umständen auch die Anzeichen einer grund-
legenden Klimaveränderung sehen, die damals in China eingetreten
wäre? Vgl. *Wenwu*, 1976, 4

Reihe dünnerer Pfosten, die entweder die ausladende Dach-
traufe oder ein Vordach stützten, das die Veranda über-
deckte. Das Hauptgebäude hatte ein, zwei oder sogar vier
stark geneigte Dächer mit einem Neigungswinkel von gewöhnlich 45°, soweit man dies aus dem Durchmesser und der
Anzahl der Säulen rückschließen kann. Der Dachbelag bestand aus einer Bretterlage, die direkt auf den von Balken ge-
tragenen Dachsparren ruhte. Die Bretter wurden mit Stroh
und seit der Zhou-Zeit auch mit Ziegeln bedeckt, wenn es sich
um das Anwesen eines Mitglieds des Hochadels handelte.

Die Mauern zwischen den Säulen und Ständern und im Innern der Gebäude waren in Stampfbauweise errichtet; dazu
wurde eine Mischung aus Erde *(tupei)* und Pflanzenmaterial
zwischen zwei parallel laufende Reihen aus jungen Baumstämmen gefüllt, festgestampft und dann trocknen gelassen.

36
Fußschale vom Typ *dou* mit durchbrochen gearbeitetem Fuß. Bronze.
H. 15,2 cm, ⌀ 27 cm, Tiefe des Gefäßteils 5 cm. Westliche Zhou-Zeit
(Ende 11. Jahrhundert – 771 v. Chr.). Entdeckt 1974 in Qiangjiacun,
Fufeng, Provinz Shaanxi
Der durchbrochen gearbeitete, hohe Fuß dieser Schale zeigt ein völlig
in Bänder aufgelöstes Drachenmotiv. Die Fußschale wurde zusammen
mit sieben weiteren Bronzen in einem Versteck gefunden. Alle Stücke
sind verhältnismäßig groß. Sie tragen lange Inschriften und teilweise
dieses Bandmotiv, das für das Ende der Westlichen Zhou-Zeit charakteristisch ist. Sie wurden jedoch zu unterschiedlichen Zeiten für mehrere Auftraggeber und von mindestens vier verschiedenen Bronzegie-
ßern hergestellt. Man hat sich natürlich nach dem Grund ihrer
Zusammenstellung gefragt. Die Gegend, in der sie zutage gefördert
wurden, der westliche Teil des Gebietes, das man »Zhouyuan«, »Ebene
der Zhou«, nennt, ist besonders reich an vergleichbaren Funden, die
alle zahlreiche Bronzen aus der Westlichen Zhou-Zeit enthielten. So
fand man derartige Bronzehorte bereits vor dem Zweiten Weltkrieg,
dann 1952, 1953, 1960, 1966 und 1970, um nur die wichtigsten aufzu-
zählen. In der Regel scheinen die Verstecke, die alle ziemlich groß
(mehr als 1 m³) waren, die Bronzeschätze von mehreren Familien ge-
borgen zu haben, was ihre heterogene Zusammensetzung erklären
würde. Solche Verstecke legte man vermutlich in Zeiten großer sozialer
und politischer Unruhen an, vielleicht während der Unruhen von 771
v. Chr., die das Ende der Regierung des Königs You und die Verlegung
des Hofes in den Osten der Großen Ebene begleiteten. Ein vergleichbares *dou* wurde 1975 in Dongjiacun, Qishan, in der Provinz Shaanxi in
einem Versteck mit insgesamt 37 Bronzen entdeckt (vgl. hierzu *Wenwu*,
1976, 5, Abb. 3, Nr. 1). Vgl. *Wenwu*, 1975, 8, S. 59

37
Kultgefäß vom Typ *fang yi*. Bronze. H. 18,2 cm. Westliche Zhou-Zeit
(Ende 10. – Anfang 9. Jahrhundert v. Chr.). Entdeckt 1956 in Licun,
Meixian, Provinz Shaanxi. Xi'an, Shaanxi Provincial Museum
Das viereckige Kultgefäß *fang yi* in Form eines Hauses oder Schreins
diente zum Aufbewahren von Wasser oder Opferwein. Es kam um das
13. Jahrhundert v. Chr. unter den Shang in der Anyang-Periode in Ge-
brauch und verschwand bereits in der Zhou-Zeit nach dem 10. Jahrhun-
dert v. Chr. Das hier abgebildete Gefäß besitzt seitliche Griffe in Form
von Elefantenrüsseln, die für die zweite Hälfte der Westlichen Zhou-
Zeit typisch sind. Das gilt auch für den feinen Banddekor, der Wirbel-
kreismotive zwischen Drachen mit zurückgewandten Köpfen zeigt. Auf
Deckel und Sockel erkennt man stilisierte Vögel, deren gespaltener
Schweif über den Rücken gezogen ist. Das Gefäßinnere ist in zwei
Hälften geteilt. Den Deckel bekrönt ein dachförmiger Griff. Der Guß
scheint von mäßiger Qualität. Auf der Innenseite des Deckels und an
zwei Stellen im Gefäßunterteil (zudem auf einem *zun* aus demselben
Fund) stehen gleichlautende Inschriften aus 106 Schriftzeichen: »Im ersten Viertel des 8. Monats ging der König zum Tempel der Zhou. Der
Herzog von Mu geleitete Li in den Haupthof, wo Li sich nach Norden
wandte. Der König befahl seinem Gefolge, Li scharlachrotes Tuch,
schwarze Jade und das Gebißstück eines Pferdes zu überreichen, und
sagte: ›Leite durch diese Gegenstände die königlichen Offiziere und die
Drei Minister: Seneschall, Feldherr und Zunftmeister.‹ Der König
wandte sich an Li und sprach: ›Von nun an übernimmst du den Befehl
über die Sechs Regimenter [des Westens] und die Acht Regimenter [des
Ostens].‹ Li verbeugte sich bis auf den Boden und erklärte, daß er, um
das Vertrauen des Königs in ihn kundzutun, kostbare Gefäße zu Ehren
seines Ahnen Yi Gong gießen lassen werde. Li sagte: ›Die Taten des
Himmelssohnes beschirmen unser Reich auf ewig. Ich werfe mich vor
ihm nieder und erkläre feierlich, daß ich mich meiner Vorfahren würdig
erweisen werde‹.« (vgl. R.-W. Bagley, *The Great Bronze Age of China*,
London – New York 1980, S. 246–247). Vgl. *Wenwu*, 1957, 4, S. 5

38
Gießgefäß vom Typ *he*. Bronze. H. 38 cm. Westliche Zhou-Zeit (ca. 9.–8. Jahrhundert v. Chr.). Entdeckt 1963 in Qijiacun, Fufeng, Provinz Shaanxi

Das Gießgefäß mit seinem flachen Körper ist von seltsamen Tierfiguren umgeben. Den Griff bildet eine Raubkatze mit zurückgewandtem Kopf, das Maul eines Drachen formt den Ausguß, und den Deckel bekrönt ein Raubvogel. Der Dekor auf dem Gefäßbauch, eine Spirale mit großem Schuppenmuster, ist charakteristisch für das Ende der Westlichen Zhou-Zeit. Das *he* lag in einer Grube in der Nähe einer anderen Fundstätte, in der man 1960 das *hu* von Abbildung 39 entdeckt hatte. Vermutlich wurden beide Stücke unter den gleichen Begleitumständen, vielleicht sogar zu demselben Zeitpunkt, vergraben. Ein vergleichbares Gießgefäß fand man 1976 im Kreis Lintong in der Provinz Shaanxi (vgl. hierzu *Wenwu*, 1977, 8, S. 2–3 und Abb. 3, Nr. 3). Vgl. *Kaogu*, 1963, 8, S. 415 und Abb. 2, Nr. 6

39
Kultgefäß vom Typ *hu*. Bronze. H. 59,4 cm. Ende der Westlichen Zhou-Zeit (ca. 9. Jahrhundert v. Chr.). Entdeckt 1960 in Fufeng, Provinz Shaanxi. Xi'an, Shaanxi Provincial Museum

Das *hu*, das zum Aufbewahren von Opferwein diente, wurde, zusammen mit anderen Bronzen, in einem Versteck gefunden, das vielleicht etwas hastig im Laufe des 8. Jahrhunderts v. Chr. angelegt worden war, während der »Barbaren«-Überfälle, die das Reich der Zhou erschütterten und schließlich zur Verlegung der Hauptstadt in den Osten der Großen Ebene führten. Das Gefäß zeichnet sich durch elegante Proportionen und seinen Drachenbanddekor aus. Eine Inschrift besagt, daß es dem »Vater Ji« *(ji fu)* gewidmet ist. Ein vergleichbares Gefäß befindet sich im Asian Art Museum in San Francisco; ein weiteres, das einfacher geformt ist, doch einen ähnlichen Dekor trägt, wurde 1973 in einem Grab des ehemaligen Staates Zeng unweit von Xiongjiao in der Provinz Hubei entdeckt (vgl. hierzu *Kaogu*, 1975, 4, Abb. 1, Nr. 4). Vgl. *The Bronzes from Qijia Village, Fufeng*, Beijing 1963, S. 7, Abb. 4

lichem Pomp und barbarischem Luxus« sah und die sich auch in dem aufwendigen Dekor der Bronzegefäße aus jener Zeit spiegelt.

Um dieses Hauptgebäude entwickelte sich die Anlage des gesamten Palastes: Vor dem Zentralbau öffnete sich in der Südmauer das Haupttor, das breit genug war, um Pferdegespanne durchzulassen. Direkt vor dem Tor war ein kleiner Querbau errichtet, der den Zutritt böser Geister und Einflüsse in den Palastbezirk verhindern sollte, eine Funktion, die später die sogenannte Geistermauer übernahm. Hinter dem Hauptbau erstreckten sich bis zur Nordmauer, die mit einem weiteren, aber schmaleren Tor versehen war, Nebengebäude mit Wohn- und Schlafräumen und einfache Hütten für Bedienstete, die sich direkt von den Behausungen der Yangshao-Kultur ableiten lassen. Man kann ihre Anlage anhand der zahlreichen Spuren, die die Pfosten im Boden hinterlassen haben, rekonstruieren und eine Abfolge von kleinen Zimmern oder Diensträumen erkennen, die sich von der regelmäßigen Ordnung des Hauptgebäudes abheben.

Eine oder mehrere gedeckte Galerien verbanden die Einzelgebäude dieser weitläufigen Palastanlage. Falls man die Befunde in Qishan mit den ohne erkennbares System angelegten Säulensetzungen, die oft einem kurvenreichen Verlauf folgen, richtig deutet, so waren offenbar die gedeckten Galerien oder Verbindungswege (lang) und Regendächer (yuda), die heutzutage den Reiz der ostasiatischen Häuser ausmachen, damals weniger das Ergebnis architektonischer Gesamtplanung als von Bequemlichkeit. Noch heute lassen sich im Boden zwischen den Säulengängen die Trittspuren zahlloser Füße feststellen. Jedoch läßt sich trotz allem in der Abfolge der Räume und Galerien, die die Innengärten begrenzen, das Bemühen um die Verwirklichung einer »Vier-Höfe-Anlage« (siheyuan) erkennen, die später das klassische Schema des chinesischen Gehöftes und Bürgerhauses wurde, mit seinen möglichst entlang einer von Norden nach Süden verlaufenden Mittelachse angeordneten Gebäuden und Innenhöfen, deren Bestimmungen je nach Verwendungszweck genau festgelegt waren.

Außerdem besaß Qishan eine weitläufige Wasserversorgung mit Kanalisationen aus Ton oder Stein. Die Versorgung mit Trinkwasser wurde durch Auffangbecken gewährleistet, die das Regenwasser sammelten und Reservebecken aus fest gestampfter Erde zuführten. Die eigentlich wasserdurchlässige gelbe Lößerde Nord-Chinas besaß eine besondere Eigenschaft, die in der chinesischen Architektur wohl Berücksichtigung fand: Wurde sie festgestampft, dann bildete sich an ihrer Oberfläche beim Kontakt mit Wasser eine widerstandsfähige, dichte und jetzt wasserundurchlässige Schicht. Aufgrund dieser Eigenschaft wurde sie bereits in Erlitou und Panlongcheng zum Bau der Kanalisation oder zur Anlage von Entwässerungsgräben verwendet. Dies gilt auch für Qishan, und manche Forscher sehen in diesen primitiven Tonröhren den Ursprung der halbkreisförmigen Ziegel, die zunächst anstelle von Abzugsrinnen und später als Dachbedeckung zur Ableitung des Regenwassers verwendet wurden. Wenn bis

heute auch noch einige archäologische Bindeglieder fehlen, so kennen wir bereits jetzt Ausgangs- und Endpunkt der Entwicklung: die Kanalisation mit halbkreisförmigen Rinnen aus getrockneter und gestampfter Lößerde der frühen Shang-Zeit und die gleich geformten Dachziegel aus Keramik der Zhou-Zeit.

Was noch mehr in Qishan überrascht, ist die Entdeckung, daß eines der Gebäude über dem Hauptdach einen zusätzlichen Aufbau aufgewiesen haben muß. Dieses für die frühe Zhou-Zeit seltene Phänomen hat eine Parallele in einem weiteren großen Siedlungskomplex aus der West-Zhou-Zeit, den man in Shaochang im Distrikt Fufeng (Provinz Shaanxi) entdeckte. In beiden Fällen stand mitten in einem weiträumigen Gebäude ein großer Pfosten, der von dünneren Säulen umgeben war. Diese stützten allem Anschein nach eine Dachkonstruktion, deren First auf dem zentralen Pfosten ruhte. Offenbar handelte es sich um eine Art Aussichtsturm, dessen genaue Form jedoch ungeklärt ist. Die heutigen Architekten stellen sich hierbei sofort einen Rundturm vor, doch ist diese architektonische Form in China bis jetzt erst für die Song- und vor allem die Yuan-Zeit belegt. Hält man sich jedoch mehr an die von den Pfosten und Säulen hinterlassenen Spuren in der Erde, dann sind die Dinge weniger eindeutig, und eine quadratische Anlage für diesen Dachaufbau, wie man sie etwa in der Han-Zeit häufig vorfindet, scheint durchaus denkbar. Es stellt sich überhaupt die Frage, inwieweit die Zimmerleute der Zhou-Zeit in der Lage waren, das komplizierte Balkenwerk für die Errichtung eines kleinen runden Turmes über einem rechteckigen Dach zu schaffen. Aufgrund der bisher gemachten Funde ist einzig sicher, daß die Zimmerleute der Zhou-Zeit jeglichen Bau mit quadratischem oder rechteckigem Grundriß in beliebiger Größe und mit mindestens zwei Geschossen errichten konnten.

Somit wird der literarische Wiederherstellungsversuch, den H. Maspéro anhand der alten Textquellen unternahm, durch

40
Kultgefäß vom Typ *gui (Hui gui)*. Bronze. H. 59 cm, ⌀ (Mündung) 43 cm. Westliche Zhou-Zeit (ca. Mitte 9. Jahrhundert v. Chr.). Entdeckt 1978 in Famen, Fufeng, Provinz Shaanxi. Fufeng, County Museum and Library
Das *gui* ist ein kesselförmiges Gefäß (gewöhnlich mit Deckel) zum Aufbewahren kalter Opferspeisen. Ähnliche Stücke gibt es in den Museen von Paris (Musée Cernuschi), Shanghai, St. Louis und Cleveland. Das hier abgebildete *gui* beeindruckt durch seine Größe und die Eleganz seiner beiden Griffe, deren Pracht einen Gegensatz bildet zum schlichten Dekor des Gefäßkörpers. Die Griffe stellen ineinanderverschlungene Fabeltiere dar, von denen vor allem die Augen zu erkennen sind. Die in zwölf Zeilen angeordnete 124-Zeichen-Inschrift im Innern schildert die Geschichte des Gefäßes: Es wurde auf Anordnung von Li Wang, einem König der Westlichen Zhou-Dynastie, der um die Mitte des 9. Jahrhunderts v. Chr. regierte, für eine Zeremonie zu Ehren der verstorbenen Könige gegossen. Li Wang erscheint in der Inschrift unter seinem persönlichen Namen Hu; daher wird das Gefäß oft als *Hu gui* bezeichnet: »*gui* des Hu«. Vgl. *Wenwu*, 1979, 4, S. 89–91 und Abb. 9, Nr. 1

die archäologischen Befunde der jüngsten Zeit bestätigt: »Das tägliche Leben der Zhou-Könige spielte sich, vergleichbar dem einfacher Grundherren, mitten in ihrer Hauptstadt ab. Die Kapitale der Östlichen Zhou-Könige nahm ein kleines Viereck von 17 200 Fuß Umfang (etwa 3,5 km) im Norden des Flusses Luo ein, von dem es seinen Namen Luoyi erhielt. Die Stadtmauer bestand aus einem einfachen Erdwall mit rechteckigem Querschnitt und einem davorliegenden Graben und war von insgesamt zwölf Toren, auf jeder Seite drei, unterbrochen. Das mittlere Tor in der Südmauer war dem König allein vorbehalten, und in der Nähe des im Südosten gelegenen Tores waren die berühmten neun Dreifüße aufgestellt, deren Guß dem legendären Yu dem Großen zugeschrieben wurde und deren Besitz die Legitimation der königlichen Macht bedeutete ...

Der Palast war eigentlich nichts anderes als ein weitläufiger Herrensitz mit einer nach Süden ausgerichteten Audienzhalle, dem Ahnentempel zur Linken und dem Altar für den Erdgott zur Rechten, den Wohngebäuden dahinter, und das Ganze von einer großen Mauer umgeben mit dem Zugang auf der Südseite. Drei aufeinanderfolgende Tore, die jeweils 100 Schritte voneinander entfernt waren, führten von den Außenbezirken zu den Privatgemächern des Königs über Höfe mit den verschiedensten öffentlichen Gebäuden«.[18]

DIE ZEIT DER FRÜHLINGS- UND HERBSTANNALEN: AUFBLÜHEN DER REGIONEN

Zu Beginn des 8. Jahrhunderts v. Chr. war die Macht der Nomaden, die in der Nachbarschaft der seßhaften Chinesen lebten, so stark angewachsen, daß sie 771 v. Chr. den König You des Zhou-Reiches töteten und einen seiner Söhne, den Prinzen Yijiu, der sich ihnen unterworfen hatte, auf den Thron setzten. Wenig später ernannte einer der Mächtigen des Rei-

41
Kultgefäß vom Typ *fang hu*. Bronze. H. 86,6 cm. Zeit der Frühlings- und Herbstannalen (770–476 v. Chr.). Entdeckt 1961 im Grab Nr. 13 von Zhangmacun, Houma, Provinz Shanxi
Das große viereckige Deckelgefäß diente zum Aufbewahren alkoholhaltiger Getränke und ist ein gutes Beispiel für die Bronzekunst zur Zeit der Frühlings- und Herbstannalen. Der Dekor des Gefäßkörpers besteht hauptsächlich aus einem Bandmotiv in sehr flachem Relief, während alle äußeren Elemente – freistehender Dekor der Grate, der Griffe, des Deckels und des Fußes – ein Gewicht erhalten, das sie bei Gefäßen der Zhou-Zeit noch nicht besaßen. Hinzu kommt der vermehrte Einsatz von durchbrochen gearbeiteten Partien. Vgl. *Kaogu*, 1963, 5, S. 238 und Abb. 3, Nr. 5

42
Durchbrochen gearbeitete Schaufel. Bronze. H. 8,8 cm, L. (mit Ansatz) 46,5 cm, B. 25,5 cm. Zeit der Frühlings- und Herbstannalen (770–476 v. Chr.). Entdeckt 1979 in einem Flußdelta in der Gegend von Jingan, Provinz Jiangxi. Jiangxi Provincial Museum

In einem Versteck in der Gegend von Jingan fand man drei Bronzen vom Ende der Zeit der Frühlings- und Herbstannalen: eine tiefe Schale vom Typ *pan,* eine weitere Schale des Typs *pan* zur Aufnahme von Holzkohlen und diese durchbrochen gearbeitete Schaufel, die vermutlich zum Schaufeln glühender Holzkohlestückchen diente. Die beiden Behälter haben eine Inschrift, nach der diese Objekte mit dem Land Xu in Verbindung stehen, einem der neun Staaten des alten China, nach der gewöhnlich Yu dem Großen zugeordneten Aufteilung. Der Staat Xu erstreckte sich von Taishan in der Provinz Shandong im Norden bis über die Mündung des Yangzi-jiang im Süden hinaus und bis zum Poyang-See im Westen. Über Xu ist jedoch sehr wenig bekannt. Es erscheint nur

im *Zuozhuan* (Kommentar des Zuo zu den Frühlings- und Herbstannalen) unter den Daten 668 und 512 v. Chr. Möglicherweise wurde es zu Beginn der Zhou-Dynastie von einem Prinzen aus königlichem Haus gegründet und am Ende der Zeit der Frühlings- und Herbstannalen vom Reich Chu erobert oder zerstört. Dank der Entdeckung von 1979, die Beziehungen zwischen den drei Fundgegenständen und anderen, auf beiden Seiten des Yangzi-jiang gefundenen Objekten andeutet, lebt die Kultur eines kleinen Staates wieder auf, der 2000 Jahre lang fast ganz aus dem öffentlichen Bewußtsein verschwunden war. Ein vergleichbares Stück wurde 1978 im Grab Nr. 6 von Pingshan in der Provinz Hebei entdeckt. Es stammt aus dem ehemaligen Königreich Zhongshan (Zeit der Streitenden Reiche; vgl. *Wenwu,* 1979, 1, Abb. 9, Nr. 2). Eine massive Schaufel gehörte auch zur Ausstattung des 1976 entdeckten Shang-Grabes der Fu Hao (Yinxu, Grab Nr. 5; vgl. *Kaogu xuebao,* 1977, 2, Abb. 7, Nr. 1). Vgl. *Wenwu,* 1980, 8, S. 14 und Abb. 2, Nr. 3

ches, der Herzog von Guo, einen anderen Sohn von You zum König. Die Dynastie hat sich selbst nach dem Abzug der Barbaren nie wieder von dieser zeitweiligen Spaltung des Reiches unter dem Prinzen Yuchen in der Gegend des heutigen Xi'an und dem Prinzen Yijiu, der als König Ping in Luoyi herrschte, erholen können. Man gewinnt im Gegenteil den Eindruck, daß der Nomadeneinfall nur die Zersplitterung der Macht beschleunigte, ein Phänomen, das der Entwicklung der chinesi-

schen Gesellschaft mit ihren zahlreichen ökonomischen Einzelregionen eigen zu sein scheint. Zumindest scheint dies das Schema zu sein, das die Ausgrabungen der letzten Jahre zu erkennen geben.

Gehen wir aber zunächst noch einmal auf die alten Geschichtstexte zurück, von denen Maspéro eine knappe und klare Darstellung gegeben hat. Rings um das große zentrale Becken des Gelben Flusses, das das geographische Herz der

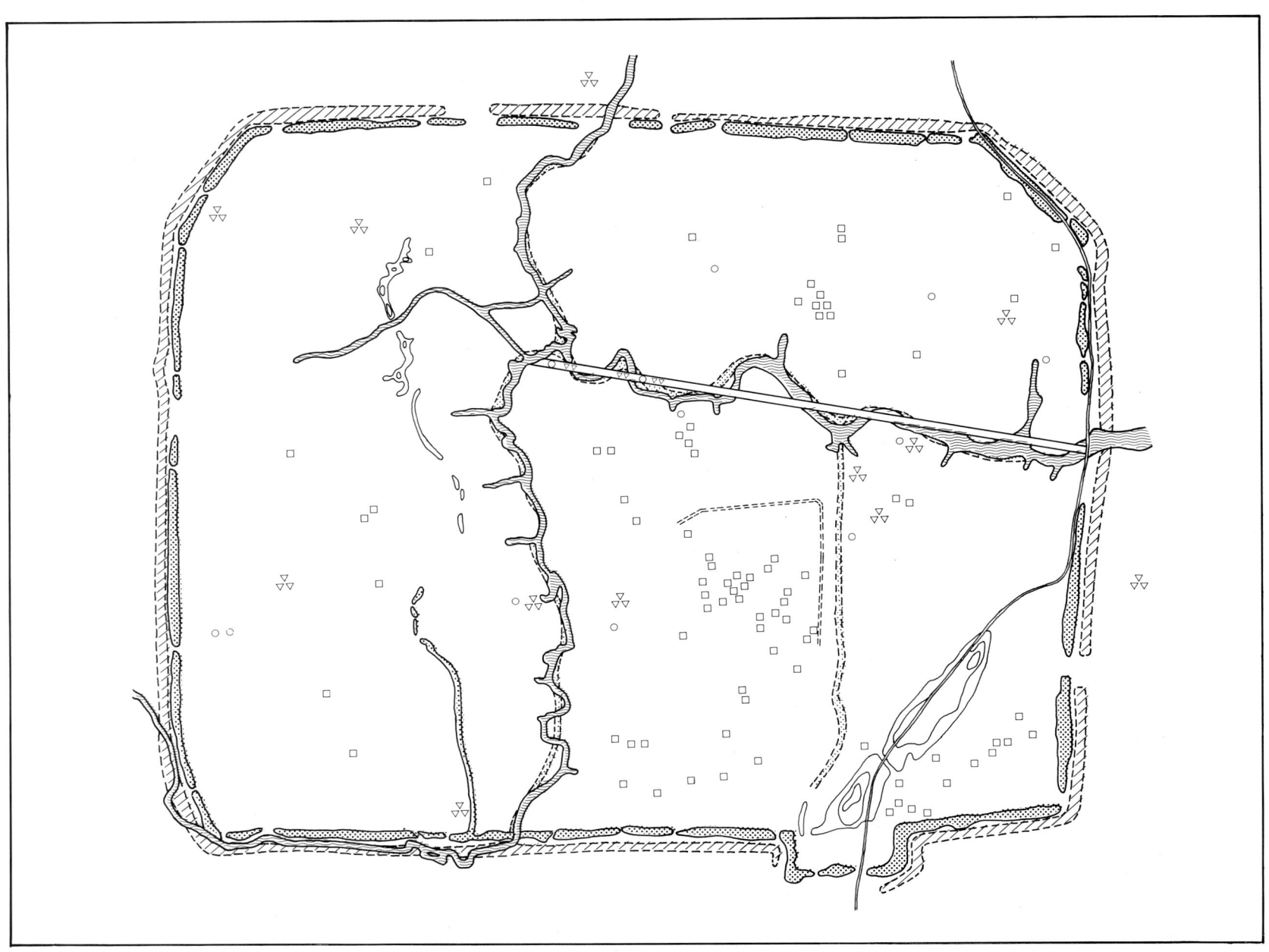

Fig. 8   Plan von Jinan, der Hauptstadt von Chu. Nach *Kaogu xuebao*, 1982, 3, S. 331

Zhou-Dynastie bildete, schlossen sich mehrere kleinere Graf-schaften und Staaten, die durch gemeinsame Interessen miteinander verbunden waren, zu großen Fürstentümern zusammen. Im Osten, zwischen dem Gelben Fluß und dem Meer und an den nordwestlichen Grenzen des heutigen Shan-dong, lag das Fürstentum Qi mit seiner Hauptstadt Linzi. »Dieses Land in der großen östlichen Ebene war reich ... Eine Art Salzmonopol verschaffte die nötigen Geldmittel: Der Fürst ließ in den Meersalinen von Juzhen auf seine Rechnung

Salz gewinnen und belegte dieses außerdem noch mit einer 50prozentigen Salzsteuer. Die Eisengewinnung scheint eben-falls ein Staatsmonopol gewesen zu sein.«

Am entgegengesetzten Ende des Reiches, in dem unfreund-lichen und weniger fruchtbaren Gebiet des Wei-Flusses in der Provinz Shaanxi, entstand der Staat der Grafen von Qin. Sie besaßen die Klugheit, die Barbaren zu bestrafen, die den Kö-nig You getötet hatten, und die Umsicht, den von ihrem Land weit entfernt in Luoyi residierenden König Ping anzuerken-

43
Glockenspiel. Bronze. H. 16–28 cm. Ausgehende Zeit der Frühlings-
und Herbstannalen (Anfang 5. Jahrhundert v. Chr.). Entdeckt 1955 im
Grab des Markgrafen Zhao von Cai (518–491 v. Chr.), Shouxian, Pro-
vinz Anhui
Das Spiel besteht aus neun Glocken vom Typ *bianzhong,* Glocken zum
Aufhängen und ohne Klöppel, die mit einem Holzhammer angeschlagen wurden. Neben dem 1978 entdeckten riesigen Glockenspiel aus
dem Grab des Markgrafen von Zeng in Suixian mit 65 Glocken (vgl.
Abb. 50) nimmt es sich sehr bescheiden aus. Mit dem Glockenspiel von
Changtaiguan in Yinyangxian in der Provinz Henan, das 1957 entdeckt
wurde, bildet es jedoch eines der ältesten heute bekannten Beispiele.
Die Glocken wurden in der Mitte oder im unteren, nichtverzierten Bereich angeschlagen. Links und rechts der trapezförmigen Mittelfläche
erscheinen je drei Friese mit insgesamt neun Buckeln auf jeder Seite, die
vielleicht zur Feinabstimmung dienten. Darunter befindet sich ein
Dekor mit stilisiertem »Drachenband« und kommaförmig eingerollten
Volutenmotiven. Vgl. *Kaogu xuebao,* 1956, 1, Abb, 1, Nr. 5

44
Kultgefäß vom Typ *gui.* Bronze. H. 36 cm, ⌀ 23,8 cm. Ausgehende
Zeit der Frühlings- und Herbstannalen (Anfang 5. Jahrhundert v. Chr.).
Entdeckt 1955 im Grab des Markgrafen Zhao von Cai (518–491
v. Chr.), Shouxian, Provinz Anhui
Das runde Deckelgefäß auf quadratischem Sockel ist ein *gui,* ein Behälter zum Aufbewahren kalter Opferspeisen. Es trägt die aus sechs Zeichen bestehende Inschrift »Behälter des Markgrafen von Cai«. Ein
feinteiliger Dekor überzieht das Stück. Der Deckel wird von einer fünf-
blättrigen Blüte bekrönt, und auf den seitlichen Griffen sitzen flache
Masken mit großen Hörnern. Ein vergleichbares, doch viel aufwendi-
ger gestaltetes Stück, das vermutlich in der Zeit der Streitenden Reiche
im Staat Qi geschaffen wurde, befindet sich im National Palace Museum in Beijing. Vgl. *Kaogu xuebao,* 1956, 4

nen und nicht den von dem Herzog von Guo ernannten Gegenkönig in dessen nahegelegener Residenz, in der Nähe der heutigen Stadt Xi'an.

Das dem Staat Qin unmittelbar im Norden benachbarte Fürstentum Jin entwickelte sich langsam im Südwesten der heutigen Provinz Shanxi, zwischen dem Fluß Fen im Osten und dem Gelben Fluß im Westen. Aber »die Kontakte zwischen den verschiedenen Tälern waren spärlich und schwierig, und die Löß-Hochebenen mit den tief eingeschnittenen Verkehrswegen begünstigten die Guerillatätigkeit und das Banditenwesen«[19]. Dennoch gelang es begabten Herrschern, diesen Ländern Zusammenhalt und militärische wie auch politische Macht zu geben.

Im Süden der Großen Ebene, am Mittellauf des Yangzijiang, entstand ein Staatengebilde, dessen Ausdehnung Maspéro wie folgt beschreibt: »Barbarenstämme, die die Große Ebene zwischen dem Zusammenfluß des Yangzi und des Han-Flusses bewohnten, begannen sich unter dem chinesischen Einfluß zusammenzuschließen; und ein in dem Gebiet direkt unterhalb der Wasserfälle des Yangzi bei Yichang, um das heutige Jiangling gelegen, ansässiges Adelsgeschlecht begründete das mächtige Königreich Chu.« Alle Ergebnisse der letzten Ausgrabungen bringen so viele neue Teilaspekte zu jener »sinozentrischen« Betrachtungsweise der Archäologie Chinas, daß heute die Frage durchaus berechtigt erscheint, ob der Staat Chu, dem die Fundstätte Panlongcheng ein ebenso hohes Alter bescheinigt wie das der Shang, nicht ebenfalls eine der treibenden Kräfte bei der Entwicklung Chinas seit dem Beginn des geschichtlichen Zeitalters darstellte.

Eine fünfjährige Ausgrabungstätigkeit (1975–1980) hat in der Tat neben einer Vielzahl wichtiger Detailinformationen Fig. 8 zwei alte befestigte Städte zutage gebracht: Jinan und Ying, die Hauptstadt des Staates Chu, die beide in dem Gebiet der modernen, benachbarten Unterpräfekturen von Shashi und Jiangling in der Provinz Hubei gelegen sind.

Während der Ausgrabungen von 1980 wurden sogar im ältesten Bereich von Jinan an der Südseite der Stadtmauer die Fundamente einer neolithischen Befestigung entdeckt. Auf diesen alten neolithischen Mauern haben die Menschen der Zhou-Zeit ihre neuen Befestigungen und ihre Stadt errichtet. In den alten Mauerfundamenten fand man Reste neolithischer Keramik, die seltsamerweise eine gewisse Verwandtschaft mit der Keramik von Ba in der heutigen Provinz Sichuan besitzt.

Die Beziehungen des kleinen Staates Ba mit Chu werfen die Frage auf nach dem gegenseitigen Kulturaustausch von Osten nach Westen in China, einem Austausch oder Bündnissystem, das die damaligen Zeitgenossen als »horizontal« (ceng) bezeichneten im Unterschied zu den »vertikal« (heng) genannten Nord-Süd-Beziehungen. Ideen oder Objekte wurden damals offenbar in ganz China verbreitet, und so kommt es, daß man in Changsha Bronzewaffen mit Inschriften im sogenannten Tigerschriftstil gefunden hat, die für den Staat Ba typisch sind. Handelt es sich dabei um Kriegsbeute, die denen im

das Grab mitgegeben wurde, die sie zu Lebzeiten den Feinden abgenommen hatten, oder waren es Tauschgeschenke gewesen? Die jüngsten Funde[20] bestätigen immer wieder die künstlerische Kraft und Eigenständigkeit der »Menschen von Chu«. Am Wendepunkt gegen Ende der West-Zhou-Zeit machten sie die Gegend der heutigen Provinz Hunan zu einer der kulturell reichsten in ganz China. Dies ging sogar so weit, daß sie von der Zeit der Frühlings- und Herbstannalen bis zum Beginn der Kaiserzeit anscheinend mitunter die Große Ebene selbst kolonisierten. Ständig werden befestigte Städte, Gräber und bisher unbekannte Produktionsstätten ausgegraben, wie beispielsweise die Kupferminen von Jiuquwan, die anhand der C-14-Methode auf die Zeit um 780 v. Chr. datierbar und damit in China die bisher ältesten bekannten Minen dieser Art sind.

Einige auch in anderen Kulturen übliche Techniken fanden ebenfalls in diesem Land ihre früheste Anwendung: Der Bronzeguß in der Technik der verlorenen Form war zum Beispiel in Xiasi[21] in der Provinz Henan bekannt, wo in den Jahren 1978 bis 1979 über zwanzig Gräber aus der Zeit der Frühlings- und Herbstannalen ausgegraben wurden. Diese Gußtechnik der verlorenen Form, deren Ursprung man bis vor kurzem sehr früh, dann aber sehr viel später ansetzte, konnte erstmals in diesem nördlichen Teil des Königreiches Chu zweifelsfrei für die frühe Ost-Zhou-Zeit nachgewiesen werden.

45
Kultgefäß vom Typ *fu*. Bronze. H. 23,5 cm, L. 29,7 cm, B. 22,7 cm. Ausgehende Zeit der Frühlings- und Herbstannalen (Anfang 5. Jahrhundert v. Chr.). Entdeckt 1955 im Grab des Markgrafen Zhao von Cai (518–491 v. Chr.), Shouxian, Provinz Anhui
Das mit Drachenmotiven verzierte Deckelgefäß ist ein *fu*, ein Behälter zum Aufbewahren warmer Opferspeisen. Die aus sechs Zeichen bestehende Inschrift im Innern lautet: »Behälter für Speisen des Markgrafen von Cai«. Man beachte die spiegelbildliche Identität von Gefäß und Deckel, der für sich allein genommen ebenfalls als Behälter dienen kann. Ähnliche Stücke, die aus der gleichen oder aus jüngerer Zeit stammen und komplizierter geformt sind, kamen bei anderen Grabungen zum Vorschein, so 1963 in Feicheng in der Provinz Shandong (vgl. hierzu *Wenwu*, 1972, 5, S. 9–11 und Abb. 6, Nr. 3) und 1978 im Grab des Zeng Houyi in Suixian in der Provinz Hebei (vgl. hierzug *Wenwu*, 1979, 7, S. 22). Vgl. *Kaogu xuebao*, 1956, 4

46
Kultgefäß vom Typ *ding*. Bronze. H. 44,7 cm, ⌀ 46,2 cm. Ausgehende Zeit der Frühlings- und Herbstannalen (Anfang 5. Jahrhundert v. Chr.). Entdeckt 1955 im Grab des Markgrafen Zhao von Cai (518–491 v. Chr.), Shouxian, Provinz Anhui
Das *ding* diente zum Wärmen oder Kochen von Opferspeisen. Das hier abgebildete Stück trägt die aus sechs Zeichen bestehende Inschrift »Gefäß für Speisen des Markgrafen von Cai«. Dem Stil der Zeit gemäß sind die Bügelhenkel lang und nach außen gebogen, der Körper hat ein S-förmiges Profil und tierförmige, vorstehende Grate; die Füße sind hufartig gebildet. Der konzentrische Dekor besteht aus weitgehend geometrisierten Motiven von kleinen liegenden oder stehenden Drachen. Vgl. *Kaogu xuebao*, 1956, 4

Die moderne Archäologie scheint demnach weitgehend die Angaben in den alten Texten zu bestätigen: Bis zum 6. Jahrhundert v. Chr. bildete die zentrale Ebene das Herz Chinas, die Wiege der heiligen Macht der Könige, den Schmelztiegel, von dem die Neuerungen ausgingen. Die Große Ebene war das Ziel der beiden zivilisierten Randstaaten, die von ihm wie von einem Magneten angezogen wurden: Jin im Norden und Chu im Süden. Der Staat Chu hatte seine Vorherrschaft über alle kleinen Länder entlang dem Yangzi-jiang von Sichuan bis zum Meer gefestigt. Dort lagen die beiden kleinen Fürstentümer Wu und Yue, deren blutige Fehden mit der Zeit das Kräftegleichgewicht der Nord-Süd-Achse veränderten. Als erster Staat von allen verschwand im Norden Jin, geschwächt durch innere Streitigkeiten, die durch die ungünstigen geographischen Gegebenheiten begünstigt wurden. Sogleich meldeten das reiche Qi im Osten und Qin im Nordwesten ihre Ansprüche auf das Gebiet an. Aber weder der Staat Qi im Osten noch der Staat Qin im Nordwesten oder Chu im Süden waren allein mächtig genug, um die beiden anderen Widersacher zu besiegen, oder so schwach, daß sie wie Jin untergingen. Es setzte eine lange Periode der politischen Instabilität ein, die die chinesischen Historiker treffend mit dem Begriff »Zeit der Streitenden Reiche« (Zhanguo) belegen. Diese Ära ist gekennzeichnet von einem bedeutenden technologischen Fortschritt: der Verwendung von Eisen. Die gesellschaftlichen Strukturen und Verhältnisse veränderten sich jedoch nur sehr langsam, wie dies eine jüngst in Hougudui gemachte Entdeckung belegt.

Das Grab Nr. 1 in Hougudui[22] in der Provinz Henan enthielt den Leichnam einer ungefähr dreißigjährigen Frau. Nach den Hinweisen auf den mitgegebenen Bronzen muß sie dem Haus des Herzogs von Song angehört haben. Das Herzogtum Song war ein Lehen der Nachkommen des Hauses Shang und ein kleiner Staat in der Provinz Henan, den als Bundesgenossen – oder klarer ausgedrückt, als Untertanen – zu gewinnen seine mächtigen Nachbarn von Qi, Jin oder Chu ständig versuchten. Die Verstorbene muß die Frau des Herzogs Jing (516–451 v. Chr.) gewesen sein. Die ihrem königlichen Rang entsprechenden Grabbeigaben wurden ergänzt durch siebzehn Menschenopfer. Damals muß diese Sitte schon selten gewesen sein, denn bisher ist kein weiteres Beispiel dafür bekannt geworden. Der Fund hat die chinesischen Archäologen auch dazu angeregt, den Vorstellungen des Marxismus gemäß zu behaupten, daß der Übergang von der Sklaven- zur Feudalgesellschaft sich am Ende der Zeit der Frühlings- und Herbstannalen immer noch nicht vollständig vollzogen habe. Das Grab zeigt in der Tat ein seltsames Zwischenstadium der Entwicklung, in dem die Opfer mit Achtung und Respekt behandelt wurden: Jedes erhielt einen eigenen Sarkophag, die rechts und links von dem Sarg der Fürstin im spitzen Winkel aufgestellt waren. Zudem hatte jedes Opfer seine eigenen Grabbeigaben. Handelt es sich hier nun um ein Zeichen von Menschlichkeit oder um den Ausdruck eines tiefgründigen Aberglaubens? Jeder wußte, daß die Toten wie die

schlecht genährten Geister für die Lebenden höchst gefährlich werden konnten.

In den letzten dreißig Jahren entdeckte man zahlreiche Stätten aus der Zeit des Königreiches Chu: allein für die Provinz Hunan bisher mehr als 2000 Gräber. Die Untersuchungen des in ihnen enthaltenen Materials, das wissenschaftlich aufgenommen und gesichert wurde, scheinen auf den ersten Blick wichtige Erkenntnisse zu erbringen. Die Wirklichkeit stellt sich aber als sehr kompliziert heraus. Einige Gräber, deren Wände mit Malereien in der Art der Westlichen Han-Zeit geschmückt sind, enthielten Beigaben aus Bronze und Keramik, die einem wesentlich früheren Stil und Typ entsprachen. Handelt es sich dabei um schon zu ihrer Zeit alte Stücke, oder sind es Objekte, die bewußt im »antiken Stil« angefertigt wurden? Diese Beispiele beweisen, daß im Land Chu, wie übrigens auch anderswo in China, die alleinige Untersuchung der Grabbeigaben nicht ausreicht, ein Grab zu datieren. Hier erweist sich ein großer Teil der traditionellen archäologischen Methode als falsch. Örtliche Besonderheiten, gelegentlich sogar Archaismus kommen hinzu und bringen alle chronologischen Ordnungen, die als gesichert angesehen wurden, durcheinander. Somit scheinen die Randstaaten während mehrerer Jahrhunderte, ja sogar während eines Jahrtausends, dem Lebensstil und den Sitten der Shang treu geblieben zu sein. Dies gilt wohl im gleichen Maß für den Staat Chu im Süden wie für die Staaten Qi in der Nähe der Provinz Shandong oder Qin im Nordwesten. Aber hat sich nicht auch die Zhou-Kultur, zumindest in ihren Anfängen, als sie noch von mächti-

47
Kultgefäß vom Typ *dou*. Bronze. H. 34 cm, ∅ 17 cm. Ausgehende Zeit der Frühlings- und Herbstannalen (Anfang 5. Jahrhundert v. Chr.). Entdeckt 1955 im Grab des Markgrafen Zhao von Cai (518–491 v. Chr.), Shouxian, Provinz Anhui
Das kugelförmige Deckelgefäß auf hohem Fuß ist ein *dou*, das zum Aufbewahren von Opferspeisen diente. Der Deckel mit seinen vier tierförmigen Füßen kann, umgedreht aufgestellt, ebenfalls als Gefäß verwendet werden. Vgl. *Kaogu xuebao*, 1956, 4

48
Tiefes Becken vom Typ *pan*. Bronze. H. 16,2 cm, ∅ 49,2 cm. Ausgehende Zeit der Frühlings- und Herbstannalen (Anfang 5. Jahrhundert v. Chr.). Entdeckt 1955 im Grab des Markgrafen Zhao von Cai (518–491 v. Chr.), Shouxian, Provinz Anhui
Das große Becken mit vier raubkatzenförmigen Griffen ist ein *pan*, ein Wasserbecken, das nach dem Ritenbuch *Yili* zum Waschen der Hände anläßlich von Zeremonien diente. Becken vom Typ *pan* gab es bereits in neolithischer Zeit, und sie wurden bis in die Han-Zeit hergestellt. Die Entdeckung von Shouxian zählt zu den wichtigsten Funden der Zeit kurz nach 1949. Das Grab des Markgrafen Zhao von Cai enthielt mehr als 500 Gegenstände, darunter Bronzen mit Inschriften, die Auskunft über die Beziehungen zwischen den beiden Staaten Wu und Chu geben. Die Inschrift mit 93 Zeichen in 16 Zeilen im Spiegel des *pan* erinnert an die Heirat der ältesten Tochter des Markgrafen von Cai mit einem hohen Würdenträger des Landes Wu. Vgl. *Kaogu xuebao*, 1956, 4

49
Deckelgefäß vom Typ *dui*. Bronze. H. 25,5 cm, ⌀ 19,5 cm. Zeit der Streitenden Reiche (Mitte 5. Jahrhundert v. Chr.). Entdeckt 1965 im Grab Nr. 1 von Wangshan, nordwestlich von Jinan, Provinz Hubei
Das *dui* ist ein kugelförmiges Gefäß zum Aufbewahren von zubereiteten Opferspeisen. Es besteht aus zwei halbkugelförmigen Dreifüßen, die je zwei Ringhenkel besitzen. Einmal voneinander getrennt, dienen Gefäßkörper und Deckel denselben Zwecken. Ein Stück gleicher Art, das jedoch mit Silber- und Kupfereinlagen geschmückt ist, befindet sich im Museum von Shanghai. Vgl. *Wenwu, 1966, 5*

50
Glockenspiel des Zeng Houyi. Bronze und Holz. L. 748 und 335 cm.

Zeit der Streitenden Reiche (475–221 v. Chr.). Entdeckt 1978 im Grab des Zeng Houyi, Leigudun, Suixian, Provinz Hebei
Die Abbildung zeigt das aus 65 aufgehängten Glocken vom Typ *bianzhong* bestehende Spiel, das der König von Chu dem Markgrafen von Zeng geschenkt hatte, wie es die Archäologen bei seiner Freilegung im Jahre 1978 entdeckten. Auf dem L-förmigen Balkengerüst hat jede Glocke je nach Größe und Klang ihren eigenen Platz. Da das Glockenspiel vollkommen intakt war, konnten die Musikwissenschafter verschiedene Versuche vornehmen und auf diesem Instrument Weisen spielen, die von den Texten überliefert worden waren. In der linken Ecke der Abbildung sind die mächtigen Bohlen zu sehen, die für die Gräber vom Chu-Typ kennzeichnend sind und dank denen sich die Grabausstattung so gut erhalten hat. Rechts unten ist der Trommelfuß von Abbildung 52 zu erkennen. Die Trommel wird noch von der abgebrochenen Stütze gehalten. Auf dem Fuß liegt eine Pan-Flöte. Vgl. *Wenwu, 1979, 7, S. 16*

gen Königen beherrscht wurde, als eine Wiederherstellung der frühen Shang-Kultur verstanden?

Die heutigen Ausgrabungen lassen somit die Vorstellung von einem Zentrum fraglich werden, von dem aus die Kultur in aufeinanderfolgenden Wellen bis in die Randgebiete vorgedrungen sei. Einige Historiker oder Archäologen, die dieser Auffassung noch anhängen, scheinen sich eher von polemischen und politischen Motiven leiten zu lassen als von wissenschaftlichen Kriterien. Zur großen Freude der Gelehrten ist die Debatte um diese Thesen noch lange nicht abgeschlossen.

DIE STREITENDEN REICHE: EIN UNBESTÄNDIGES GLEICHGEWICHT

»Mit dem Fall von Qin verschwand nicht nur ein großer Staat, sondern auch ein ganzes politisches System. Es hatte sich als eine Art konföderativer Staatenbund verstanden, in dem bis zu einem gewissen Grad die Herrschaftsrechte der Fürsten respektiert wurden. Seit dem 5. Jahrhundert v. Chr. war das alte feudale Hegemonialsystem untergegangen, und die großen Staaten bekämpften sich nicht gegenseitig, um das alte System zu ihren Gunsten wiederherzustellen, sondern um ihren Machtbereich direkt auf Kosten ihrer schwächeren Nachbarstaaten auszudehnen, bis schließlich ein einziger Staat triumphierte und zum ersten Mal die absolute Einheit der chinesischen Welt verwirklichte.«[23] Henri Maspéro stützt sich bei seinen Ausführungen auf die alten Texte. Diese Schriften waren spätestens im 3. Jahrhundert n. Chr. in die chinesische Literatur eingegangen, wie die berühmten *Bambusannalen (Zhushujinian)*, die den Gelehrten bereits im Jahr 284 in einer verfälschten Fassung vorlagen. In ihnen wird ein knappes, aber großartiges Bild von den geschichtlichen Ereignissen gegeben, so wie man sie damals sah und interpretierte und wie sie sich den zu jener Zeit herrschenden ideologischen Ansichten ein- und unterzuordnen hatten. Den jüngsten Funden bleibt es belassen, jener bisher trockenen Aufzählung von Tatsachen und Daten durch die Ausgrabungsergebnisse und Objekte Leben und Gestalt zu verleihen.

Die Meisterwerke Zentral-Chinas

Am meisten Gewicht hat vielleicht der Beweis anhand der Objekte, daß die Randgebiete in der vorchristlichen chinesischen Geschichte eine bedeutende Rolle spielten, wie man das bereits aufgrund der frühen schriftlichen Quellen angenommen hatte.

Vor den Augen der Archäologen zeichnet sich in der Tat das überraschende Bild eines Zentral- und Süd-China voll

schöpferischer Dynamik ab. In technischer Hinsicht werden die Leistungen der Kernlande in der Großen Ebene sogar teilweise übertroffen. Auf dem Gebiet der Metallverarbeitung, bei den Lackarbeiten, der Webkunst sowie den Bronzespiegeln und -gefäßen erweist sich der Staat Chu weniger als Imitator denn als Erfinder und Schöpfer. Auch für die schöpferische Kraft dieses Staates, die bisher allein durch die *Elegien von Chu,* einem Juwel der traditionellen chinesischen Dichtung, bekannt war, legen die zahlreichen neuen Funde, die neu entdeckten Manuskripte und Malereien auf Seide und Baumwolle oder die auf Bambustäfelchen festgehaltenen Texte Zeugnis ab. Sie alle bestätigen Maspéros Worte:»Zu diesem Zeitpunkt [Ende des 4. Jahrhunderts v. Chr.], als durch eine Reihe von Verträgen die Position eines jeden festgelegt wurde, war offenbar nach einem Jahrhundert pausenloser Kämpfe und Kriege die chinesische Welt unter den drei großen Staaten Qi, Chu und Qin aufgeteilt, deren einzelne Einflußsphären auch kleinere Fürstentümer umfaßten. Die Beziehungen zwischen den Fürsten und Prinzen waren durch eine Art Protokoll geregelt, das auf die Empfindlichkeit der Schwächeren Rücksicht nahm und dabei die Formen und Gepflogenheiten wahrte. Es gab verschiedene Grade der Beziehungen: Am häufigsten waren die Abkommen mit Heirat und Austausch von Geiseln, aber gelegentlich kam es auch dazu, daß das beschützende Land, um seine Interessen besser vertreten zu können, einen seiner Beamten dem zu beschützenden Fürsten als Minister beigab.«[24]

Eine vielfältige Welt, die ihre Kraft aus den zahlreichen, wechselseitigen kulturellen und politischen Kontakten bezieht, ersteht in den Gräbern vor unseren Augen, wie in dem berühmten Grab des Markgrafen von Cai, das 1955 bei Shouxian (Provinz Anhui) entdeckt wurde, in den Gräbern von Wangshan (Provinz Hubei), dem Grab Nr. 1 von Tianxingguan in Jiangling (Provinz Hubei) oder dem des Markgrafen von Zeng, Zeng Houyi, in Suixian (Provinz Hubei). 43–48

Das Grab Nr. 1 von Wangshan[25] wurde 1965 sieben Kilometer nordöstlich von Jinan, der alten Hauptstadt des Staates Chu, gefunden. Die Grabstätte enthielt eine große Menge mit rund 1000 Schriftzeichen beschriebene Bambustäfelchen. Leider hatten sie nicht mehr die ursprüngliche Reihenfolge, um

51
Karyatidenfigur. Bronze, lackiert. H. (Figur) 35 cm, H. (mit Sockel) 80 cm. Zeit der Streitenden Reiche (475–221 v. Chr.). Entdeckt 1978 im Grab des Zeng Houyi, Leigudun, Suixian, Provinz Hebei
Die Figur ist einer der sechs Krieger, die mit Kopf und Händen das im Winkel aufgestellte Glockenspiel aus dem Grab des Zeng Houyi an den beiden Enden und in der Ecke tragen. Die drei Figuren der unteren Reihe stehen wie die hier abgebildete auf einem schweren Bronzesockel von mehr als 100 kg Gewicht, der mit ineinanderverschlungenen Drachen geschmückt ist. Auf diesen Sockeln ruht das riesige Glockenspiel mit insgesamt 65 Glocken. Der Krieger trägt am Gürtel ein Kurzschwert »von Yue«. Er gleicht den 1959 in Houma in der Provinz Shanxi entdeckten Tonfiguren. Vgl. *Wenwu,* 1979, 7, S. 5, 17

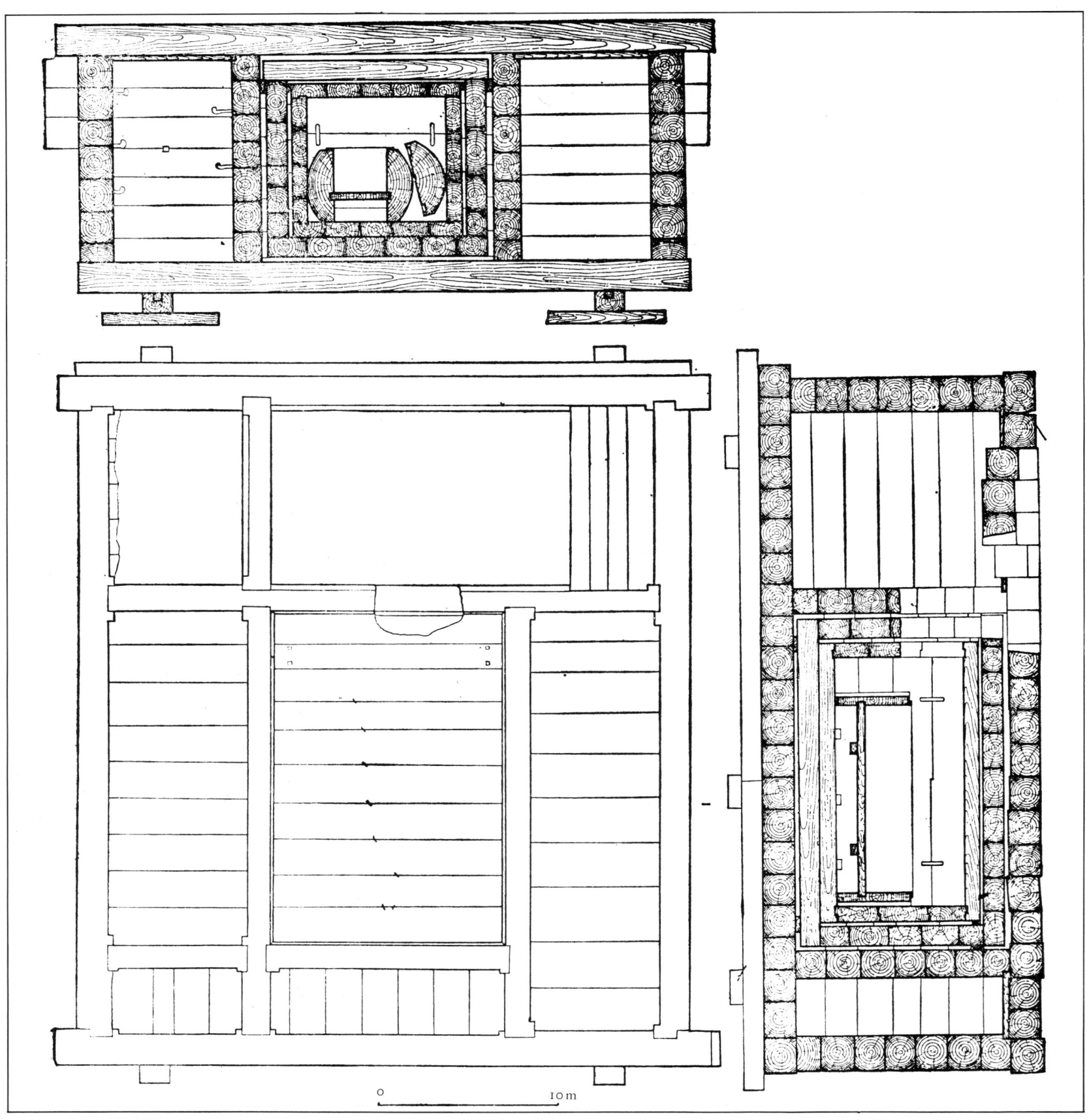

Fig. 9
Grundriß, Längs- und Querschnitt des Grabes Nr. 1 von Tianxingguan (Provinz Jiangling) im Staat Chu. Nach *Kaogu xuebao*, 1982, 1, S. 74

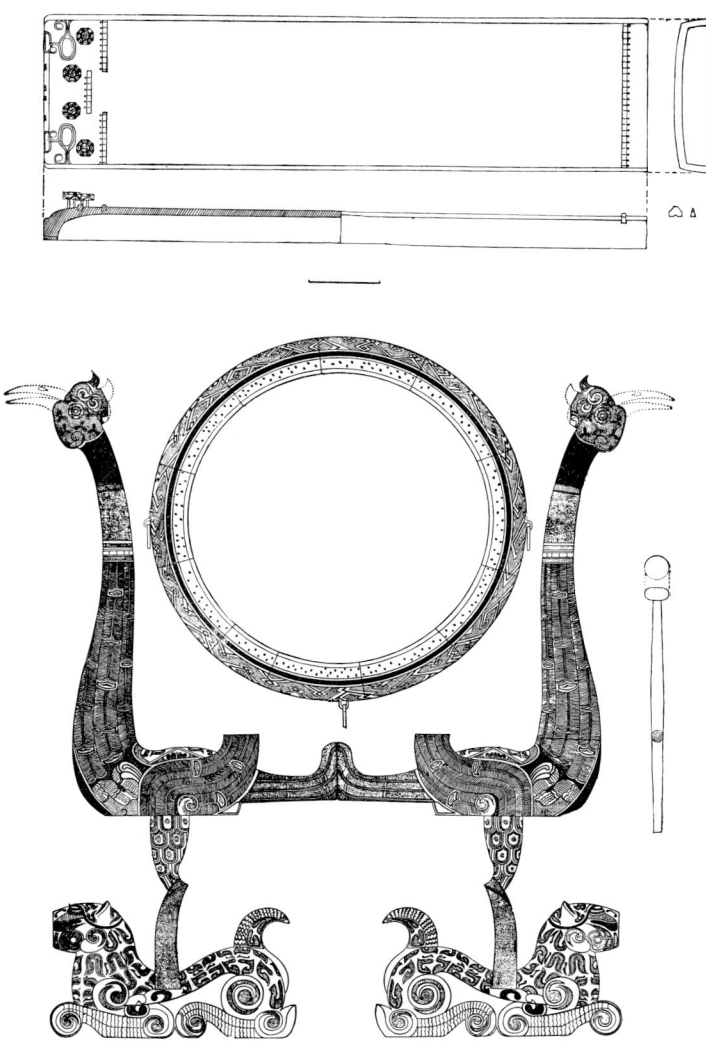

Fig. 10
Grab Nr. 1 von Tianxingguan, Gestell für eine Trommel. Nach *Kaogu xuebao,* 1982, 1, S. 98

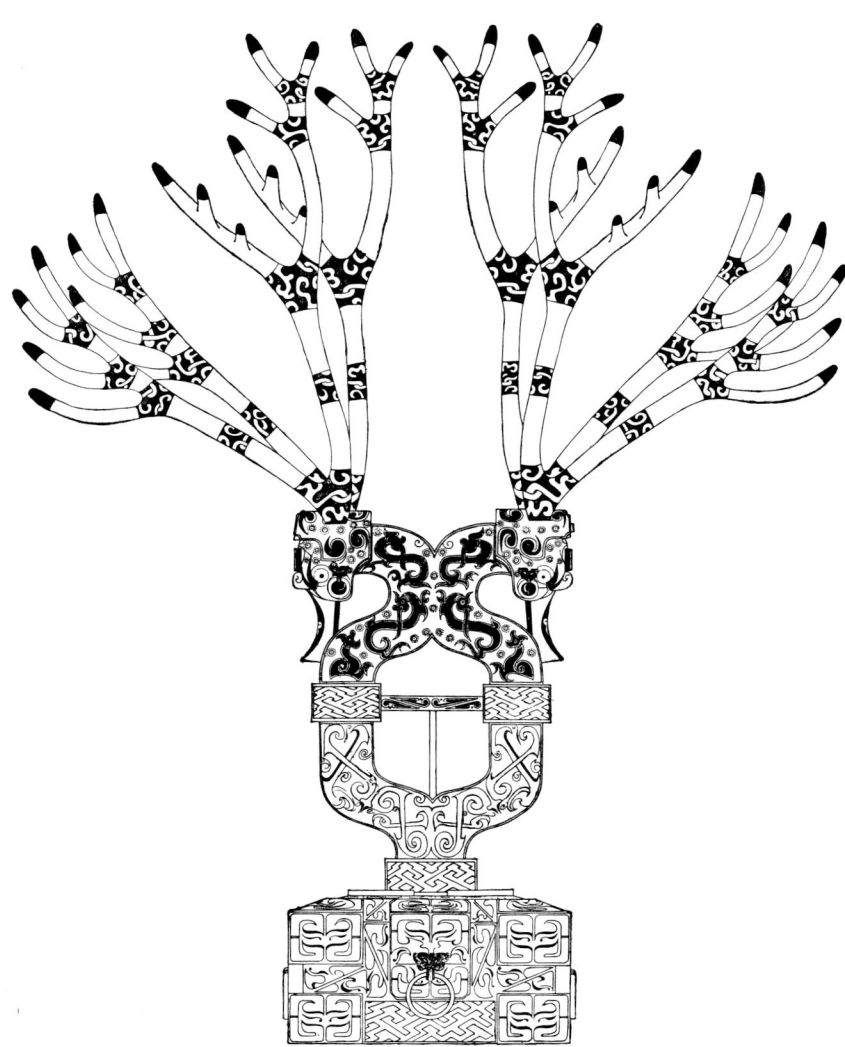

Fig. 11
Grab Nr. 1 von Tianxingguan, Tierfigur mit der Funktion eines Grabwächters. Nach *Kaogu xuebao,* 1982, 1, S. 104

ihren Inhalt ermitteln zu können. Seit mehreren Jahren sind nun drei Wissenschaftler der Universität Beijing, Zhu Dexi, Qiu Xiqiu und Li Jiahao, mit der Rekonstruktion beschäftigt. Li Jiahao hat inzwischen herausgefunden, daß das Grab nicht vor der Regierungszeit des Königs Zhuo von Chu (401–381 v. Chr.) angelegt worden sein kann und daß der Verstorbene Zhaogu hieß. Er war Mitglied des königlichen Clans; überdies konnten gegen Ende der Zeit der Streitenden Reiche nur Personen dieses Ranges ein so reich ausgestattetes Grab erhalten. Die Texte auf den Bambustäfelchen bringen zudem eine Anspielung auf den Staat Zhu, der bisher nur durch eine Erwähnung im *Mengzi* aus dem Ende der Zeit der Streitenden Reiche bekannt war – auch hier wieder ein Beispiel dafür, wie die Ausgrabungsergebnisse bisher im Dunkel gebliebene Angaben in den klassischen Texten erhellen.

Neben den Bambustäfelchen waren dem Verstorbenen über 600 weitere Objekte in das Grab mitgegeben worden: Kerami-

ken, die üblichen Bronzegefäße, aber auch beschnitzte und bemalte Holztafeln und ein Schwert aus dem Staat Yue. Die Qualität der Schwertklingen aus Yue an der Mündung des Yangzi-jiang war bereits seit langem in ganz China bekannt, und zur Zeit der Frühlings- und Herbstannalen stand es nur königlichen Prinzen zu, derartige Schwerter zu besitzen. Die in Wangshan gefundene Waffe trägt eine Inschrift, »Schwert des Königs von Yue«, die nicht nur die Herkunft der Waffe angibt, sondern auch Vermutungen über das wahrscheinliche Herstellungsdatum der Klinge ermöglicht. Der Herrscher, für den dieses Schwert angefertigt worden war, hat in der Zeit von 496 bis 465 v. Chr. regiert. Wann aber gelangte die Waffe nach Chu? Diese Frage muß offen bleiben. Die stilistischen Gemeinsamkeiten zwischen dem Grabzubehör des Grabes Nr. 1 von Wangshan und dem des Grabes von Zeng Houyi in Suixian oder, allerdings in geringerem Maß, mit dem des Grabes des Markgrafen von Cai in Shouxian lassen ein relativ spä-

52

Fuß einer Trommel. Bronze. H. 50 cm, ⌀ 80 cm. Zeit der Streitenden Reiche (475–221 v. Chr.). Entdeckt 1978 im Grab des Zeng Houyi, Leigudun, Suixian, Provinz Hebei

Das Grab des Markgrafen von Zeng enthielt vier Trommeln aus Holz mit Hautbespannung und Bronzefuß. Das hier abgebildete Stück lag mit zwei kleineren Füßen eines anderen Typs in der Hauptkammer mit dem riesigen Glockenspiel (vgl. Abb. 50). In der Mitte des Fußes war ein Schaft befestigt, der den Resonanzkörper trug (L. 100 cm, ⌀ 80 cm). Der Bronzefuß besteht aus rundplastisch gearbeiteten ineinanderverschlungenen Drachen in einer Schale vom Typ *pan,* eine Anordnung, für die kein weiteres Beispiel bekannt ist. Vgl. *Wenwu,* 1979, 7, S. 6 und Abb. 4, Nr. 3

53

Stütze in Form eines Drachen. Bronze. H. 109 cm. Zeit der Streitenden Reiche (475–221 v. Chr.). Entdeckt 1978 im Grab des Zeng Houyi, Leigudun, Suixian, Provinz Hebei

Der Bronzedrache bildet ein Paar mit einem zweiten, dessen Kopf in die andere Richtung schaut. Auf den beiden Figuren lag die Stange, an der in zwei Reihen 32 Klangsteine hingen, in jeder Reihe sechs kleine und zehn große. Das Gestell war 215 cm lang. Vgl. *Wenwu,* 1979, 7, S. 6, 17

tes Datum in der Zeit der Streitenden Reiche für dieses Grab wahrscheinlich werden. Einige Gelehrte sind sogar der Auffassung, daß das Schwert vielleicht erst nach dem Untergang des Königreiches Yue im Jahr 334 v. Chr. in die Hände der Herren von Chu fiel. Es ist demnach vielleicht ratsam, das Grab um einige Jahre später anzusetzen als bisher, aber dies tut seiner Bedeutung keinerlei Abbruch.

Fig. 9–11 Das große, 1978 ausgegrabene und mit Holzbalken ausgeschlagene Schachtgrab (L. 8,20 m, B. 7,50 m, H. 3,16 m) Nr. 1 in Tianxingguan war in neun Kompartimente unterteilt und enthielt trotz einer älteren Plünderung noch über 2500 Gegenstände verschiedenster Art wie Waffen, die von dem Mut und dem hohen Rang des Verstorbenen Zeugnis ablegen, Bronzeglocken, elegante Armstützen und Stühle, die mit mehrfarbigem Lack bemalt waren, eine Trommel, die an den Hälsen von zwei Phönixen aus Lack aufgehängt war, die wiederum auf zwei liegenden Tigern standen. Zahlreiche beschriebene Bambustäfelchen, die zur Zeit noch entziffert und geordnet werden, versprechen aufschlußreiche Einblicke in die Literatur des Staates Chu.

50–55 Noch bedeutender und erstaunlicher als das Grabinventar von Wangshan oder Tianxingguan ist das der Grabstätte des Markgrafen von Zeng, Zeng Houyi, in Suixian[26], die von September 1977 bis März 1978 ausgegraben wurde. Da ist zunächst einmal der ungewöhnliche Grundriß in Form eines Quadrates, das sich auf zwei Seiten kreuzförmig ausweitet, mit einer Gesamtfläche von 220 m². Das Grab führt 13 m tief in die Erde hinein. Auf einem aus Stein gebildeten Fundament liegen drei Isolierschichten, von denen die erste aus einer 20 bis 40 cm dicken Tonschicht besteht, gefolgt von einer Balkenlage (10 bis 30 cm dick) und einer weiteren gelben, abschließenden Tonschicht. Darüber waren unterschiedlich große Steinplatten gelegt, von denen die meisten aus der un-

54
Innerer Sarg. Holz mit Lack. H. 132 cm, L. 249 cm, B. 127 cm. Zeit der Streitenden Reiche (475–221 v. Chr.). Entdeckt 1978 im Grab des Zeng Houyi, Leigudun, Suixian, Provinz Hebei
Der Innensarg stand in einem Holzsarkophag (219 × 320 × 210 cm) und enthielt die sterblichen Überreste des Markgrafen von Zeng. Der Leichnam war wie das Seidengewand, das ihn umhüllte, im Augenblick der Entdeckung fast ganz zu Staub verfallen. Auf dem schwarzen und roten Lackgrund der Sargaußenseiten brachten die Handwerker einen gelben Lackdekor auf. Die verschlungenen Linien und die Figuren sind stark geometrisiert, lassen jedoch eine erstaunliche Welt von Gottheiten mit Menschenkörpern und Tierköpfen erkennen. Die Linien sind die stilisierte Weiterentwicklung der alten Schlangen- und Drachenmotive. Vgl. *Wenwu*, 1979, 7, S. 15

55
Doppelgefäß. Bronze. *Zun:* H. 33,1 cm, ∅ (Körper) 14,5 cm, ∅ (Fuß) 15 cm. *Pan:* H. 24 cm, ∅ 47,3 cm. Zeit der Streitenden Reiche (475–221 v. Chr.). Entdeckt 1978 im Grab des Zeng Houyi, Leigudun, Suixian, Provinz Hebei
Die Gruppe besteht aus einer Schale vom Typ *pan*, in deren Mitte eine Vase vom Typ *zun* gestellt ist. Das Grab des Markgrafen von Zeng enthielt neben Musikinstrumenten auch 140 Bronzegefäße, von denen die meisten in der Haupkammer mit dem Glockenspiel deponiert waren. Manche scheinen im Wachsausschmelzverfahren hergestellt zu sein, doch die größere Zahl wurde wie die hier abgebildete Gruppe auf übliche Weise mit mehreren Gußformen geschaffen. Für den überladenen Dekor, der an die durchbrochenen Arbeiten aus der Zeit der Frühlings- und Herbstannalen erinnert, brauchte es allerdings eine ganze Reihe von Formen, in denen alle Schmuckelemente gegossen wurden. Möglicherweise kamen für die komplizierten Teile auch beide Verfahren zur Anwendung. Vgl. *Wenwu*, 1979, 7, S. 48 und Abb. 7, Nr. 3

mittelbaren Nähe des Grabes selbst stammen; einige waren jedoch aus einem über 100 km entfernt liegenden Steinbruch herbeigeschafft worden. Der auf diese Weise hergestellte Plattenbelag auf der Oberseite des Grabes wurde nach unten durch eine feine Tonschicht abgeschlossen, die die gesamte, aus dicken, schweren Holzbohlen geformte Grabkammer umhüllte.

Die Kammer selbst ist in vier Kompartimente gegliedert (je eines im Zentrum, Norden, Osten und Westen) und wie ein riesiger Sarkophag angelegt mit Unterteilungen zur Unterbringung des Verstorbenen und seiner Grabbeigaben, die mehr als 7000 Gegenstände umfassen. Dazu gehören auch erstaunliche Bronzen in Tiergestalt, die an die berühmten, allerdings bereits hanzeitlichen Stücke von Shizhaishan aus dem kleinen Königreich Dian in der Provinz Yunnan erinnern. Einige chinesische Archäologen sehen darin den Beweis für die vielfältige künstlerische Schöpferkraft Chinas, die auch ohne Verbindung zu den Steppen eine eigenständige Kunst der Tierdarstellungen entwickeln konnte. Etwas vorsichtigere Gelehrte mögen sich fragen, was für ein Volk eigentlich damals den Staat Zeng bewohnte.

56
Grundriß der Mausoleen von Pingshan, *Zhaoyutu.* Bronze. L. 94 cm, B. 48 cm, Dicke ca. 1 cm. Zeit der Streitenden Reiche (4. Jahrhundert v. Chr.). Entdeckt 1978 im Grab Nr. 1 von Pingshan (im ehem. Königreich Zhongshan), Provinz Hebei. Baoding, Hebei Provincial Museum
Diese einfache, gravierte Bronzeplatte ist für die chinesischen Archäologen der erstaunlichste Fund aus dem überreich ausgestatteten Grab Nr. 1. Zu erkennen sind, versehen mit Inschriften und Zahlenangaben für die Distanzen, die fünf bedeutendsten Grabmäler des Ortes im Grundriß. Leider ist das Stück in einem frühen Brand schwer beschädigt worden. Vgl. *Wenwu,* 1979, 1, S. 5, 24 und Abb. 8, Nr. 3

57
Tiger mit einem Rehkitz im Maul. Bronze mit Gold- und Silbereinlagen. H. 22,5 cm, L. 51 cm. Zeit der Streitenden Reiche (4. Jahrhundert v. Chr.). Entdeckt 1978 im Grab Nr. 1 von Pingshan (im ehem. Königreich Zhongshan), Provinz Hebei. Baoding, Hebei Provincial Museum
Die beiden mit Tiermasken geschmückten Aufsätze auf dem Rücken des Tiers deuten an, daß die Figur als Fuß diente. Als man sie entdeckte, steckten noch zwei Holzstücke in ihnen. Vom Motiv und der geschmeidigen Bewegung her erinnert die Arbeit an den Tierstil der nahen Steppenkunst. Seit der Shang-Dynastie bietet die Kunst der Grenzgebiete zahlreiche Beziehungspunkte zum sibirischen Stil von Karasuk bis zum Tagar. Vgl. *Wenwu,* 1979, 1, S. 8 und Abb. 2, Nr. 1–2

86

Trotz der Unterteilung der Grabkammer in mehrere Bereiche entspricht das Grab von Zeng Houyi nicht ganz der klassischen Grabanlage von Chu: Es fehlen vor allem die Schwerter, die in allen Gräbern bedeutender Personen des Staates Chu vorhanden sind.

Die Inschriften bezeugen jedoch den Einfluß von Chu. Eine von ihnen besagt, daß ein Bronzegefäß um 433 v. Chr. auf Befehl des Königs von Chu für Zeng Houyi gegossen wurde. Alle anderen Bronzen tragen, allerdings ohne Datumsangabe, die Inschrift »Zeng Houyi zuo« (»für Zeng Houyi hergestellt«), während auf einem Dolch, der neben dem Sarg lag, »Dolch von Zeng Houyi« zu lesen ist.

Da somit das Grab zweifellos identifiziert werden konnte, dient es jetzt als Bezugspunkt zur Datierung anderer Gegenstände, die typologisch und stilistisch vergleichbar, aber ohne Herkunftsangaben sind. Das Grab weist eine ganze Reihe von Inschriften auf Bronzen, Bambustäfelchen, Klangsteinen und Lackarbeiten auf, insgesamt mehr als 10000 Schriftzeichen. Sie berichten über die Geschichte von Zeng oder sprechen von der Kriegskunst, Musik und Astronomie – in der Hauptkammer fand man Malereien von 28 Sternbildern.

Das Grab enthielt darüber hinaus die umfangreichste Sammlung an Musikinstrumenten, die bis jetzt bekannt
50 geworden ist. Am bedeutendsten ist ein Glockenspiel mit 65 spitzovalen Bronzeglocken. Trotz ihres riesigen Gesamtgewichtes von 2,5 Tonnen hingen sie alle noch in zwei übereinander angeordneten Reihen an dem ursprünglichen massiven Holzgestell, das von oben gesehen die Form eines »L« (7,48 × 3,55 m) hat und die Glocken seit mehr als 2000 Jahren
51 trug. Die Querbalken werden von insgesamt sechs Karyatiden aus Bronze gestützt, drei für die unteren und drei für die oberen Balken. Auf jeder Glocke stehen musikalische Angaben – insgesamt 53 verschiedene Inschriften, von denen 35 bisher völlig unbekannt waren –, die Hinweise auf Beziehungen zu der an den Höfen der Fürstentümer Chu, Qi, Jin und selbst am Königshof von Zhou gespielten Musik geben.

58
Abzeichen in Form eines Dreizacks. Bronze. H. 144 cm, B. 80,3 cm. Zeit der Streitenden Reiche (4. Jahrhundert v. Chr.). Entdeckt 1978 im Grab Nr. 6 von Pingshan (im ehem. Königreich Zhongshan), Provinz Hebei. Baoding, Hebei Provincial Museum
Der Dreizack gehört zu einer Gruppe von sechs Stücken. Er besteht aus einem Bronzeblech mit drei Zacken, das mit zwei Nieten an einem hohlen Schaftansatz befestigt ist. Wenn auch der genaue symbolische Sinn des Objekts heute nicht mehr bekannt ist, mag es doch reizvoll erscheinen, es mit den dreispitzigen sibirischen Schamanenmützen und anderen bekannten Abzeichen aus den zentralasiatischen Steppen zu vergleichen. Der Dreizack hat auch dieselbe Form wie das Schriftzeichen *shan* (»Berg«), nach dem er in der chinesischen Terminologie genannt wird. Eine Gruppe von vergleichbaren, etwas kleineren und schwereren Dreizacken fand man an demselben Ort im Grab Nr. 1. Im Innern der Ansätze sind noch einige Reste der Holzschäfte erhalten, auf die man diese Abzeichen steckte, um sie dann um das Zelt des Königs oder Anführers in die Erde pflanzen zu können. Vgl. *Wenwu,* 1979, 1, S. 29, 31

59
Teile eines Zeltes. Bronze. L. (Pflöcke) 20 cm. Zeit der Streitenden Reiche (4. Jahrhundert v. Chr.). Entdeckt 1978 im Grab Nr. 6 von Pingshan (im ehem. Königreich Zhongshan), Provinz Hebei. Baoding, Hebei Provincial Museum
Diese Bronzestücke – Firstringe und Pflöcke – dienten zum Bau eines Lederzeltes, dessen Überreste man in diesem Grab neben einer reichen Ausstattung fand. Vgl. *Wenwu,* 1979, 1, S. 1–52

Das Instrument ist ein weiteres gutes Beispiel, wie die Wissenschaften von den Ergebnissen der Archäologie angeregt werden können: Seit der Entdeckung des Glockenspiels von Suixian, das nun als Richtmaß gilt, befassen sich die chinesischen Musikwissenschaftler mit 117 vergleichbaren Glocken im Museum von Shanghai. Diese Untersuchungen haben bereits einige Erkenntnisse gezeigt: Wenn man die Glocken in der Mitte anschlägt, breiten sich die Schallwellen genauso wie bei Glocken mit rundem Durchmesser kreisförmig aus. Schlägt man die Glocken jedoch am Rand an, bilden sich segment- und keine kreisförmigen Schallwellen.

Es ist als sicher anzunehmen, daß man in der mittleren Zhou-Zeit bereits zwei Tonarten kannte. Die Glockenspiele aus dem Ende der Westlichen Zhou-Zeit bestanden aus mindestens acht Glocken für mindestens drei Tonarten; ihr Register umfaßte mehr als drei Oktaven.

Bis jetzt wurde zwar noch kein Gußkern gefunden, der zum Guß von Bronzeglocken der Shang- oder Westlichen Zhou-Zeit gedient hat, dagegen besitzen wir inzwischen Teile einer mehrteiligen Gußform für die Außenseite einer Glocke, die man in Houma in der Provinz Shanxi entdeckte.

Nach dem Guß wurden die Glocken von Hand durch Abfeilen auf die gewünschte Tonhöhe gestimmt. Aber sogar bei dem Fund von Suixian gibt es Glocken, deren Guß mißlungen ist, und es zeigt sich, daß man derartige Fehler bei der Vorbereitung oder beim Guß selbst nachträglich kaum mehr reparieren konnte. Das wichtigste Ergebnis bei dem Glockenspiel von Suixian ist die Entdeckung, daß man damals die zwei Tonarten *sui* und *gu* kannte. So läßt es sich zukünftig als

Referenz zur Bestimmung der nicht bezeichneten Glocken heranziehen.

Alles in dem Grab von Zeng Houyi weist auf die engen Beziehungen hin, die der kleine Staat Zeng mit Chu und dem Herrscher in Nanling unterhielt. Der König von Chu machte oft Geschenke an den Markgrafen von Zeng und sandte auch eine Abordnung, die sich aus Mitgliedern seiner Familie und aus seinen Vasallen zusammensetzte, zum Begräbnis des Verstorbenen. Der Schriftstil der Texte auf den Bambustäfelchen, die Bronzeinschriften, die denen auf den königlichen Bronzen von Chu gleichen, die Form der Waffen, die mehrfarbigen Lackarbeiten, die Hierarchie und Rangstufen der Beamten, die denen von Chu entsprechen: Alles scheint anzudeuten, daß Zeng bereits damals von dem Königreich Chu annektiert worden war.

Dennoch bleiben einige Fragen unbeantwortet: Nicht selten wurden in der Gegend von Suixian und in der Ebene von Henan Bronzen ausgegraben aus der Zeit vom Anfang der Frühlings- und Herbstannalen bis zum Beginn der Streitenden Reiche, deren Inschriften auf den Staat Zeng Bezug nehmen. Aber die *Frühlings- und Herbstannalen* selbst erwähnen zwei Fürstentümer dieses Namens: eines in der Provinz Shandong, das andere im Süden der Provinz Henan. Für die spätere Zeit schweigen die Texte in Hinblick auf einen Staat Zeng, und es wurde deshalb bis vor kurzem angenommen, daß Zeng im 5. Jahrhundert v. Chr. nicht mehr existierte. Dem widerspricht jedoch das 1978 entdeckte Grab von Suixian.

Könnte es sein, daß von der Zeit der Streitenden Reiche an das Fürstentum in den historischen Texten über die Große Ebene unter einem anderen Namen erwähnt wird, etwa als Staat Sui, dessen Namen auch Bestandteil des Ortsnamens Suixian bildet? Ist es wirklich möglich, daß derselbe Staat zwei verschiedene Namen tragen konnte? Außerdem hat man, wie dies die Funde von Sujialong in der Provinz Hubei andeuten, wo zahlreiche Bronzen und große Streitwagen entdeckt wurden, am Hof des Staates Zeng Zeremonien und Rituale abgehalten, die denen eines Königshauses vergleichbar waren. Dies sollte uns aber für diesen Zeitpunkt, als der Königskult von Zhou sich bereits in Auflösung befand, nicht sonderlich überraschen. Aber das Schweigen der offiziellen Texte in Hinblick auf einen so gut organisierten Staat erscheint mehr als verwunderlich. Handelt es sich hier um einen Einzelfall? Dies ist recht unwahrscheinlich, und alles deutet darauf hin, daß im Gegenteil die jetzigen Grabungen zur Wiedererstehung der ruhmreichen Vergangenheit zahlreicher kleiner Fürstentümer beitragen, deren Existenz die alten Texte bewußt in einem relativen Dunkel belassen haben.

Die Kunst des Königreiches Zhongshan

Dies gilt auch für das Königreich Zhongshan[27] in der Provinz Hubei. Der Name dieses Reiches taucht in der Zeit der Strei-

tenden Reiche auf Bronzegegenständen auf. Sein Ursprung bleibt jedoch geheimnisvoll. Wurde dieses Reich von einem Mitglied der Zhou-Königsfamilie geschaffen, der eine Zhou-Kolonie in einem bis dahin nur schlecht von dem Herrscherclan kontrollierten Gebiet gründete, wie dies seit dem Beginn der Zhou-Dynastie durchaus üblich war? Einige Gelehrte gehen sogar so weit, den Herzog Huan, das legendäre Vorbild der fürstlichen Herrschertugenden, für einen der möglichen Gründer zu halten. Oder ist in diesem Staat der Aufstieg einer lokalen Macht und das Erscheinen einer nicht-chinesischen Zivilisation zu sehen, jenes Stammes Di, von dem die *Frühlings- und Herbstannalen* berichten? Die Leute von Di werden in den Texten als »Barbaren« geschildert, die bei den Bewohnern Nord- und West-Chinas gefürchtet waren und in bestimmten Zeitabständen zu Plünderungen auszogen, um sich danach wieder in ihre Wahlheimat im Westen der Provinz Shaanxi zurückzuziehen. Anscheinend tauchten während des 6. Jahrhunderts v. Chr. andere Nomadenstämme aus dem Westen auf. Sie vertrieben das Volk Di, das dann von den seßhaften Chinesen so weit wie möglich nach Norden abgedrängt wurde. So dürften sich die Di zu Beginn des 4. Jahrhunderts v. Chr. endlich in der Gegend von Pingshan angesiedelt haben, unter Duldung des Staates Wei, dessen Vasallen sie zeitweilig wurden. Dort blieben sie bis zum Jahr 296 v. Chr., als die Truppen des Staates Yan in ihr Gebiet eindrangen und sie von dort endgültig vertrieben.

Die chinesischen Archäologen neigen heute dazu, die in den alten Texten gemachten Angaben anzuzweifeln, und weisen die Behauptung der Existenz eines »Barbaren«-Reiches auf chinesischem Boden zurück. Vielleicht können uns die ausgegrabenen Gegenstände eine Antwort darauf geben.

Zwischen November 1974 und Juni 1978 fanden drei große Grabungskampagnen in Pingshan statt, einem Ort, an dem bereits vor vierzig Jahren Bauern interessante Funde gemacht hatten, und brachten dabei fünf außerordentlich reich ausgestattete königliche Gräber zutage.

Eine Überraschung war dabei die Entdeckung einer Bronzeplatte im Grab Nr. 1, auf der der Plan eines Mausoleums mit dem Titel *Zhaoyutu* eingraviert ist[28] und die damit die bisher älteste Architekturskizze Chinas darstellt. Auf der Platte sind die fünf entdeckten Gräber angegeben, und der Schöpfer des Plans hat auch die Entfernungen zwischen jedem Grab und der diesem jeweils zugeordneten Kultstätte eingetragen.

56–64

56

60
Fünfzehnarmiger Leuchter. Bronze. H. 84,5 cm. Zeit der Streitenden Reiche (4. Jahrhundert v. Chr.). Entdeckt 1978 im Grab Nr. 1 von Pingshan (im ehem. Königreich Zhongshan), Provinz Hebei. Baoding, Hebei Provincial Museum
Nach einer Konvention, die sich in der chinesischen Kunst lange hielt, hat der Leuchter ein baumartiges Aussehen. Dazu tragen auch die Vögel bei und die Affen, die bereit zu sein scheinen, sich von Ast zu Ast zu schwingen. Erdgebunden sind dagegen die Menschen- und Tierfiguren am Fuß des Leuchters. Vgl. *Wenwu*, 1979, 1, S. 9 und Abb. 1, Nr. 1

Der Vergleich der auf dem Plan angegebenen Maße mit den an Ort festgestellten Entfernungen erlaubt es uns heute, eine Reihe von Maßeinheiten des Königreiches Zhongshan genau zu ermitteln.

Jeder auf dem Plan vermerkte Grabhügel wurde anscheinend von einem Kultgebäude bekrönt. Vermutlich handelt es sich dabei um eine zu jener Zeit allgemein verbreitete Sitte, und man sucht jetzt bei allen großen Grabanlagen nach den Spuren von ehemals vorhanden gewesenen Kultbauten. Die Suche führte bereits zu ersten Erfolgen. Spuren eines Gebäudes wurden, wie schon berichtet, auf dem Grab der Königin Fu Hao in Yinxu nachgewiesen, und Reste eines Zeremonialbaues legte man auf der Spitze eines Grabhügels in Guwei (Huixian) in der Provinz Henan frei. Demnach scheint der Beweis erbracht, daß zur Zeit der Streitenden Reiche alle Grabstätten der Herrscher und Prinzen mit vergleichbaren Gebäuden versehen waren, eine Sitte, die, in der Shang-Zeit entstanden, über einen sehr langen Zeitraum bis in die Zeit der Nördlichen und Südlichen Dynastien in Brauch blieb. In einem Text, dem *Mingdiji* in den *Hou Hanshu*, wird als zusätzliche Bestätigung für die Existenz dieser Sitte berichtet, daß die Gewohnheit, Gebethallen und Kultgebäude über den Gräbern bedeutender Personen zu errichten, während der Han-Zeit außerordentlich beliebt und verbreitet war. Seit der Zeit der Sechs Dynastien bildeten sich unter dem Einfluß des Buddhismus andere Begräbnissitten aus, doch als ein fernes Echo dieser alten chinesischen Gebräuche erscheinen noch erheblich später die Grabstätten der Xi Xia am Rande des chinesischen Kaiserreiches, die aus der Zeit der Song-Dynastie datieren.

Der Ursprung dieser Kultbauten ist sicherlich in Verbindung mit dem *mingtang* der Shang-Zeit zu sehen, von dem die alten Schriftsteller ständig berichten, ohne dabei allerdings zu erklären, um was es sich genau handelt. Henri Maspéro, der sich auf entsprechende Passagen im *Liji* und *Zuozhuan* bezieht, sieht in ihm »den Ort, an dem der König seine allgemeinen kultischen Handlungen vornahm. Die frühe Anordnung der vier Gebäude an den vier Himmelsrichtungen um einen Bau im Zentrum wurde beibehalten, denn jeden Monat hatte der König in jedem Bau die Zeremonie des Anlegens der entsprechend der Jahreszeit eingefärbten Gewänder abzuhalten, die Gerichte entsprechend der Jahreszeit zu essen und in der Halle des Monats zu nächtigen«[29]. Léon Vandermeersch versteht den Begriff mehr von der abstrakten, sprachlichen Seite. In dem Wort *mingtang* bedeutet ihm zufolge *tang* »Palast« und *ming* »strahlend«, »leuchtend«. Der *mingtang* ist somit ein Palast, der leuchtet und strahlt. »Er wird zu einem Zentrum, von dem die königliche Regierung wie ein Licht ausstrahlte«[30]. Aber wir verlassen hier bereits den Bereich des Grabkultes, sicherlich der einzige Zweck dieser auf den Grabhügeln errichteten Bauten, und noch enger scheinen die Beziehungen zu den Tempeln zu sein, die innerhalb der Palastanlagen für den überaus wichtigen Ahnenkult eingerichtet wurden.

Es ist recht unwahrscheinlich, daß derartige Bauten erst zur Zeit der Streitenden Reiche entstanden sein sollen. Genauere Untersuchungen der Gräber von Anyang, in Houjiazhuang, Xiaotun oder Dasikongcun, haben bei einigen von ihnen das Vorhandensein von regelmäßig verlegten Steinen in unterschiedlich tiefen Löchern erbracht. Diese Steine dienten als Basen für Säulen und beweisen, daß seit Beginn der Shang-Zeit Gebäude über den großen Grabstätten errichtet wurden. Es ist naheliegend, daß diese Einrichtung bald mit der Aufschüttung eines Grabhügels kombiniert wurde, um auf diese Weise eine eindrucksvolle und besonders für die prunkvollen Opferhandlungen an die Geister der Verstorbenen geeignete Gesamtanlage zu erhalten. Einige chinesische Archäologen vertreten heute außerdem die auf den ersten Blick einleuchtende Ansicht, daß das Prinzip der »aufgeschütteten Erde« *(fengtu)*, von dem die *Riten der Östlichen Zhou* sprechen, in Süd-China entstanden sei, wo reichliche Regenfälle und ein hoher Grundwasserspiegel die Bauwerke ständig gefährdeten. Konfuzius erwähnt jene einfachen frühen Grabhügel, von denen man einige Beispiele vor kurzem in Dunxi in der Provinz Anhui und in Gourong in der Provinz Jiangsu entdeckte. Nach dieser Theorie bildeten die Grabhügel nur eine Art erhöhtes Fundament zum Schutz der Kultgebäude und wären aus einer funktionalen Notwendigkeit heraus entwickelt worden, um die Andachtsgebäude, die bereits seit der Shang-Zeit üblich waren, über den Grundwasserspiegel zu erheben. Diese Theorie erscheint uns wenig überzeugend, denn von Frankreich bis Japan, in ganz Eurasien, war es während der Bronzezeit durchaus üblich, Grabhügel anzulegen. Da diese Hügel wahrscheinlich alle einen kleinen Altar für Gebete und Opfer trugen, dürften die Forderungen der Geomantik und Religion eher der Grund für die Ausbildung derartiger Grabformen gewesen sein als rein praktische, geologisch bedingte Umstände. Alle Schwierigkeiten der Deutung archäologischer Gegebenheiten finden sich hier vereint: Was war das Ausschlaggebende, die von der Natur auferlegten Zwänge oder diejenigen, die die Menschen sich selbst gaben, um die Vorstellung, die sie von der Welt hatten, adäquat auszudrücken? Bedeutet zudem nicht ein Hügel oder Berg in zahlreichen Kulturen den auserwählten Wohnsitz von Helden und Göttern?

61

Deckelgefäß vom Typ *ding*. Bronze, vergoldet. H. 51,5 cm, ⌀ 65,8 cm. Zeit der Streitenden Reiche (Ende 4. Jahrhundert v. Chr.). Entdeckt 1978 im Grab Nr. 1 von Pingshan (im ehem. Königreich Zhongshan), Provinz Hebei. Baoding, Hebei Provincial Museum
Das kesselförmige Opfergefäß hat eine sehr geläufige Form, doch gegossene Füße aus Eisen. Wie bei vielen Stücken dieser Zeit hat der Deckel drei Ringe, Überreste tierförmiger Elemente, die als Füße dienen, wenn man den Deckel umgekehrt auf den Boden setzt. Der einzige Dekor ist eine lange Inschrift mit 478 Zeichen auf 78 Linien zu je sechs Zeichen und einem einzeln stehenden Zeichen. Der Text berichtet über die Verwicklungen des Königs von Zhongshan mit dem Yan-Reich und erlaubt, das Stück auf etwa 313 v. Chr. zu datieren.

62
Fuß eines Tisches. Bronze mit Gold- und Silbereinlagen. H. 37,4 cm, L.
48 cm. Zeit der Streitenden Reiche (4. Jahrhundert v. Chr.). Entdeckt
1978 im Grab Nr. 1 von Pingshan (im ehem. Königreich Zhongshan),
Provinz Hebei. Baoding, Hebei Provincial Museum
Vier kleine Hirsche, deren Körper mit »Pflaumenblüten«-Dekor geschmückt sind, scheinen sich gegen den unteren Rand zu stemmen, um
das ganze Stück zu halten. Über ihnen sind vier Drachen und vier Phönixe ineinander verwickelt. Die wirklichkeitsnahe Darstellung der Hirsche läßt die magische Kraft des Drachen und die zurückhaltenden,
doch stolzen Phönixe, Symbole des ewig triumphierenden Lebens, besonders gut hervortreten. Vgl. *Wenwu*, 1979, 1, S. 8 und Abb. 5, Nr. 2

63
Dreifacher Leuchter. Bronze und Silber. H. 66,4 cm. Zeit der Streiten-
den Reiche (4. Jahrhundert v. Chr.). Entdeckt 1978 im Grab Nr. 6 von
Pingshan (im ehem. Königreich Zhongshan), Provinz Hebei. Baoding,
Hebei Provincial Museum
Ein Gaukler hält mit der rechten Hand ein Tier, das eine Stange mit ei-
nem daran hinaufkletternden Äffchen balanciert, und in der linken den
Schwanz einer Schlange, die auf einer weiteren aufliegt. Stücke dieser
Art waren für die Zeit der Streitenden Reiche bereits bekannt; ein Beispiel befindet sich in der Freer Gallery of Art in Washington. Hier je-
doch ist dieses Thema mit der Funktion eines Leuchters verbunden. Ein
Napf sitzt auf der Stange, um den zweiten ringelt sich eine Schlange,
während den dritten die vom Gaukler am Schwanz gehaltene Schlange
auf der Schnauze balanciert. Das Ganze ist aus versilberter Bronze, nur
der Kopf der Figur ist ganz aus Silber. Vgl. *Wenwu*, 1979, 1, S. 12 und
Abb. 1, Nr. 2

Wendet man sich dem Innern der Gräber zu, so erhält man aufgrund des Grabinventars den Eindruck, daß in dem Staat Zhongshan zur Zeit der Streitenden Reiche mehrere Völkerschaften zusammengelebt haben müssen. Sie schufen eine Synthese aus chinesischen und anderen Stilelementen, die sich deutlich von den Werken der Bewohner der Großen Ebene unterscheidet.

58 Erwähnen wir beispielsweise die großen Tücher, in die man die alltäglichen Gebrauchsgegenstände des Verstorbenen einwickelte, oder runde Jadezierstücke, die an den Gewändern befestigt waren, und schließlich riesige dreizackige Speerspitzen. Man fand sechs von ihnen in dem Grab Nr. 6, wo sie in einer der beiden Nischen längs der Grabkammer lagen. Jede Speerspitze war 144 cm lang und rund 80 cm breit. Neben

59 den Speerspitzen fanden sich die Reste eines Lederzeltes mit den dazugehörigen Bronzegegenständen, die zu seinem Aufbau notwendig waren. Die dreizackigen Speere sind demnach anscheinend eine Art Rang- oder Hoheitszeichen, die um das Zelt des Herrschers aufgestellt wurden. Außerdem war das Grab mit einer Vielzahl von Keramikgefäßen, Lackarbeiten und Bronzegeräten gefüllt. Vergleicht man diese Objekte mit denen, die in dem Grab des Königs Guo von Zhongshan gefunden wurden, so muß man annehmen, daß es sich hier um das Grab eines älteren Herrschers handelt, der ungefähr eine Generation früher, d. h. um 290 bis 280 v. Chr., gelebt haben muß.

Jede dreizackige Speerspitze setzt sich aus zwei Teilen zusammen, dem eigentlichen flachen Dreizack und dem röhrenförmigen Heft, das auf den Schaft aufgesteckt und durch zwei Nägel festgehalten wurde. Diese Dreizacke sind kein Einzelfall; in dem Grab Nr. 1 wurde eine vergleichbare Gruppe gefunden, nur daß hier die Speerspitzen etwas kleiner, dafür aber schwerer waren.

Diese Stücke, dazu der Fuß eines Tisches in Form von je vier ineinanderverschlungenen Drachen und Phönixen sowie die Figur eines Tigers, der seine Beute davonschleppt, erinnern an die Nähe der asiatischen Steppen und spiegeln unserer Auffassung nach die enge Verbindung der Herren von Zhongshan zur Zeit der Streitenden Reiche mit dem Nomadentum wider.

Die Länder in der Großen Ebene

Fig. 12
66, 68
Während dieser Zeit entwickelten sich auch die Länder in der Großen Ebene weiter. So hat man Beweise für die tiefgreifenden Veränderungen entdeckt, die durch die Verwendung des Eisens eintraten. Dies gilt insbesondere für Xinzheng, die alte Hauptstadt des Staates Han. Dort stieß man nicht nur auf die Reste einer Stadtmauer, sondern auch auf Mauern innerhalb der Stadt, die den Palastbereich von den Wohnbezirken der Bevölkerung abtrennten. Das gleiche gilt für Yangcheng, eine andere Stadt im Reich Han. In beiden Orten förderte man

zahlreiche aus Eisen gefertigte Werkzeuge zutage. In Yangcheng gab es zudem mitten in einem großen Palastbezirk im Norden der Stadt einen künstlichen See, der durch Wasserleitungen aus Keramik gespeist wurde. Über gleiche Leitungen gelangte das überschüssige Wasser in die Stadt zur Versorgung der Bevölkerung; ein solches Leitungssystem war uns bereits in Zhengzhou oder Yinxu für die Shang-Zeit begegnet, ist hier jedoch erheblich verbessert worden.

41 Im Norden vom Gelben Fluß bezeugen für das alte Land Jin die 1956 entdeckten reichen Funde von Houma die Lebenskraft dieser Gebiete gegen Ende der alten Zeiten. In den Grabungen von 1969 bis 1970 wurde sogar eine Grube freigelegt, in der man die Reste eines Opfers – Knochen von Rindern, Pferden und Schafen, vermischt mit Jadeplättchen – beigesetzt hatte; möglicherweise war das Opfer selbst in der Grube vorgenommen worden. Aber die Gräber aus der Zeit der Streitenden Reiche machen den wesentlichen Teil dieses Fundortes aus, mit ihren qualitätvollen Bronzen in Tiergestalt (1960 entdeckt) und den ungewöhnlichen schriftlichen Dokumenten. So fand man hier beispielsweise den inzwischen berühmten Text eines jener »Bündnisschwüre« zwischen zwei Fürsten, von denen die historischen Texte immer wieder berichten, von denen aber bis zu jenem erstaunlichen Fund kein einziges Originalexemplar bekannt gewesen war.

Das Gold von Chu

Nichts läßt sich jedoch vergleichen mit der Blütezeit des Staates Chu, auf dessen Gebiet heute Schätze gefunden werden, wie man sie nirgendwo anders entdeckte.

So fand man im August 1974 am Westtor der Stadt Gucheng in der Provinz Henan[31] zwei Bronzegefäße: einen Dreifuß vom Typ *ding* mit 18 silbernen Spatenmünzen, die insgesamt 3,073 kg wogen, und einen unter dem Dreifuß liegenden Topf mit 392 Goldmünzen, die ein Gesamtgewicht von 8,183 kg hatten. In unmittelbarer Nähe befand sich ein während der Westlichen Han-Zeit angelegter Brunnen, auf dessen Boden man eine runde Steinplatte von einer Feuerstelle aus der Zeit der Streitenden Reiche entdeckte. Es ist durchaus denkbar, daß die aus der Zeit der Frühlings- und Herbstannalen und der Streitenden Reiche stammenden

64
Zylindrisches Gefäß mit Fabeltieren als Füßen. Bronze. Zeit der Streitenden Reiche (4. Jahrhundert v. Chr.). Entdeckt 1978 im Grab Nr. 1 von Pingshan (im ehem. Königreich Zhongshan), Provinz Hebei. Baoding, Hebei Provincial Museum
Das Gefäß, das seiner Form nach an einen Pinselbecher erinnert, wie er erst später in Gebrauch kam, besticht sowohl durch seinen feinen Dekor als auch durch die lebendig gestalteten Fabeltiere, die es tragen. Vgl. *Wenwu*, 1979, 1, Abb. 8, Nr. 2

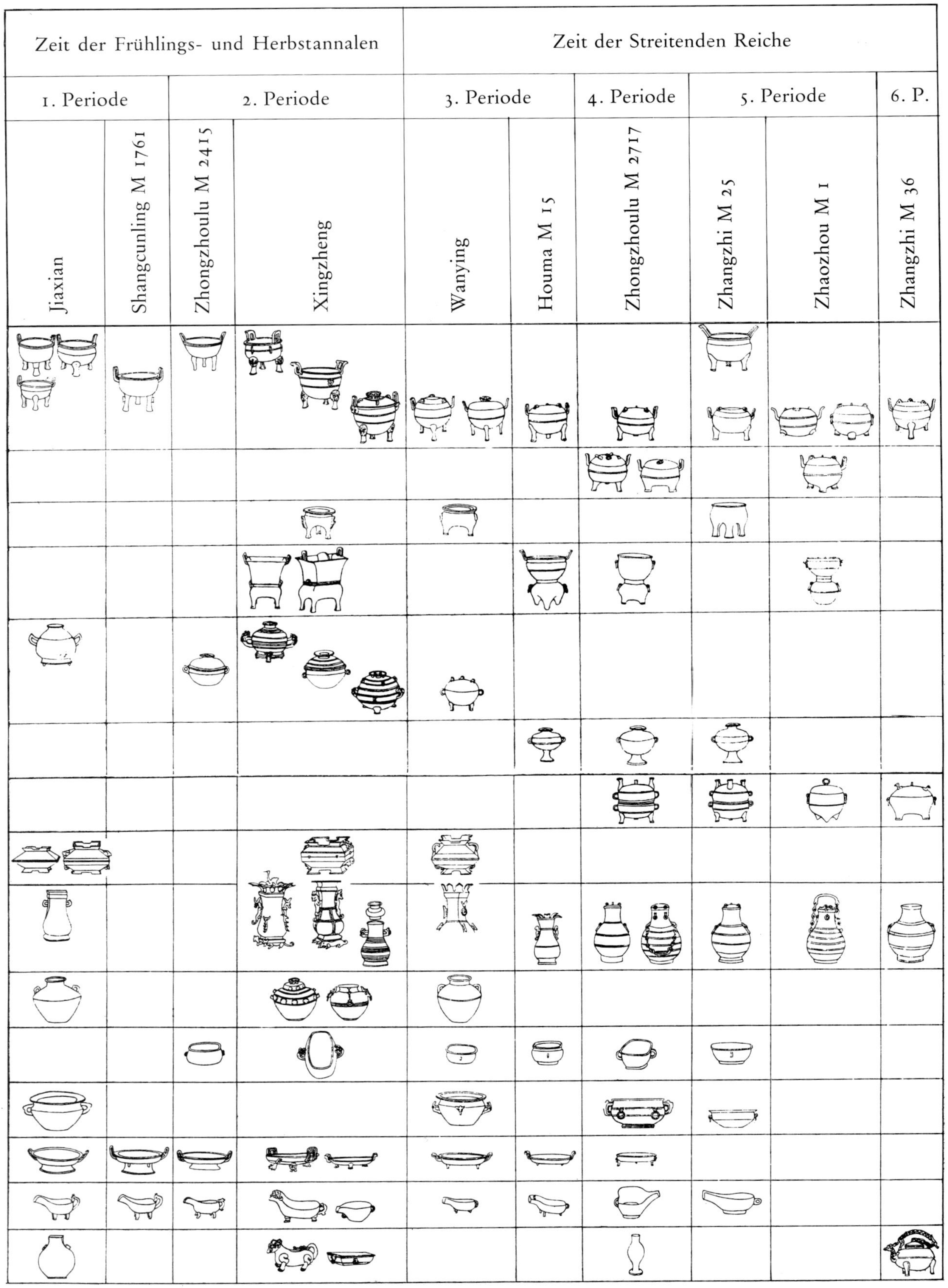

Zeit der Frühlings- und Herbstannalen				Zeit der Streitenden Reiche					
1. Periode		2. Periode		3. Periode		4. Periode		5. Periode	6. P.
Jiaxian	Shangcunling M 1761	Zhongzhoulu M 2415	Xingzheng	Wanying	Houma M 15	Zhongzhoulu M 2717	Zhangzhi M 25	Zhaozhou M 1	Zhangzhi M 36

Fig. 12 Die Entwicklungsstadien der Bronzen aus der Großen Ebene von der Zeit der Frühlings- und Herbstannalen bis zur Zeit der Streitenden Reiche. Nach *Kaogu yu wenwu*, 1981, 3, S. 102–103

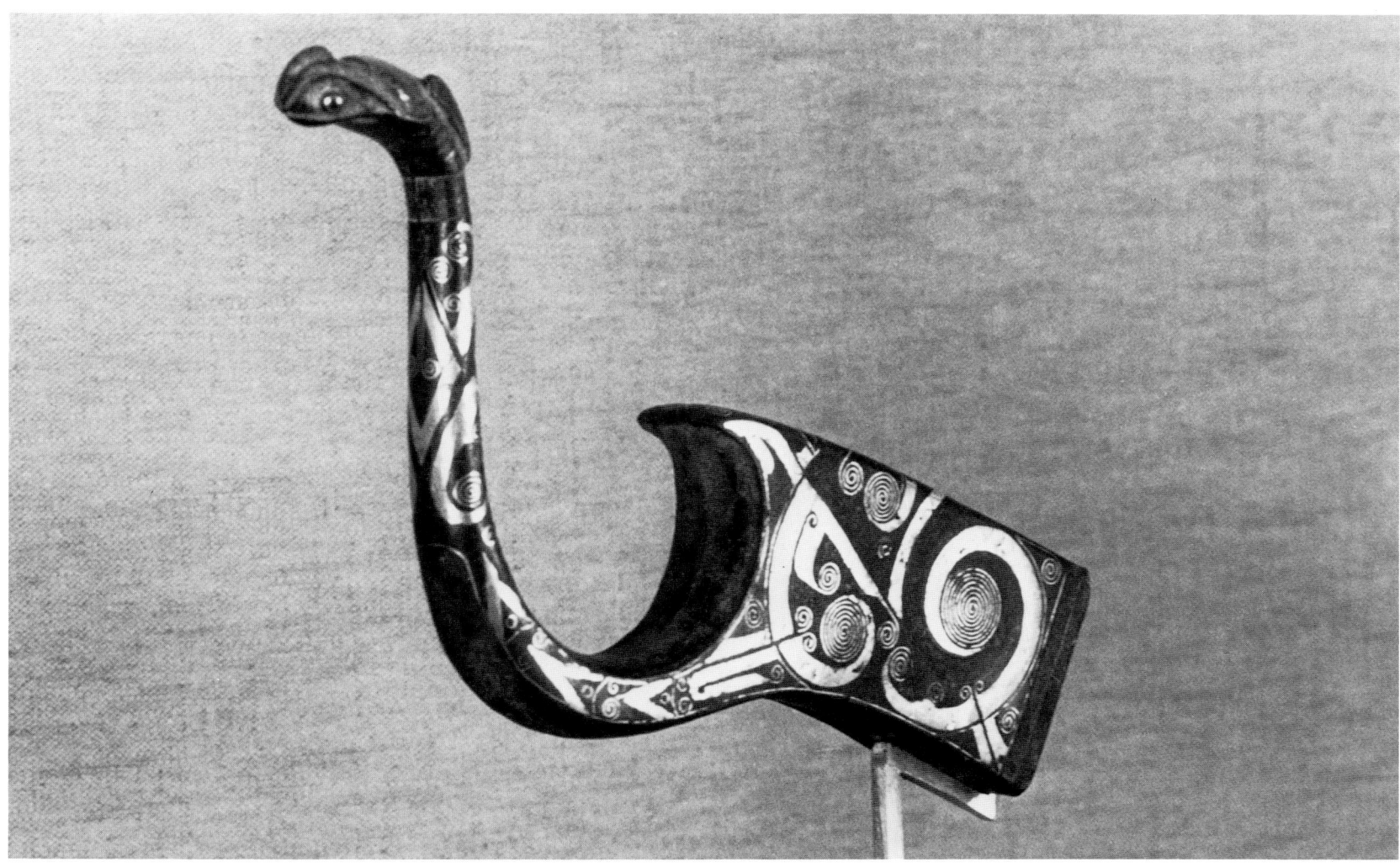

Münzen gleichzeitig mit der Herdplatte deponiert wurden. Dabei bleibt jedoch ungeklärt, aus welchem Grund dies geschah und ob überhaupt ein direkter Zusammenhang zwischen Herdplatte und Münzen besteht. Abgesehen von diesen offen bleibenden Fragen erbrachte aber der Fund einige neue Erkenntnisse.

Die Spatenmünzen aus Silber lassen sich entsprechend ihrer Größe und ihres Gewichtes in drei Gruppen unterteilen, die Goldmünzen in zwei: in 195 flache Münzen und 197 Goldbarren. Auf beiden Münztypen befinden sich Schriftzeichen in Siegelschrift.

Hält man sich an die alten Texte, so sind diese Münzen ein Rätsel; man kannte zwar zu dieser Zeit Münzen in Form eines Spatenblattes, vor allem im Königreich Yue, aber sie waren aus Bronze. Silbermünzen waren zur Han-Zeit im Umlauf, aber die vorwiegend in der Östlichen Han-Zeit gebräuchlichen Barrenmünzen trugen entweder drei Prägestempel oder einen großen und nicht, wie hier der Fall, bis zu sechs Marken. Die Goldmünzen und -barren entsprechen ebenfalls nicht den bisher bekannten Münzen. Sima Qian berichtet in dem Kapitel »Handelsbilanz« *(Ping chun)* des *Shiji,* daß man

65
Wagenschmuck. Bronze mit Silbereinlagen. L. 21,3 cm. Zeit der Streitenden Reiche (475–221 v. Chr.). Entdeckt 1954 in Xiejiayaicun, Yongji, Provinz Shanxi
Dieses Schmuckelement, das auf der einen Seite in einen Schlangenkopf ausläuft, trägt einen in Silber eingelegten geometrischen Dekor, der für die Kunst der Zeit der Streitenden Reiche kennzeichnend ist. Aus solchen Linienspielen entstand in Japan in frühgeschichtlicher Zeit eines der beliebtesten japanischen Motive, das *chokkomon.* Vgl. *Wenwu,* 1955, 8, S. 43

Goldmünzen zur Regierungszeit des Han-Kaisers Wu (um 140–80 v. Chr.) prägte, aber daß es sich dabei um Weißgold handelte – in Wirklichkeit waren es vermutlich goldhaltige Silbermünzen. Die Münzen von Gucheng, reine Gold- bzw. Silbermünzen, entsprechen damit in keinerlei Hinsicht den in den historischen Texten gemachten Angaben. Hier kann nun die Archäologie weiterhelfen.

Vergleichbare Münzen wurden unweit von Gucheng bei Niucun gefunden, einer eindeutig in das Ende der Zeit der Frühlings- und Herbstannalen bzw. den Anfang der Zeit der

Streitenden Reiche datierbaren Fundstätte. Außerdem sieht es heute so aus, als ob derartige Münzen zu jener Zeit im Staate Chu im Umlauf waren, denn man fand mehrere Stücke in Gräbern in der Gegend von Changsha, darunter auch in dem Grab Nr. 2 von Wangshan. Der Süden der Provinz Henan könnte also durchaus in dieser Zeit in engen Handelsbeziehungen mit dem Staat Chu gestanden haben, wohl dem einzigen Staat, der reine Goldmünzen als Zahlungsmittel prägte.

Rund um den Staat Chu läuft in der Tat eine Art Gürtel aus Edelmetall (in den benachbarten Provinzen Anhui, Shandong, Jiangsu, Hubei und Shanxi), wie dies etwa die Funde von Shouxian in Anhui aus dem Jahr 1979 oder von Qingzhou in Shandong belegen, von wo aus die Edelmetallmünzen auch früh ihren Weg nach Japan fanden. Chu war seit alters her für seine Goldproduktion berühmt, die im Laufe der Jahrhunderte nie versiegte. Die meisten Goldbarren stammen aus der Zeit von 241 bis 223 v. Chr., die unmittelbar der Gründung des Kaiserreiches vorang3ing. Diese Goldmünzen belegen jedenfalls, daß sich die Kultur von Chu zur Zeit der Streitenden Reiche, gleichgültig wie die einzelnen lokalen Kriege verliefen, über eine große Zahl von Provinzen erstreckte, einschließlich der Großen Ebene, oder zumindest nach und nach in diese eindrang.

Das Eisen

Was machte unterdessen der allgemeine technologische Fortschritt? Hat die Eisenproduktion nicht die Entwicklung anderer Bereiche gefördert, die vielleicht weniger aufsehenerregend waren, doch die Wirtschaft und den technologischen Wissensstand Chinas weitreichender beeinflußten?

Über die Metallverarbeitung und, allgemeiner gesehen, die Metallgewinnung in frühen Zeiten war bis vor kurzem noch recht wenig bekannt, bis man 1974 die Fundstätte Tonglushan[32] in der Provinz Hubei entdeckte. An dieser Stelle wurden vor allem in den Jahren von 1976 bis 1979 umfangreiche Grabungen durchgeführt, die wesentliche Einblicke vermitteln in den Abbau einer Kupfermine und die Erzgewinnung von der Zeit der Frühlings- und Herbstannalen über die Han-Zeit – den Zeitraum der größten Aktivität – bis zur Tang-Zeit, als Grube und Schmelzhütte offenbar aufgegeben wurden.

Die Grube lief mehrere Dutzend Meter in den Berg hinein. Grubenhölzer stützten die Gänge ab. Zur Zeit der Frühlings-

Fig. 13–14

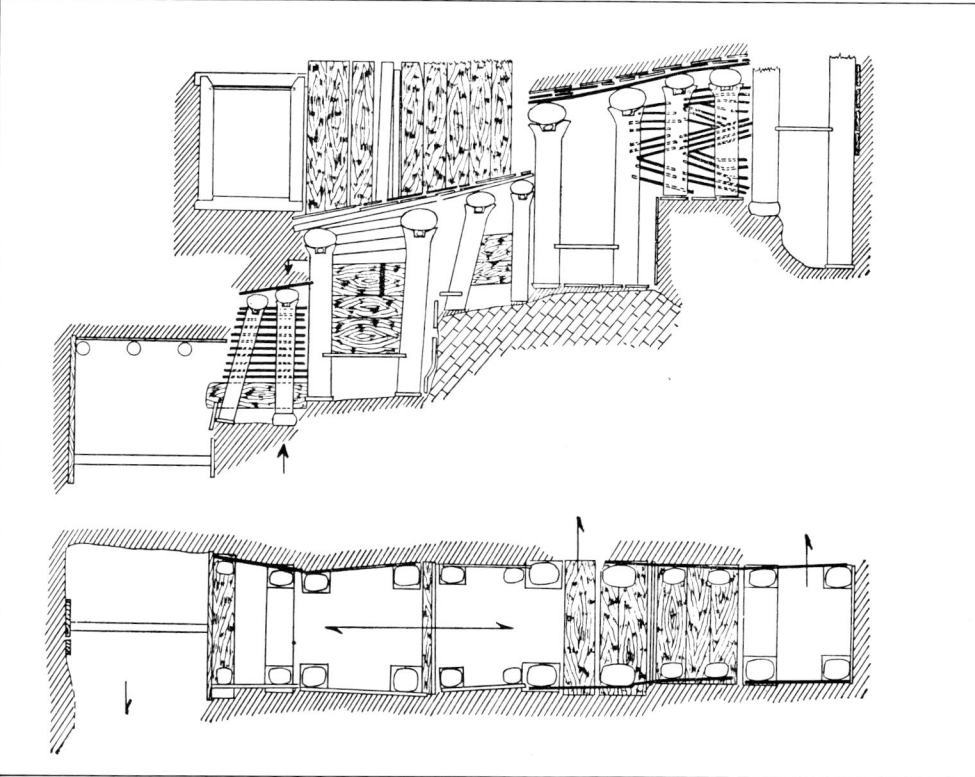

Fig. 13
Die Minen von Tonglushan, Schnitt und Grundriß der Gänge. Nach *Wenwu*, 1975, 2, S. 4

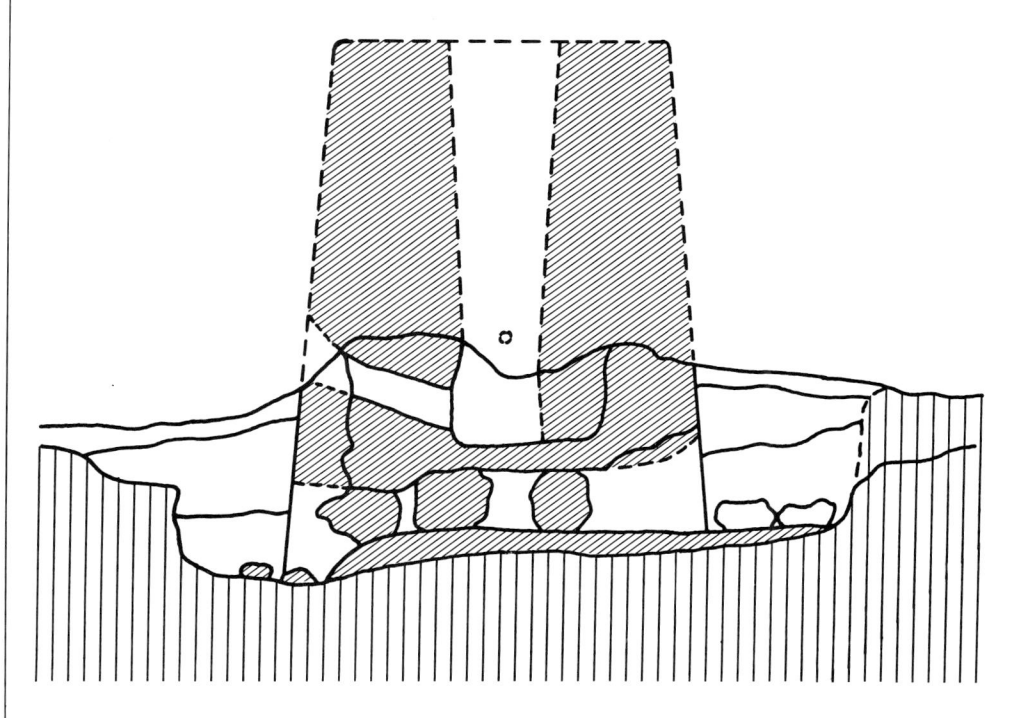

Fig. 14
Rekonstruktion des Ofens von Tonglushan. Nach *Kaogu xuebao*, 1982, 1, S. 9

66
Deckelkanne vom Typ *hu*. Bronze. H. (mit Griff) 47,5 cm. Zeit der Streitenden Reiche (475–221 v. Chr.). Entdeckt 1970 in Cangjiazhuang (im ehem. Staat Qi), Zhucheng, Provinz Shandong
Die ungewöhnliche Eleganz dieses Gefäßes mit waagrecht geriefem Körper beruht auf dem in Form eines Adlerkopfes gestalteten Deckel, der mittels zwei Ringen mit dem beweglichen Griff des Stückes verbunden ist. Vgl. *Wenwu*, 1972, 5, S. 14 und Abb. 5, Nr. 3

67

Türklopfer. Bronze. L. (Maske) 45,5 cm, ∅ (Ring) 29 cm. Zeit der
Streitenden Reiche (4.–3. Jahrhundert v. Chr.). Entdeckt 1964 in Xiadu
(ehem. Hauptstadt des Königreiches Yan), Yixian, Provinz Hebei
Das Stück veranschaulicht den kraftvollen Stil der Bronzegießer zur
Zeit der Streitenden Reiche. Das alte *taotie*-Motiv ist immer noch in Ge-
brauch, doch wird es in einem erfindungsreichen Spiel mit Drachen,
Schlangen und Raubtieren umgestaltet.

ten für die Luftzufuhr. Die Luft gelangte in die mit Holz
befeuerte Brennkammer in Form eines T, die sich unter dem
eigentlichen Schmelztiegel befand. Die Asche verblieb in der
Feuerkammer. Der gesamte Schmelzofen, der einen durch-
schnittlichen Durchmesser von ca. 1,60 m aufwies, war außen
mit einem Belag aus Ton und Kieseln bedeckt.

Die Verarbeitung von Eisen in China ist seit dreißig Jahren
Gegenstand zahlreicher Forschungen, aber auch mancher
Kontroversen[33]. Nach dem heutigen Forschungs- und Er-
kenntnisstand wurden offenbar einige Elemente dieses Mine-
rals, das in der Natur fast überall vorkommt, bereits in Banpo
verarbeitet. Man gewann es in einem primitiven Verfahren,
das für lange Zeit als einziges in Gebrauch war. Allem Anschein nach gelang es nicht vor der Zeit der Frühlings- und
Herbstannalen, das Eisenerz bis zur Schlackenbildung zu erhitzen, um das Eisen auszuschmelzen und daraus einfache
und kleine Ackergeräte zu gießen. Die ältesten bisher bekannten Eisenwerkzeuge wurden in dem Grab Nr. 314 von Zhiziling in der Nähe von Changsha (Provinz Hunan) und in
Luoyang (Provinz Henan) in einer Werkstatt in Shuini gefunden und in das 6. Jahrhundert v. Chr. datiert. Auch hier erscheint der Staat Chu an der Spitze des technologischen
Fortschritts, gemeinsam mit dem Zentrum der Großen Ebene.
Darin ist sicherlich mehr als ein bloßer Zufall zu sehen.

Von der Zeit der Streitenden Reiche an vermehrten sich
Zahl und Art der Eisenwerkzeuge ganz erheblich im Bereich
der »Sieben Reiche«, der sieben großen Fürstentümer jener
Epoche, und die Qualität dieser ersten Eisenproduktion Chinas erreichte rasch ein hohes Niveau. Seit der Mitte der Zeit
der Streitenden Reiche wurde die Technik der Verhüttung
und Verarbeitung von Gußeisen, aufbauend auf den mit dem
Bronzeguß gewonnenen jahrhundertealten Erfahrungen, in
China voll beherrscht. Natürlich variierte die Produktions-
menge in den verschiedenen Staaten. Die reichen Länder im
Zentrum stellten jegliche Art von Gegenständen aus Eisen
her, sei es für den täglichen Gebrauch oder auch speziell für
den Grabkult. Die Vielfalt der Gegenstände scheint in den
Randländern wesentlich geringer gewesen zu sein, obwohl
man große Werkstätten in Lianhuabao (heutige Provinz Liaoning) im Staat Yan und in Linyi (heutige Provinz Shandong) 67, 69,70
im Staat Qi entdeckt hat.

Die Entwicklung der Technik des Formgusses belegen
Fundstätten wie Dengfeng oder Xinzheng in der Provinz Henan und vor allem Xinglong in der Provinz Hebei, wo 70%

und Herbstannalen gab es nur niedrige Schächte, in denen
sich die Bergleute kriechend voranbewegten, später jedoch
legte man richtige mannshohe Gänge an, in denen ein mittel-
großer Erwachsener aufrecht gehen konnte. In dem ältesten
Teil der Grube befanden sich noch die Karren und Zuber, in
denen die Arbeiter das Erz an die Oberfläche beförderten.

Neben der Grube sind Reste des Schmelzofens feststellbar,
dessen Rekonstruktion Professor Xia Nai und sein Team unternahmen. Er bestand aus einem Schmelztiegel mit einem
Deckel, der auf einem relativ engen Hals aufsaß. Zwei Kanäle
mit kleinem Durchmesser im Körper des Schmelzofens sorg-

68
Lampenträger. Bronze mit Lackspuren. H. 48,9 cm. ⌀ (Lampe) 23,7 cm. Zeit der Streitenden Reiche (ca. 4.–3. Jahrhundert v. Chr.). Entdeckt 1975 im Grab Nr. 5 von Shangcunling, Sanmenxia, Provinz Henan. Zhengzhou, Henan Provincial Museum
Nach einem Formprinzip, das sich in der Han-Zeit allgemein durchsetzte, besteht diese Lampe aus drei Teilen: der auf den Fersen hockenden Person, die als Träger fungiert, dem Fuß der Lampe und dem ringförmigen Pfännchen, in das man das Öl goß. An mehreren Stellen sind schwarze und rote Pigmente zu erkennen, bei denen es sich um Lackreste handeln könnte. Damit würde das Stück zur seltenen Gattung der bemalten Bronzen gehören, eine Kategorie, die vor allem durch einen 1963 in Hongmiaopo in Xi'an in der Provinz Shaanxi gefundenen bemalten Spiegel vertreten ist. Vgl. *Wenwu*, 1976, 3, S. 54 und Abb. 3, Nr. 3

69
Helm. Eisen. H. 31 cm, B. 29 cm. Zeit der Streitenden Reiche (4.–3. Jahrhundert v. Chr.). Entdeckt 1965 im Grab Nr. 44 von Xiadu (ehem. Hauptstadt des Königreiches Yan), Yixian, Provinz Hebei
Der aus verschiedenen Eisenplättchen zusammengesetzte Helm ist ein gutes Beispiel für die Plattnerkunst in der Zeit der Streitenden Reiche. Alle Bestandteile der chinesischen Rüstung sind bereits ausgearbeitet, und ihr Prinzip verändert sich nicht mehr im Lauf der Jahrhunderte. Es wird auch in Japan eingeführt, wo es sich aufs beste den Bedürfnissen der leichten Reiterei anpassen läßt. Vgl. *Kaogu*, 1975, 4, S. 231 und Abb. 5, Nr. 1–2

der Formen aus zwei Hälften bestanden, die den Guß mehrerer Werkzeuge erlaubten. Diese aus Gußeisen bestehenden Formen, die beidseitig und für mehrere Güsse verwendbar waren, stellten in der Tat einen beträchtlichen Fortschritt dar, verglichen mit den alten Gußformen aus Ton, die leicht beschädigt werden konnten.

Die Organisation und Gliederung der Eisengewinnung und -verarbeitung war zur Zeit der Streitenden Reiche noch keiner strengen Regelung unterworfen. Aber das komplizierte Verfahren und die hohen Herstellungskosten führten dazu, daß nur wenige Produktionsstätten, oft sogar nur eine einzige Gießerei für jedes Land, eingerichtet wurden. Die Seltenheit der Schmelzhütten bestätigt die These von Léon Vandermeersch, daß die Verwendung und Herstellung von Eisen nur sehr langsam die chinesische Wirtschaft beeinflußten, denn die Mehrzahl der Bauern bearbeitete den Boden immer noch mit den alten Ackerbaugeräten aus Stein und Holz.

Dennoch war man überall in der Lage, Werkzeuge und Instrumente aus Eisen herzustellen, ausgenommen die ausgesprochenen Randgebiete wie die Provinzen Guangxi oder Guangdong, die Eisengeräte aus dem Staat Chu oder den Ländern in der Großen Ebene importierten. Somit ging man überall nach und nach dazu über, die Erde mit den neuen Geräten wesentlich tiefer durchzuarbeiten als früher. Daraus ergab sich eine beträchtliche Vermehrung der Reisfelder, vor allem in Gegenden, die sich von Natur aus nicht sofort für den Reisanbau anboten, wie etwa in Cheng, Wei oder Qin. Die Philologen können als zusätzlichen Beweis für die Ausdehnung des Naßreisanbaus anführen, daß man zur Zeit der Streitenden Reiche mindestens fünf verschiedene Dammbausysteme mit entsprechenden Wörtern für jedes System kannte. Dies läßt erkennen, wie sehr das Bewässerungssystem von den Fortschritten und Veränderungen in der Metallurgie profitierte, selbst wenn die kleinen Bauern ihre Felder weiterhin wie ihre Vorfahren nach den alten Methoden aus dem Anfang der Shang-Zeit bestellten.

70
Lampenträger. Bronze. H. 13 cm. Zeit der Streitenden Reiche (4.–3. Jahrhundert v. Chr.). Entdeckt 1964 in Xiadu (ehem. Hauptstadt des Königreiches Yan), Yixian, Provinz Hebei
Das Stück besitzt dank der Schlichtheit der fest auf ihren Füßen stehenden und andeutungsweise lächelnden Figur eine Ausstrahlung, die es deutlich von komplizierteren Lampenformen unterscheidet. Ein stilistisch vergleichbares, doch 28,3 cm großes Stück, das einen auf seinen Fersen hockenden Mann darstellt, wird im Minneapolis Institute of Arts aufbewahrt. Vgl. *Kaogu*, 1975, 4

DIE GRÜNDUNG DES KAISERREICHES

Im Jahre 221 v. Chr. hatte der König des Staates Qin ganz China erobert und vereint. »Im selben Jahr«, schreibt H. Maspéro, »legte er sich einen neuen Titel zu, um den neuen Sachverhalt zu veranschaulichen, und nannte sich *huangdi,* Erhabener Herr. (Diesen Titel behielten alle chinesischen Herrscher bis zur Revolution von 1911 bei.) ... Das alte China war nun endgültig untergegangen, und auf seinen Trümmern entstand eine neue Ordnung.«[34]

Man kann sich allerdings fragen, ob die Einheitsideologie nicht bereits auf die Monarchie vor dem Kaiserreich zurückgeht. In diesem Fall würde die geographische Ausdehnung dieses Kaiserreiches etwas Neues darstellen und nicht so sehr die Zentralisierung und die Einheit der Macht. Das zumindest meinen die Verfechter der chinesischen Geschichtslehre, die in der bedeutenden Zeitschrift *Lishi yanjiu (Geschichtliche Untersuchungen)* ihren Niederschlag gefunden hat. Ihrer Ansicht nach verwirklichte sich das alte China im Kaiserreich, während eine echte Gesellschaftsveränderung erst viel später eintrat, in dem Augenblick, als China im 3. Jahrhundert n. Chr. erneut in drei Teile zerbrach und sich die Fremdvölker nach und nach auf chinesischem Boden niederließen.

Die Qin-Kaiser waren kaum länger als ein Jahrzehnt (221–207 v. Chr.) an der Macht, bestimmten jedoch Chinas Schicksal für die kommenden 2000 Jahre. Noch bis vor kurzem galten sie aufgrund der grob verfälschenden Geschichte der Dynastien hauptsächlich als die Dynastie, die die »Bücher« und die Lehre des Altertums zu verwerfen wagte, denn hatten nicht der Erste Kaiser und sein Minister Li Si 213 v. Chr. die alten Texte verbrennen und die sich der neuen Ordnung widersetzenden Gelehrten umbringen lassen?

Neue Erkenntnisse durch bisher unbekannte Texte: Yunmeng

Ein neuer, besonders reicher archäologischer Fund trägt dazu bei, eine Reihe von jahrhundertealten Vorstellungen zu erschüttern. Vertraute man den Schmähschriften der Beamten,

so konnte man beispielsweise meinen, daß das Erste Kaiserreich den Beginn einer gewissermaßen von der Bürde des Geschriebenen befreiten Gesellschaft erlebte. Nun scheint das Gegenteil der Fall zu sein. Man wußte zwar seit Sima Qian, daß Qin Shi huangdi in jedem von ihm neu eingerichteten Distrikt eine Stele hatte aufstellen lassen mit der offiziellen Schrift, in der zahllose zeitgenössische Gesetzestexte zur Rechtsprechung, Festsetzung von Gewichten und Maßen und anderen Vorschriften für das ganze Reich verfaßt waren. Aber die Ausgrabungen veranschaulichen nun, was bisher lediglich vage Vermutung war.

In Yunmeng[35], nördlich von Hankou, entdeckte man 1975 an einem Ort mit dem Flurnamen Xiaogan das Grab eines vierzigjährigen Mannes, der kurz nach der Gründung des Kaiserreiches verstorben war. Man hatte über 1000 Bambustäfelchen um ihn herum gelegt, die teilweise beidseitig in *lishu* beschrieben waren, der schönen Kanzleischrift der Qin-Schreiber, bei der jedes Zeichen in einem Viereck steht. Die Täfelchen variierten in der Länge (23,1 cm, 25,5 cm, 27,8 cm) und in der Breite (0,5 bis 0,8 cm). Ihre für diesen Texttyp bisher kaum bekannte Zweckmäßigkeit erwies sich als einzigartig: Sie waren vor der Beschriftung zu einem »Band« zusammengefügt worden und sind von oben nach unten zu lesen, aber nicht in einem Zug; man muß nur dem Rhythmus der Sätze folgen – der erste steht im oberen Teil eines jeden Täfelchens, der zweite darunter, der dritte und alle weiteren schließen sich ständig von einem Täfelchen zum anderen wechselnd an. Man kann sich die Schwierigkeiten eines Archivars leicht vorstellen, wenn die Zeit die Bänder zwischen den Bambusstreifen zerstört hat und die einzelnen Manuskripte aufgrund von verschiedenen Erdbewegungen im Grab durcheinandergeraten sind. Wer weiß, ob nicht eines Tages diese rein zufällige Entdeckung die Philologen dazu führen wird, alte Texte einer neuerlichen, mühevollen Überprüfung zu unterziehen, da man sie wahrscheinlich schon in sehr früher Zeit verfälscht übermittelt hatte?

Dieser Eindruck eines zuweilen unlogischen, ja wirren Zusammenhangs ergibt sich paradoxerweise aus dem Text selbst. Im ersten Teil bringt er beispielsweise eine recht nüchterne

Chronik von Ereignissen zwischen 306 und 217 v. Chr., die an die im 3. Jahrhundert n. Chr. aufgetauchten *Bambusannalen (Zhushujinian)* erinnert und deren frühe Entstehungszeit heute bestritten wird. Im weiteren Verlauf des Dokuments folgen erst der lange Brief eines Gouverneurs, Teng, über die Eigenschaften eines vorbildlichen Beamten und dann eine merkwürdige Sammlung von Texten: Kompilationen von gelehrten Abhandlungen, wie sie wohl in aufgeklärten Kreisen üblich waren, gemischt mit wahrscheinlich beliebten – Sprichwörtern und Aphorismen, von denen einer im *Laozi* und ein anderer im *Liji* erscheinen. Schließlich stößt man auf eine lange Aufzählung von Vorschriften für das Wirtschaftsleben in den verschiedensten Bereichen: Man hat die Regierung von Art und Ertrag der Ernten zu unterrichten, sie umgehend zu benachrichtigen, wenn ein staatliches Pferd stirbt, und das Vieh sauber zu halten; Lagerhaltung und Kontrolle der Getreidequalität werden geregelt, wie auch die Wertfestsetzung von Naturalabgaben, wie etwa Textilien, anstelle von Geldzahlungen; weiterhin werden die Bestimmungen für die staatlichen oder staatlich beaufsichtigten Märkte genannt. Dann folgt eine Reihe von Vorschriften für Handwerker; sie müssen sich ganz an die staatlichen Bestimmungen über Form und Qualität der Erzeugnisse halten und den Regierungskalender befolgen, der die Arbeiten für den Winter oder Sommer festlegt. Die einzelnen Aufgaben der verschiedenen Fachleute – vom Lehrling bis zur erfahrenen Arbeitskraft – werden ebenfalls genau umrissen; nichts bleibt dem Zufall überlassen, denn die Arbeitsgesetzgebung scheint sehr genau zu sein. Der Text enthält außerdem viele technische Angaben zur Herstellung von Dämmen aus gestampfter Erde; er legt die Aufgaben der Vorarbeiter und der Aufseher in den Werkstätten oder für die Durchführung öffentlicher Projekte fest, die Verteilung der militärischen Pflichten, die Ernennung von Beamten oder die Maßnahmen zur Eintreibung von Schulden und nennt die Vorschriften für die Beförderung von Postsachen und die Weiterleitung wichtiger Dokumente an die Regierung.

Neue Erkenntnisse über die Regionalgeschichte

Bei künftigen Untersuchungen wird man sicherlich wichtige Schlüsse aus diesen Dokumenten ziehen, aber sie zeigen bereits jetzt, daß der Staat das Leben im Lande weit stärker kontrollierte, als man bisher vermutete. Allerdings drängt sich die Frage auf, wann diese theoretischen Bestimmungen in die Praxis umgesetzt werden konnten. Sollte man jenes »vereinte chinesische Vielvölkerreich« als gegeben voraussetzen, von dem die chinesischen Historiker und Soziologen heute sprechen? Das würde heißen, daß die Provinzen und Verwaltungseinheiten des Reiches schon bestanden, da jeder kleine Staat bereits in der Zeit der Streitenden Reiche zentralisiert worden war, und es daher genügte, die Anweisungen an die örtlichen Machthaber weiterzugeben, die damit sogleich zu

Beamten wurden? Jedenfalls wollte die Regierung alles kontrollieren, vom Aussehen des Getreides auf dem Halm über die Qualität der Ernteerträge bis zur Fettmenge, die man benötigte, um die Wagenachsen zu schmieren. Auffallend ist jedoch, daß neben diesen ganz im Sinne eines Legalismus praxis- und leistungsorientierten Vorschriften die Abhandlung in Briefform über die Kunst, ein guter Beamter zu sein, weitgehend einen konfuzianischen Tenor aufweist. Wollte Li Si wirklich die Lehre des Weisen für immer verbannen?

Die Archäologie behauptet ebensowenig wie die offizielle Geschichtsschreibung, daß die zum Teil von der Hauptstadt weit entfernten Bevölkerungsgruppen sich dem kaiserlichen Gesetz widerstandslos fügten. Zwei Fundorte in der Provinz Guizhou, das 1976 entdeckte Hezhang und Weiningxian, verdeutlichen, wie weit die chinesische Zentralgewalt in den äußersten Süden vorgedrungen war. Mehr als fünfzig Gräber bargen dort die Überreste von Verstorbenen aus dem Han-Volk. Die meisten waren mit bronzenen oder eisernen Kampfwaffen, und nicht Paradewaffen, beerdigt worden, als ob sie während eines Krieges oder Aufstandes gefallen wären. Eine weitere Tatsache stützt diese Hypothese: In der Nähe dieses Fundortes liegen zahlreiche Gräber von Angehörigen der Lokalbevölkerung. Man wußte zwar durch Sima Qian, daß der qinzeitliche Bau der Straße von Guizhou nach Sichuan, die unter dem Han-Kaiser Wu 129 v. Chr. wiederhergestellt wurde, heftige örtliche Unruhen hervorgerufen hatte, aber man konnte bisher noch nie so unmittelbar erkennen, welche Folgen die Errichtung der kaiserlichen Herrschaft in mehreren Regionen gehabt haben mußte.

Die tönerne Armee des Ersten Kaisers

Ein bedeutendes Schrifttum, kriegerische Gewalt und eine Zentralisierung, die den Rang einer Religion erhielt, schufen damals für die kommenden 2000 Jahre die Grundlagen der kaiserlichen Macht; die Ausgrabungen bestätigen es uns heute. Sie enthüllen noch einen weiteren Aspekt der Qin-Kultur: Sie brachte eine hochrangige Kunst hervor, die sich an die Kunst der Zeit der Streitenden Reiche anschließt, doch nur noch in dem Maße das Detail pflegt, wie es zum Verständnis oder Ansehen beiträgt. Diesen Eindruck zumindest vermitteln die großartigen Zeugen der »Geisterarmee«, des gewaltigen Heeres in Lebensgröße im kaiserlichen Mausoleum, oder das später entstandene kleine Heer von rund 3000 zwischen 50 und 70 cm hohen Reitern und Fußsoldaten, das man in einem Grab 22 km nordöstlich der Hauptstadt Xianyang, in Yang- Fig. 15; jiawan (Provinz Shaanxi), gefunden hat. Abb. 76–78

Es ist gewiß unnötig, an die erstaunliche tönerne Armee in Lebensgröße zu erinnern, die 1974 entdeckt wurde und sowohl in der westlichen Presse als auch in Fachpublikationen ein breites Echo fand. Doch kommen jährlich neue Funde hinzu. Rund 1,2 km östlich des gewaltigen Grabhügels des

106

Ersten Kaisers, der seit zwei Jahrtausenden die Ebene nahe bei Xi'an beherrscht, lokalisierte man im Laufe der Jahre drei Grabgänge und hob sie aus.

Seit 1950 bemüht sich die Regierung, das Grab wieder in seinen früheren, im *Shiji* beschriebenen Zustand zurückzuversetzen. Vegetation bedeckt heute die Hänge des künstlichen Berges, damit er seiner ursprünglichen Bestimmung gemäß als Wohnstatt Unsterblicher wieder Leben erhält, wie es der in den ersten Jahrhunderten des Kaiserreiches weitverbreiteten daoistischen Mythologie entspricht. Aber waren der Erste Kaiser und sein Grab denn wirklich unsterblich? Der Überlieferung zufolge hatte Xiang Yu, der unheilvolle Rivale des Gründers der Han-Dynastie, Liu Bang, es einige Jahre nach seiner Fertigstellung 210 oder 209 v. Chr., entweiht. Heutige Untersuchungen in der unmittelbaren Umgebung des Mausoleums ergeben in der Tat überall Spuren eines großen Brandes. Sollte Xiang Yu, der geniale, aber überhebliche Mann aus dem Süden, an der kaiserlichen Hülle und ihrem unterirdischen Palast Rache geübt haben? Vielleicht wird die Zukunft eine Antwort bringen. Keine offizielle Ausgrabung hat bisher die Ruhe des chinesischen Reichsgründers gestört, und die Archäologen wahren einen respektvollen Abstand zu dem heiligen Bezirk. Man möchte übereilte Grabungen vermeiden, weil das Objekt so bedeutend ist.

Man kann allerdings ins Träumen geraten angesichts dessen, was bereits entdeckt ist und noch täglich zum Vorschein kommt. Vielleicht sehen wir eines Tages, was Sima Qian im *Shiji* beschreibt: »Shihuang hatte gleich zu Beginn seiner Herrschaft den Berg Li aufschütten lassen. Als er das ganze Reich in seine Gewalt gebracht hatte, wurden mehr als 700 000 Arbeiter dorthin geschickt; sie hoben die Erde bis zum Grundwasser aus, gossen Bronze und stellten den Sarkophag auf; Modelle von Palästen und öffentlichen Gebäuden, wunderbares Gerät, Schmuck und seltene Gegenstände trugen sie herbei, brachten sie [in das Grab] und füllten es damit. Handwerker erhielten den Befehl, selbsttätige Armbrüste und Pfeile herzustellen; wenn jemand ein Loch gegraben hätte, um [in das Grab] einzudringen, hätten sie plötzlich auf ihn geschossen. Mit Quecksilber ahmte man die hundert Wasserläufe, den Yangzi, den Gelben Fluß und das weite Meer nach; Maschinen brachten das Wasser zum Fließen. Oben waren alle Sternbilder des Himmels und unten alle Dinge der Erde dargestellt. Mit Walöl stellte man Fackeln her, die lange brannten ... Man pflanzte Gras und Pflanzen, damit [das Grab] wie ein Berg aussah.« [36]

Seit 1974 legte man drei Grabgänge in der Nähe des Grabhügels frei. Der erste hatte eine rechteckige Form und enthielt rund 6000 Fußsoldaten, Pferde und Streitwagen. Der zweite mit einer Fläche von 6000 m² ist von unregelmäßigem Grundriß; die heute verkohlten Holzplanken der Decke waren mit einer Lehmmörtelschicht bedeckt und ruhten auf Holzpfeilern. In diesem Unterstand befanden sich vor allem mehr als 300 Bogenschützen. Der dritte Grabgang nahm eine Fläche von 520 m² ein und enthielt einen Streitwagen und gepanzerte Krieger. Im Sommer 1975 stieß man außerdem auf leere und unvollendete Gänge; vielleicht sollten sie die Hauptmacht der Armee aufnehmen. In diesem Fall würden die anderen Unterstände nur die drei Flügel enthalten, wie es der seit dem *Guanzi* von Guan Zhong (5. Jahrhundert) in den Texten über Kriegskunst häufig beschriebenen Aufmarschordnung entspricht. Dieser letzte Grabteil war vermutlich viel größer geplant, doch verhinderten der Tod des Ersten Kaisers und die darauffolgenden schweren Unruhen die Fertigstellung des Werkes.

Die chinesischen Archäologen mögen zwar die plastische und technische Qualität der gefundenen Statuen bewundern, vor allem jedoch interessiert sie der Fund, weil er entscheidende Aufschlüsse über Taktik und Strategie im alten China vermittelt.

Eine der umstrittensten Fragen ist nach wie vor, wie die Streitwagen zur Zeit des Ersten Kaisers verwendet wurden. Früher, zur Zeit der Königreiche, verlief der Wagenkampf nach genauen Regeln, je nachdem ob Formationen von fünf, zehn oder zwanzig Fahrzeugen teilnahmen. Die Garde des Ersten Kaisers kämpfte nicht mehr in Gruppen zu fünf, sondern zu vier Fahrzeugen; diese Besonderheit hatten auch die offiziellen Geschichtsschreiber bemerkt, die in den *Annalen des Ersten Kaisers (Qinshihuang benji)* für sein 31. Regierungs-

Fig. 16

73–75

71–72

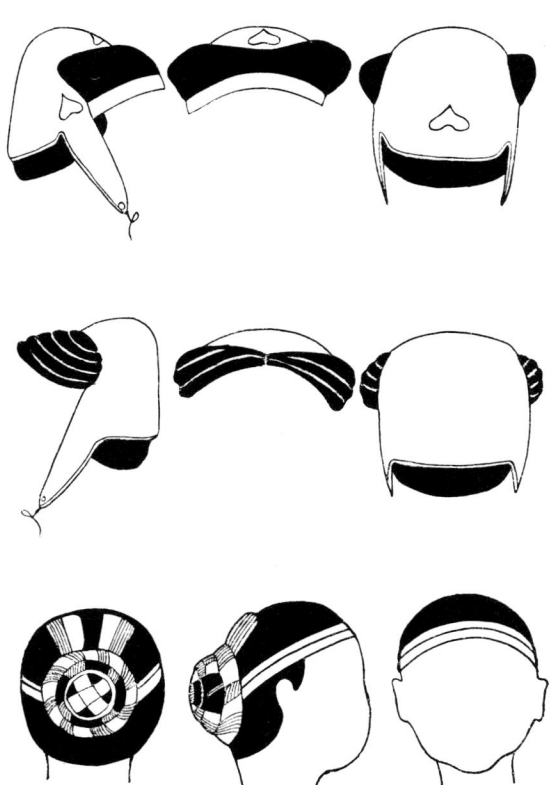

Fig. 15
Frisuren der Krieger von Yangjiawan. Nach *Wenwu*, 1977, 10, S. 11

71–72
Kniender Bogenschütze. Ton mit Spuren von Bemalung. H. 122 cm.
Qin-Zeit (221–210 v. Chr.). Entdeckt 1977 im Grabgang Nr. 2 östlich
des Mausoleums des Ersten Kaisers, Lintong, Provinz Shaanxi. Lin-
tong, Museum of Qin Figures
Der Bogenschütze trägt einen Harnisch und hat sich auf sein rechtes
Knie niedergelassen. Er gehört zu einer Truppe von 120 zur Übung
oder zum Gefecht bereiten Kriegern. Zahlreiche westliche Kunsthistoriker nehmen wie H. Brinker und R. Goepper (*Kunstschätze aus China,*
Zürich 1980, S. 123) an, daß der Schütze den heute verschwundenen
Bogen in der Linken hielt und mit der Rechten die Sehne ergriffen
hatte. Die chinesischen Archäologen, die sich auf die Texte berufen, sehen eher eine Ruhestellung oder die Vorbereitung einer Übung: Der
Krieger hätte seinen Bogen schräg über den Oberkörper gestreift und
hielte einen Pfeil in beiden Händen. Die bei den Bogenschützen gefundenen Überreste bestätigen, daß ursprünglich echte Waffen vorhanden
waren. Man fand Pfeilspitzen und Stücke von hölzernen Bogen. Fragmente von Schwertern und Scheiden deuten an, daß die Bogenschützen
auch diese Blankwaffen trugen. Der Panzer besteht aus Metall- und Le-
derplättchen, die durch Nieten oder Kordeln miteinander verbunden

waren, eine Tradition, die in China und im Japan der Samurais weiter-
gepflegt wurde. Nicht zu sehen ist hier die Sohle der rechten Sandale
mit ihrem sorgfältig gearbeiteten Profil. Vgl. *Wenwu,* 1978, 5, S. 9 und
Abb. 4, Nr. 1

73
Stehender gepanzerter Krieger. Ton mit Spuren von Bemalung. H.
196 cm. Qin-Zeit (221–210 v. Chr.). Entdeckt 1979 im Grabgang Nr. 1
östlich des Mausoleums des Ersten Kaisers, Lintong, Provinz Shaanxi.
Lintong, Museum of Qin Figures
Der Krieger trägt einen langen Brustpanzer, der auf dem Rücken mit
zwei sich kreuzenden Riemen am Hüftgurt befestigt ist. Es läßt sich
heute kaum mehr ausmachen, was er in der halb geschlossenen rechten
und der weit geöffneten linken Hand hielt. Aufgrund der Größe der Figur – die gewöhnlichen Fußsoldaten sind zwischen 175 und 185 cm
groß – und des auf den Schulterbändern sichtbaren Brokatdekors handelt es sich vermutlich um die Darstellung eines Offiziers. Gab er mit
der Linken einen Befehl? Ein Vergleich mit den im Grabgang Nr. 3 gefundenen Figuren würde diesen Schluß nahelegen. Vgl. *Wenwu,* 1979,
12, S. 5

jahr festhielten: »Geht der Kaiser nach Xianyang, eskortieren ihn vier Wagen, und er reist bei Nacht ab.« Die Viererformation ist also archäologisch gesichert, aber die kaiserliche Garde weist noch andere Eigenheiten auf. In der ausgehenden Zeit der Streitenden Reiche trug der Wagen meistens drei voll bewaffnete Männer, und niemand begleitete ihn. In den Grabgängen Nr. 1 und 2 haben nun die Wagen eine Eskorte, wie es bei den Shang und den Zhou üblich war. Diese Formation war seit der Epoche der Frühlings- und Herbstannalen

(770–475 v.Chr.) außer Gebrauch gekommen, genau gesagt, im Jahre 541 v.Chr., will man dem *Zuozhuan* Glauben schenken, als neue Kampfregeln eine Rollenverteilung zwischen Streitwagen und Fußsoldaten festlegten. Diese Veränderung ergab sich gewiß aus den Kämpfen, die sich die rivalisierenden Fürstentümer in der Großen Ebene lieferten, denn auf diesen weiten Flächen setzten die Kriegführenden immer mehr Menschen und Wagen ein, so daß sich die Kampfweise allmählich veränderte und sich die Fußsoldaten mehr und

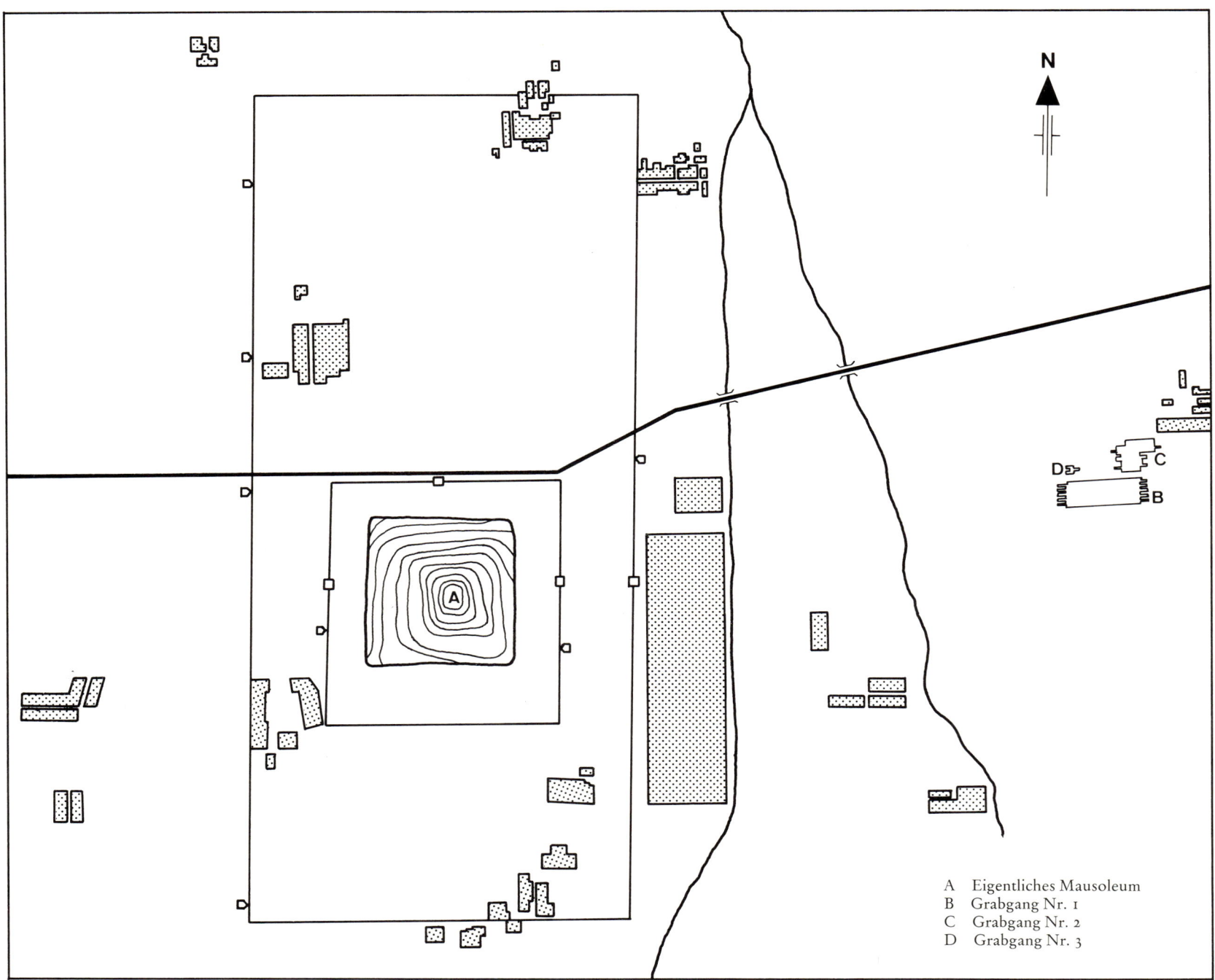

Fig. 16 Die tönerne Armee des Ersten Kaisers, Lageplan der Grabgänge mit den Tonfiguren. Nach *Wenwu*, 1975, 11, S. 2

A Eigentliches Mausoleum
B Grabgang Nr. 1
C Grabgang Nr. 2
D Grabgang Nr. 3

74
Kopf des Bogenschützen von Abbildung 73 ▷

mehr auf der einen Seite und die Pferdegespanne auf der anderen Seite konzentrierten.

Aber im weit westlich gelegenen Staat Qin führten geographische Gegebenheiten – ein häufig gebirgiges Gelände – und ideologische Voraussetzungen – eine starke Verpflichtung der Shang-Tradition gegenüber – zu einer anderen Entwicklung. So dürfte die den Qin eigene komplexe Schlachtformation entstanden sein, die Ma Duanlin zu Beginn des 13. Jahrhunderts in seinem *Wenxian tongkao* ausführlich beschrieb und die die tönerne Armee des Ersten Kaisers heute veranschaulicht. Die Streitwagen befinden sich vor den Fußsoldaten, während Teile der Reiterschaft die Aktion der Fahrzeuge unterstützen. Die Archäologen sehen in dieser Neuerung den Beweis dafür, daß die Kavallerie als Streitkraft bereits unter den Qin und nicht erst in der Han-Zeit voll entwickelt war; Kampfwagen gab es in der Qin-Zeit zwar immer noch, aber ihre im Vergleich zum Altertum relativ beschränkte Zahl zeigt, daß sie nicht mehr als ein historisches Relikt waren.

Schließlich ist noch zu bemerken, daß alle drei hier ausgegrabenen Garden nach Osten gerichtet Wache hielten. Vielleicht gibt es im Umfeld des Mausoleums noch weitere Posten, die anderen Feinden zugewandt sind. Denn die unterirdische Bleibe der Verstorbenen sollte ihren Wohnort auf der Erde genau widerspiegeln, in diesem Fall die prächtige Hauptstadt Xianyang an den Ufern des Wei. Den Texten zufolge gab es in der Hauptstadt drei Arten von Wachen; die eine hielt sich im Palastinnern auf, die zweite vor dem Palast, und die dritte bewachte die Umgebung der Stadt. Zu dieser dritten Garde gehören die Soldaten, die man hier ungefähr 1200 m östlich der äußeren Grabumwallung gefunden hat. Ihre riesige Anzahl sollte uns nun nicht mehr verwundern, denn die drei Wachen in Xianyang konnten zuweilen bis zu 50000 Männer umfassen.

Diese unzähligen Tonfiguren ermöglichen es allen Kunstinteressierten, die Plastik zu Beginn des Kaiserreiches zu studieren; sie vermitteln wertvolle Informationen über eine Technik, deren Entwicklung man erst viel später ansetzte[37].

Das Material ist im allgemeinen grau und wurde nach einer ersten Lufttrocknung bei relativ starkem Feuer gebrannt. Jede Statue besteht aus zwei Tonschichten: Die innere ist etwa 3 bis 10 cm dick und recht grob; die äußere hat eine Dicke von ungefähr 3 cm und wurde abschließend aufgetragen, um die Nahtstellen der verschiedenen Teile zu verdecken.

Alle Figuren bestehen aus mehreren Teilen, deren Zahl je nach der Form des Objektes wechselt. Sie sind entweder hohl oder massiv oder auch nur teilweise hohl. Manche Details, wie die Hände, sind einzeln modelliert oder aber in einer Form gegossen. Im letzteren Fall wirken sie starr – mit vier ausgestreckten Fingern und einem tiefer angesetzten Daumen, der etwas absteht, wie um auf unnatürliche Weise nach einem Gegenstand zu greifen. Die einzeln gefertigten Hände sind dagegen einfühlsam modelliert und stellen bei den Offizieren die verschiedenen Befehlsgesten dar.

Der Kopf besteht aus einem vorderen und einem hinteren Teil, die beide hohl und gegossen und vor den Ohren oder in deren Mitte zusammengesetzt sind. Auf diesen 3 bis 5 dikken Hälften trug man die äußere, dünne Schicht auf. Anscheinend wurden nur manche Stücke grob vorgeformt und mit dem Stechbeitel oder Messer überarbeitet, bevor der Ton ganz trocken war. Die Gesichter mit dem persönlichsten Ausdruck dürften auf diese Weise entstanden sein. Dieses Verfahren und die Bearbeitung der Oberfläche im allgemeinen waren besonders schwierig. Viele Elemente mußten mit Schlicker, einer Mischung aus feinem Ton und Wasser, an das Hauptstück angeklebt werden. So kann man 24 Arten von Schnurrbärten und Bärten an den Kriegergesichtern unterscheiden. Die verschiedenen Frisuren und Haarknoten bestehen aus zahlreichen hohlen oder massiven Elementen, die entweder gleichzeitig mit dem Kopf modelliert oder nachträglich angebracht wurden. Die Kleidung schließlich, und vor allem einige Rüstungen, erforderten ebenfalls eine mühevolle Arbeit, die gleichzeitig mit dem Körper der Figur und auf einer manchmal sehr feinen Schicht von 0,5 bis 2 cm Dicke erfolgte.

Wie die menschlichen Figuren goß man auch die Pferde in Teilstücken und setzte sie dann zusammen; Kopf und Körper bestehen aus einer rechten und einer linken Partie. Die beiden Teile des Körpers wurden sehr genau in der Mitte des Bauches und des Rückens zusammengefügt. Die Bauchpartie ist dicker (etwa 7 cm) als der Rücken (2,5 bis 4 cm). Zahlreiche Pferde haben an der linken oder an beiden Flanken ein Loch von 10 bis 12 cm Durchmesser, das bei der Fertigstellung sorgfältig verschlossen wurde. Es sollte dem Bildhauer vermutlich ermöglichen, mit seinem Arm in das Innere des Pferdes zu gelangen, um die Einzelteile zusammenzusetzen; vielleicht begünstigte es auch die Luftzirkulation und damit das Brennen dieser großen Teile (154 × 70 cm), die man nur schwer gleichmäßig behandeln konnte. Die Beine der Pferde scheinen alle gegossen zu sein und unterscheiden sich bei den verschiedenen Tieren kaum.

An diese Hauptelemente setzte man anschließend zahlreiche Details an: die erst mit dem Messer grob geformten und dann mit der Hand überarbeiteten Ohren, die Mähne, das Stirnhaar, den Schweif, der bei Zugpferden 38 bis 44 cm und bei Reitpferden 85 cm lang ist. Alle Körperteile wurden vor oder nach dem Brennen mit Schlicker an das Hauptstück angefügt.

Das Glätten und die Farbfassungen stellten den letzten Arbeitsgang dar. Den Handwerkern standen hierfür sehr unterschiedliche mineralische Pigmente zur Verfügung: verschiedene Gelb- und Ockertöne, Grün, Zinnoberrot, Rot, Schwarz, Weiß und Violett. So konnten sie sogar die fünf verschiedenen Brokatarten zur Kennzeichnung der Ränge wiedergeben.

Diese sonderbare tönerne Armee ist von einzigartiger Pracht, dürfte aber kein Einzelfall sein. Die in Yangjiawan bei Xianyang gefundenen »3000 Menschen und Pferde« bewei-

75

sen – wie die Archäologen sagen –, daß es noch andere bis tief in die Westliche Han-Zeit hinein gab. Wahrscheinlich werden bald weitere Funde diesen kriegerischen Aufwand belegen, den man für die großen Heerführer betrieb.

Im Umfeld des Mausoleums selbst werden die Grabungen fortgesetzt. 1976–1977 entdeckte man im Dorf Shangjiao[38] östlich des Grabes eine gewaltige Gruppe von 93 hauptsächlich in zwei Reihen angeordneten Grabgängen mit Pferdeskeletten und Tonstatuen. Sie wurden zum größten Teil lediglich kurz lokalisiert, aber die eingehende Erforschung von 28 Unterständen ermöglicht bereits eine Vorstellung von dem Gesamtkomplex. In jedem einzelnen Gang sind die Pferde mit dem Kopf zum kaiserlichen Grab gewandt. Neben den Tieren wacht eine kauernde Tonfigur mit den Händen auf den Knien oder in den Ärmeln. Die meist ovalen Gesichter dieser unterirdischen Pferdeknechte haben zwar alle einen individuellen Ausdruck, doch ist ihr Haar auf dieselbe Weise zu einem Knoten zusammengebunden. Die Skelette der aufgefundenen Pferde lassen auf relativ kleine Tiere schließen, vermutlich Doppelponies von 1,5 bis 1,6 m Länge und 1,4 bis 1,5 m Höhe bis zum Widerrist; ihre Kopien in Ton weisen genau dieselben Maße auf.

Die Tatsache, daß echte Pferde und nicht mehr nur ihre Abbilder vorhanden sind, ist überraschend, weil sie die Bestattungsrituale von Qin Shi huangdi und der königlichen Dynastien der Bronzezeit in einen engen Zusammenhang bringt. Nun kann man sich die im *Shiji* beschriebenen Tötungen vorstellen: »Erh Shi [der Sohn des Ersten Kaisers] sagte: Die Frauen des verstorbenen Kaisers, die keinen Sohn geboren haben, sollen nicht freigelassen werden. Er befahl, daß sie dem Ersten Kaiser alle in den Tod folgten; viele Menschen wurden getötet. Als der Sarg hinabgelassen worden war, sagte jemand, daß die Arbeiter und Handwerker, die die Maschinen hergestellt und die Schätze versteckt hatten, wüßten, wo sich alles befand, und folglich die vergrabenen Kostbarkeiten unter sich verteilen würden; als die Bestattungsfeierlichkeiten beendet waren und man den Hauptzugang zur Grabstätte verschlossen und unkenntlich gemacht hatte, ließ man das äußere Tor herab und schloß alle Arbeiter und Handwerker ein, die [die Schätze] versteckt hatten; sie konnten nicht mehr heraus.«[39]

Die Ermordung der Arbeiter kann man sich noch als eine, wenn auch furchtbare, Maßnahme zum Schutz des verstorbenen Herrschers und seiner Schätze erklären; aber die Tötung der Konkubinen widersprach eindeutig den Prinzipien der Dynastie, denn »im ersten Jahr (384 v. Chr.) des Herzogs Hian schaffte man [im Staat Qin] die Sitte ab, Menschen bei Beerdigungen zu töten«[40]. Außerdem kann man jedoch den kürzlich unmittelbar beim Mausoleum entdeckten Gräbern gleichen Alters entnehmen, daß mehrere Vertraute und hohe Beamte ihrem Herrscher mehr oder weniger freiwillig in den Tod gefolgt waren. Dies stellt ein weiteres Verbindungsglied zwischen der Gesellschaft der Qin und den königlichen Dynastien dar und rechtfertigt zumindest teilweise die heutige

Theorie der chinesischen Historiker, derzufolge die Qin und die Han weniger eine neue Welt schufen als vielmehr die gesellschaftliche Ordnung des Altertums bis zur letzten Konsequenz weiterentwickelten.

Neue Erkenntnisse über die Keramikwerkstätten

Verlassen wir diese Welt der Toten, um uns den Lebenden zuzuwenden, denn zahlreiche Entdeckungen im Bereich des Mausoleums des Ersten Kaisers geben Aufschluß über die damalige Organisation der Werkstätten und ihrer Produktion[41].

Die Keramik wurde in staatlichen wie in privaten Werkstätten hergestellt, die wohl manchmal zusammenarbeiteten. Die Stücke aus dieser Zeit tragen Marken von vier bis sechs Schriftzeichen, die die Herkunft erkennen lassen. Einige Inschriften geben auch einen Ortsnamen an, den ein nachfolgendes Zeichen *li*, das Dorf, kennzeichnet und der häufig von einem Hinweis auf »Xian« [yang] oder andere bedeutende Zentren des Hauptstadtgebietes begleitet ist.

Anstelle von Ortsnamen werden manchmal Werkstätten genannt, die man im allgemeinen an ihrer poetischen Benennung erkennen kann, selbst wenn sie sich hinter geographischen Bezeichnungen verbergen, wie zum Beispiel »das Dorf der Weiden«, das weder in alter noch in neuer Form unter den Ortsnamen der Region existiert. Einige Stücke tragen sogar die Signatur ihres Herstellers, wie Xi, »der Fröhliche«.

Die Vielfalt dieser Zeichen läßt auf Privatwerkstätten schließen. Auf den staatlichen Produkten befindet sich dagegen stets ein Verwaltungshinweis auf ihre Herkunft und gleichzeitig auf den mit der Herstellung beauftragten Beamten, »Kongyin von der Abteilung zur Rechten« *(Yousi Kongyin)* oder »Großer Töpfer von der Abteilung zur Linken« *(Zuosi gaowa)*. Der Name des Verantwortlichen steht häufig neben rein verwaltungstechnischen Angaben, wie dem regionalen Rang der Werkstatt: Hauptstadt, Bezirk, Ortschaft.

Soweit man heute beurteilen kann, erfüllten die beiden Herstellungsformen unterschiedliche Aufgaben. Die Privatöfen schienen die laufende Produktion sichergestellt zu haben – gewöhnliches Geschirr und verschiedene Gegenstände des täglichen Lebens für die mittleren und niedrigeren Bevölkerungsschichten. Diese Stücke bilden in typologischer Hinsicht die Verbindung zwischen den Keramiken der Streitenden Reiche und denen der Han. Es war eine einfache und billige Töpferware, die man auf den Märkten verkaufte; im Gegensatz zu den staatlichen Produkten wurde sie gehandelt.

Die staatlichen Produkte waren hauptsächlich Baubestandteile und dienten zur Verzierung von Palast- und Verwaltungsbauten. Die staatlichen Werkstätten scheinen fast keine Gegenstände für den täglichen Gebrauch hergestellt zu haben. Wahrscheinlich benutzte man bei Hofe und in den wohlhabenden Häusern Materialien, die sich angenehmer anfühlten als die derbe Töpferware dieser Zeit; so bestand das hanzeitliche Geschirr meistens aus Lacken.

Die Entdeckungen im Umkreis des kaiserlichen Mausoleums lassen auf mindestens neun verschiedene staatliche Werkstätten schließen. Zahlreiche Stücke aus dem Grabgang Nr. 1 östlich des kaiserlichen Grabmals tragen die Aufschrift »Amt für öffentliche Bauten der Hauptstadt« *(Dusigong),* die einer später in der Han-Hauptstadt Chang'an wiederauftauchenden Terminologie entspricht. Vermutlich hatte diese großartige Werkstatt der Hauptstadt die Aufgabe, die beeindruckenden Figuren der tönernen Armee herzustellen. Aber die meisten Gegenstände oder Materialien stammen von dem »Amt für öffentliche Arbeiten zur Rechten« oder »zur Linken« *(Yousigong* oder *Zuosigong),* deren Zeichen häufig mit dem Zusatz *shaofu* versehen sind, um die Direktiven der Verwaltung noch zu betonen. Fast alle Ziegel des Mausoleums oder des Apang-Palastes in Xianyang gehören in diese Kategorie und tragen häufig außer dem offiziellen Stempel die Signatur des für die Herstellung verantwortlichen Töpfers. Auf anderen Stücken steht die Inschrift *Daijang,* der »Große Handwerker« oder die »Große Werkstatt«; dem *Hanshu* zufolge handelte es sich vermutlich um eine Werkstatt, die nicht so bedeutend wie das »Amt für öffentliche Arbeiten zur Rechten« und »zur Linken« war, aber ebenso hervorragende Stücke herstellte.

Außerdem gibt es noch die Inschrift *Sishui* oder andere, etwas abweichende Formen, die aber stets das Zeichen *si* im Sinne von »Hof« anführen. Soweit man heute sehen kann, handelt es sich um Stücke von außergewöhnlicher Qualität aus einer Werkstatt, die auf die Herstellung von Ziegeln oder Bauelementen spezialisiert war und dem »Amt für öffentliche Arbeiten zur Rechten« und »zur Linken« unterstand.

Zuweilen findet man auch den Vermerk »Palast zur Linken« *(Zuogong)* oder »Palast zur Rechten« *(Yougong);* dem *Shiji* zufolge bezeichnet *Zuogong* hier einen Ort und keinen höfischen oder staatlichen Betrieb. Aber die chinesischen Archäologen distanzieren sich auch in diesem Punkt von Sima Qian und vertreten die Meinung, daß der Ausdruck *gong* wohl irgendeinen staatlichen Brennofen bezeichnete, da diese Stücke gewöhnlich für ein öffentliches Gebäude hergestellt worden waren.

Man findet bei den Grabungen auch Herkunftsangaben, die in den Texten nirgends auftauchen: *Beisi,* »Nördliches Amt«, und vor allem *Gongshui,* »Wasser des Palastes«, oder *Sishui,* »Wasser des Hofes«. Darunter sind sicherlich Werkstätten zu verstehen, die sich ursprünglich auf die Herstellung von Wasserzufluß- und -abflußleitungen spezialisiert hatten; andere Stücke weisen entsprechende Vermerke auf, *Dashui,* das »Große Wasser«, *Zuoshui,* das »Wasser zur Linken«, oder *Youshui,* das »Wasser zur Rechten«. Manche Inschriften bezeichnen in der kleinen Siegelschrift *(xiaozhuan)* die Funktion der Gegenstände im Innern der verschiedenen Gebäude; so liest man beispielsweise auf Stücken aus Shangjiao in der Nähe des Mausoleums »Zentraler Pferdestall«, »Pferdestall

zur Linken«, »Pferdestall des Palastes«, »Dritter Pferdestall« oder »Großer Pferdestall«.

Neue Erkenntnisse über die Architektur

Die Grabungen im Umkreis des kaiserlichen Mausoleums vermitteln noch weitere nützliche Aufschlüsse über die Organisation anderer baubezogener Tätigkeiten am Hof der Qin. 1973 entdeckte man nordwestlich der äußeren Umfriedung einen großen Steinbruch und eine Werkstatt, in der der Stein behauen wurde. Der Komplex erstreckte sich von Osten nach Westen über 1 500 m und von Norden nach Süden über 500 m und nahm eine Fläche von 75 ha ein; die Untersuchungen führten schon jetzt zu interessanten Ergebnissen.

Im westlichen Sektor, wo man Ziegel, Mühlsteine und Tongeschirr entdeckte, befanden sich wahrscheinlich die Wohnungen der Handwerker und ihrer Familien, während im südlichen Viertel mit Inschriften versehene Ziegel auf die Einrichtung von Ämtern schließen lassen. In der Mitte existierten nur noch zahlreiche Felsbrocken und große Eisenmengen; hier war das Zentrum des Steinbruchs, wo man den Stein gewann und grob behaute. Im östlichen Teil schließlich gab es zahlreiche Spuren von Feuerstellen, aber keine eindeutigen Reste von Wohnstätten. Dagegen waren bedeutende Bauelemente aus Stein vorhanden und verschiedene unvollendete Skulpturen, neben denen eisernes Werkzeug und Tongeschirr lagen. In diesem Sektor haben sich also vermutlich die Werkstätten befunden.

Zwei Geldmünzen, drei Eisengewichte, der Dekor der Ziegel und der einfach geschweiften und mit »Wolken«-Motiven verzierten Endziegel datieren den Gesamtkomplex eindeutig in die Qin-Zeit. Leider wurden die riesige Werkstatt und das großartige Grabmal, zu dessen Errichtung sie beitrug, schon sehr früh systematisch zerstört. Das ist schade, weil möglicherweise hier wesentliche Teile der Paläste von Xianyang entstanden sind[42].

Seit etwa zehn Jahren führt man Grabungen durch, um diese Paläste zu erforschen: von 1974 bis 1975 Palast Nr. 1 und 1979 Palast Nr. 3. Gegenwärtig existiert nur noch eine recht dünne Erdschicht (etwa 40 bis 75 cm unter dem heutigen Bodenniveau), der die chinesischen Archäologen die Ge-

75
Pferd. Ton mit Spuren brauner Bemalung. H. 127 cm, L. 205 cm. Qin-Zeit (221–210 v.Chr.). Entdeckt 1974 im Grabgang Nr. 1 östlich des Mausoleums des Ersten Kaisers, Lintong, Provinz Shaanxi. Lintong, Museum of Qin Figures
Die Pferdefigur gehört zu einer Gruppe von 24 lebensgroßen Tieren, die sechs Viergespanne vor hölzernen Streitwagen gebildet hatten. Sie standen hinter einer Vorhut von Fußsoldaten. Vgl. *Wenwu,* 1975, 11, S. 2 ff.

bäudestrukturen zu entnehmen suchen. Die beiden Paläste fielen einer Feuersbrunst zum Opfer, allerdings vermutlich zu verschiedenen Zeitpunkten; Spuren dieses Dramas sind heute noch sichtbar. In ihrer Umgebung stößt man noch auf ergreifende Überreste menschlichen Lebens, letzte Zeichen eines ständigen Kommens und Gehens, das einst diese Stätten belebte und eines Tages in den zerstörerischen Flammen unterging.

Hier haben auch schattenhaft die ältesten bis heute in China bekannten Wandmalereien überdauert. Einander folgende Pferde, Gespanne und Figuren sind schwarz umrissen, braun koloriert sowie mit Rot und Grün akzentuiert und tummeln sich vor einem leeren Hintergrund; ihre Darstellungsweise nimmt bereits alle Prinzipien der Han-Malerei vorweg, und die Qualität dieser Fresken, die wohl einen langen Gang schmückten, bezeugt eine schon lange vor der Gründung des Kaiserreiches bestehende Maltradition.

Der etwas trockene Text von Sima Qian erhält auf diese Weise neues Leben: »[Qin Shi huangdi] brachte die Mächtigen und Reichen aus dem ganzen Reich nach Xianyang; es waren 120 000 Familien. Die verschiedenen Ahnentempel wie auch die Terrasse von Chang und [der Park von] Shanglin befanden sich südlich des Wei-Flusses. Jedesmal wenn Qin einen Feudalfürsten besiegt hatte, kopierte er den Plan seines Palastes und errichtete ihn neu in Xianyang am nördlichen Ufer; die Südseite [dieser Paläste] wies zum Wei[-Fluß]. Nach Yongmen drängten sich in östlicher Richtung bis zu den [Flüssen] Jing und Wei Gebäude und Wohnstätten, überdachte Wege und Rundgalerien. [Qin Shi huangdi] brachte die von den Feudalfürsten erbeuteten schönen Frauen, Glokken und Trommeln in seine Paläste und füllte sie damit ... Als

er dann sah, daß die Bevölkerung von Xianyang zahlreich und der Palast der Könige, seiner Vorfahren, klein war, sagte er: ›Ich habe gehört, daß König Wen der Zhou-Dynastie seine Hauptstadt in Fong hatte und König Ou in Hao; das Gebiet zwischen Fong und Hao ist der Sitz der Kaiser und Könige.‹ Also begann er mit dem Bau eines Palastes für die Audienzen südlich des Wei-Flusses mitten im Shanglin-Park; er errichtete zunächst die vordere Halle neben der [Hauptstadt]; sie maß von Osten nach Westen 500 Schritte, von Süden nach Norden 50 Klafter; oben konnten 10 000 Menschen sitzen, und unten konnte man 5 Klafter hohe Standarten entfalten. Ein kreisförmiger Reitweg bildete eine von Stützen getragene, brückenartige Verbindungsstraße. Vom unteren Teil des Pavillons aus gelangte man direkt zum Südlichen Gebirge, und auf dem Gipfel des Südlichen Gebirges hatte man einen Triumphbogen errichtet, um die Pforte darzustellen. Man baute eine überdachte Straße von Obang über den Wei-Fluß nach Xianyang; sie sollte somit die ›hängende Straße‹ von Tianqi symbolisieren, die die Milchstraße kreuzt und bei [dem Sternzeichen] Yingzhe endet ... Mehr als 700 000 mit Kastration bestrafte Männer wurden teils zum Bau des Obang-Palastes und teils zum Bau des [Grabmals] vom Li-Berg [des Mausoleums also] geschickt. Aus den Nördlichen Bergen brachte man einen Steinsarkophag; dann flößte man Bauholz aus den Ländern Chu und Jing, und all [das] Holz kam an.« Aber einige Jahre später »führte Xiang Yu seine Soldaten in den Westen; er ließ die Einwohner von Xianyang niedermachen und tötete Ziying, König von Qin, der sich ergeben hatte; er setzte die Paläste von Qin in Brand, und das Feuer brannte drei Monate lang; er bemächtigte sich der Reichtümer und Frauen und zog gegen Osten weiter.« [43]

DIE HAN-DYNASTIE

Was der Erste Kaiser in kaum mehr als einem Jahrzehnt errichtet hatte, sollte die Han-Dynastie im Laufe einer Herrschaftsepoche festigen: Trotz zahlloser Wechselfälle und einer Verlegung der Hauptstadt dauerte die Han-Zeit vier Jahrhunderte (206 v. Chr.–220 n. Chr.).

Zeugnisse der Han-Zeit sind in ganz China reichlich vorhanden und weisen, von lokalen Besonderheiten abgesehen, so viele Gemeinsamkeiten auf, daß die bereits lange bestehende These untermauert wird, die Han hätten als erste eine chinesische Einheit sowohl in verwaltungstechnischer als auch in kultureller Hinsicht geschaffen. Zum erstenmal war die chinesische Gemeinschaft auch unmittelbar mit den unruhigen benachbarten Nomadenvölkern konfrontiert, mit den Xiongnu im Norden, den Einwohnern von Xiyu in Xinjiang, den Donghu in Nordost-China und den Stämmen der südwestlichen Gebiete. Diese unfreiwilligen, auf einer Zwangsnachbarschaft beruhenden Beziehungen führten die Chinesen dazu, nach und nach die Länder im Westen zu entdecken, weit ab von ihrer eigenen Vorstellungswelt. So begaben sich kühne Reisende aus dem Kaiserreich übers Meer nach Malaya, Birma und sogar bis zu den Küsten Indiens, während Zhang Qian (2. Jahrhundert v. Chr.) aus militärischen Gründen Zentralasien durchquerte und, ohne es zu wissen, die berühmte Seidenstraße eröffnete.

Welche Kenntnisse kann die Archäologie über diese Dynastie vermitteln, von der so viele Texte und Gegenstände seit Jahrhunderten beredtes Zeugnis ablegen, und über die außerdem Gelehrte und Wissenschaftler aus aller Welt schon viel und erfolgreich gearbeitet haben? Sie liefert hauptsächlich Angaben in genügender Zahl für die Aufstellung von Statistiken und das Herausarbeiten von Entwicklungslinien.

Die Gräber und ihre Schätze

In den letzten dreißig Jahren entdeckte man mehr als 20000 Qin- und Han-Gräber. Obwohl noch längst nicht alle untersucht worden sind, lassen sich bereits, gestützt auf die Angaben in den Texten, bestimmte Gruppierungen vornehmen[44].

Seit dem Ende der Westlichen Han-Zeit waren die Bestattungen genauen Vorschriften unterworfen, die man im *Hanshu* des Ban Gu in Form einer Abhandlung über den Grabkult findet. Ein Begräbnis war also nicht mehr eine unvermeidliche Formalität, sondern ein wichtiger gesellschaftlicher Akt im Rahmen eines Rituals, das sich im Laufe einer zweitausendjährigen kaiserlichen Herrschaft kaum verändern sollte.

Die zur Zeit der Streitenden Reiche übliche Grabkammer aus Holz wurde unter der Han-Dynastie allmählich durch einen reich ausgestatteten unterirdischen Bau aus behauenen und gravierten Steinen oder aus eingeschnittenen oder mit repetierenden Motiven bestempelten Ziegeln ersetzt.

In der Westlichen Han-Zeit benutzte man große, auf der Rückseite ausgehöhlte Ziegel. Sie dienten zur Errichtung eines im allgemeinen rechteckigen Grabes, das häufig die Form eines Hauses mit Satteldach erhielt. Lange Ziegel (160 × 120 × 32 cm) für den Fußboden sowie die Mauern und Zwischenwände, dreieckige Ziegel für den Giebel und lange, schmale Ziegel für eine dachartige Bedeckung wurden genau für ihren Zweck entworfen, in der Werkstatt angefertigt und numeriert, um den Bau des Grabes zu erleichtern. Aber kleine, massive und handlichere Ziegel ersetzten zunehmend, vor allem in der Östlichen Han-Zeit, die rückseitig hohlen, dadurch leicht zerbrechlichen und sperrigen, großen Ziegel. Die neuartigen, erst gemauerten, dann mit einer feinen Lehmschicht überzogenen Ziegel ermöglichten eine Bemalung. So besitzen wir heute verschiedene Zeugnisse für die Entwicklung der Malerei zu Beginn des Kaiserreiches, die wohl direkt auf die qinzeitliche Malerei folgte. Als Beispiele für Han-Malereien kannte man lange Zeit lediglich die wenigen bemalten Ziegel in der Freer Gallery of Art in Washington oder im Nezu Institute of Fine Arts in Tōkyō. Heute sind die Malereien so zahlreich, daß man sie genauer untersuchen und in die allgemeine Entwicklung der chinesischen Malerei stellen kann.

Von dem berühmten Banner aus dem Grab Nr. 1 von Mawangdui oder den beiden 1973 in Zidanku bei Changsha entdeckten Seidenmalereien bis zu den Bankett- und Festszenen an den Wänden der Gräber von Mixian in der Provinz Henan gewinnen Gestalten der Westlichen und Östlichen Han-Zeit Leben durch eine leichte, kalligraphische und rasche Pinselführung, die heiter, ja sogar karikierend wirkt.

Die männliche Gestalt von Zidanku ist schwungvoll auf ein Rechteck (28 × 37,5 cm) vergilbter Seide gemalt und steigt auf einem vorwärtsstürmenden Drachen zum Himmel auf, ein Thema, das die Dichter in der Zeit der Streitenden Reiche, zum Beispiel Qu Yuan (340–278 v.Chr.), häufig aufgegriffen hatten. Die Figur trägt ein Schwert mit rundem, flachem Knauf, wie man es im Königreich Yue herstellte. Die Falten

119

78
Reiter. Ton mit Bemalung. H. 70 cm. Westliche Han-Zeit (ca. 179–141 v. Chr.). Entdeckt 1965 in Yangjiawan, Xianyang, Provinz Shaanxi. Xianyang, City Museum
Der Reiter hält sein Tier zurück, das bereit ist davonzupreschen. Das kraftvolle Pferd hat wie alle Pferdefiguren aus Yangjiawan nicht das friedliche Aussehen der Reittiere in der tönernen Armee des Ersten Kaisers (vgl. Abb. 75). Muß man darin einen Stilwandel sehen oder, wie H. Brinker und R. Goepper vorschlagen (*Kunstschätze aus China*, Zürich 1980, S. 149), die Darstellung einer neuen Pferderasse, die man durch Kreuzung von baktrischen und arabischen Pferden erzielt hatte und die sich grundlegend vom ponyartigen Tarpan des alten China unterschied? Vgl. *Wenwu*, 1966, 3, S. 1–5; *Wenwu*, 1977, 10, S. 10–26

79
Mengenmaß vom Typ *zhong*. Bronze mit Gold- und Silbereinlagen. H. 59 cm. Westliche Han-Zeit (2. Jahrhundert v. Chr.). Entdeckt 1968 im Grab des Prinzen Liu Sheng, Mancheng, Provinz Hebei
Dieses Mengenmaß *(zhong)* in Form eines Deckelgefäßes für Opferwein *(hu)* hat einen Rankendekor auf dem Körper und eine Inschrift mit achtzehn Zeichen in fünf Reihen auf der Basis. Der Inschrift zufolge gehörte es ursprünglich einem König von Chu. Vgl. *Kaogu*, 1972, 1, S. 10–11 und Abb. 5, Nr. 2

ihres Gewandes erzeugen den Eindruck einer Bewegung, die den Mann zum Land der Unsterblichen jenseits des Meeres und der Wolken führt.

Das Grab des Pu Qianqiu bei Luoyang enthält die ältesten mehrfarbigen Wandmalereien, die man bis heute in einem Grab entdeckt hat. Auf breiten Steinplatten aus dem 1. Jahrhundert v. Chr. sind Drache, Tiger und Phönix in den Himmelsrichtungen und elegant in violetten Stoff gekleidete Personen dargestellt.

Später, etwa zu Beginn unserer Zeitrechnung, entstanden in Pinglu in der Provinz Shanxi ganz erstaunliche ländliche Szenen: Rinder und Bauern ziehen den Pflug in einer Landschaft, die nur mit einer gekrümmten Linie und stilisiertem Laubwerk angedeutet ist. Das mag zwar recht dürftig erscheinen, wenn man an die großartigen Kompositionen der kommenden Jahrhunderte denkt, aber es ist immerhin eine frühe Darstellung chinesischer Landschaftsmalerei vor dem Beginn des buddhistischen Einflusses, dem man lange die Einführung des Landschaftsthemas in die chinesische Kunst zuschrieb.

In Wangdu in der Provinz Hebei schreiten Beamte vorüber, jeweils gefolgt von einer Inschrift zur Kennzeichnung ihres zivilen oder militärischen Ranges. Den Gefolgen und Ban-

80
Lampe in Form eines Widders. Bronze. H. 18,5 cm, L. 23 cm. Westliche Han-Zeit (2. Jahrhundert v. Chr.). Entdeckt 1968 im Grab des Prinzen Liu Sheng, Mancheng, Provinz Hebei
Der Rücken des Widders kann aufgeklappt und auf die Hörner des Tiers gelegt werden. Er bildet auf diese Weise die Ölpfanne. Vgl. *Kaogu,* 1972, 1, S. 12 und Abb. 6, Nr. 4

81
Tiefe Schale vom Typ *pan.* Ton mit schwarzer, roter und weißer Bemalung. H. 14,7 cm, ⌀ 55,5 cm. Westliche Han-Zeit (2. Jahrhundert v. Chr.). Entdeckt 1968 im Grab der Prinzessin Dou Wan, Mancheng, Provinz Hebei
Farben und Motive der Schale ahmen Lackwirkungen nach. Selbst für die Gräber der Reichen suchte man das kostbare Material durch andere Produkte zu ersetzen. Dieses Stück bildet mit einem zweiten ein Paar, wobei dort der Fischdekor durch Vogelmotive ersetzt ist.

82
Totengewand (Ausschnitt). Jadeplättchen, mit Silberfäden zusammengeheftet. L. 170 cm. Östliche Han-Zeit (Mitte 2. Jahrhundert). Entdeckt 1972 in Tushan, Xuzhou, Provinz Jiangsu
Dieses Jadegewand umschloß vermutlich die sterblichen Überreste eines Verwandten des Königs von Peng. Es besteht aus 2600 mit Silberfäden (Gewicht 800 g) zusammengehefteten Jadeplättchen. Seiner Qualität und seinem Erhaltungszustand nach steht es in der Nähe der 1968 in Mancheng entdeckten Gewänder (vgl. Abb. 83) oder der 1978 gefundenen Gewänder des Königs von Zhongshan und seiner Gemahlin. All diese Kleider sind jedoch mit Goldfäden zusammengeheftet, da sie für Mitglieder der kaiserlichen Familie bestimmt waren.

83
Totengewand (Ausschnitt). Jadeplättchen, mit Goldfäden zusammengeheftet. L. 172 cm. Westliche Han-Zeit (2. Jahrhundert v. Chr.). Entdeckt 1968 im Grab der Prinzessin Dou Wan, Mancheng, Provinz Hebei
Das Gewand der Prinzessin Dou Wan besteht aus 2156 Jadeplättchen, die mit Goldfäden (Gewicht 703 g) zusammengeheftet wurden. Mit dem Gewand ihres Gemahls, des Prinzen Liu Sheng, ist es das erste vollständig erhaltene Totenkleid dieser Art. Allerdings war es bei der Öffnung des Grabes in sich zusammengesunken, da der Leichnam der Prinzessin zu Staub verfallen war, ungeachtet der schützenden Eigenschaften, die die Chinesen gewöhnlich der Jade zuschrieben. Im Gegensatz zum Gewand des Prinzen ahmt das der Prinzessin im oberen Teil eine Art Jacke nach, indem die Plättchen mit Goldbändern umwickelt sind. Die Elemente, die den Kopf bedecken, sind an einer *pi*-Scheibe befestigt, während der Kopf auf einer Nackenstütze aus vergoldeter Bronze ruht. Vgl. *Wenwu*, 1971, 1, Abb. 2; *Kaogu*, 1972, 1, S. 15 und Abb. 3, Nr. 2; *Kaogu*, 1972, 2, S. 39–47

84–85
Sarkophag (Ausschnitt und Gesamtansicht). Schwarzlack, bemalt. H. 114 cm, L. 200 cm, B. 118 cm. Westliche Han-Zeit (2. Jahrhundert v. Chr.). Entdeckt 1972 im Grab Nr. 1 von Mawangdui, Changsha, Provinz Hunan. Changsha, Hunan Provincial Museum
Dieser Sarkophag barg die Überreste der Markgräfin von Dai. Sie waren auch nach 2000 Jahren so gut erhalten, daß man die Todesursache der Markgräfin bestimmen konnte. Der Sarkophag enthielt zwei innere Särge, einen ersten in Rotlack, den zweiten mit seidenbespannten Seitenflächen. Der äußere Sarg hat einen gemalten Dekor mit Wolkenmotiven und Tieren, die von den bewegten Lüften hin- und hergetragen zu werden scheinen. Vgl. *Kaogu*, 1973, 4, S. 247–254 und Abb. 4–5

kettszenen im mongolischen Holingol entsprechen am anderen Ende Chinas, in der Provinz Shandong, die in Jinqueshan und Yinqueshan gefundenen Grabbanner. Sie sind aus Seide und anscheinend rasch und nicht mit besonderer Sorgfalt gemalt wie das Banner von Mawangdui aus dem 3. Jahrhundert v. Chr., bezeugen aber den Fortbestand und die Vielseitigkeit eines gesamtchinesischen Repertoires, das eine gemeinsame Inspiration über lokale Seh- und Darstellungsweisen hinaus vereint.

Eine vergleichbare Einheitlichkeit zeigt die Konzeption des Sarges, *guan*, der stets die Form eines länglichen Rechtecks hat. Man fügte Bretter mit Zapfen und Nut zusammen und überzog das Ganze mit einer hermetisch abdichtenden Kalk- oder Lackschicht. Diese Grundierung ermöglichte eine große Prachtentfaltung. Der Sarg aus dem Grab Nr. 167 in Fenghuangshan (Jiangling, Provinz Hubei) beispielsweise – wo man übrigens die fast unversehrte sterbliche Hülle eines 161 v. Chr. in einer antiseptischen Flüssigkeit beerdigten Mannes fand – war mit einer einfachen Schicht aus Gewebe und geflochtenem Bambus verziert, während das Grab Nr. 1 in 84–87 Mawangdui vier ineinandergeschachtelte Särge enthielt. Von außen sah man lediglich einen großen, schwarzlackierten Kasten (295×150×144 cm); das Innere dagegen barg eine ganze Welt in Farbe: Ein Sarg zeigte goldene Wolken, Tiere, Vögel und mythologische Figuren auf schwarzem Grund, ein anderer Drachen, Tiger, Phönixe, Hirsche und stilisierte Gnome auf rotem Grund, und der letzte schließlich war mit einer Stickerei auf Satin und mit Federschmuck bedeckt.

Neben den offiziellen, prächtigen Särgen gab es allerdings zahlreiche lokale oder gesellschaftlich bedingte Varianten. Das einfache Volk im Gebiet von Luoyang zum Beispiel beerdigte seine Toten zwischen zwei großen, halbzylindrischen Ziegeln, die ein Röhrengrab bildeten. In der Provinz Yunnan

kannte man Bronzesärge (in Xiangyun), in der Provinz Sichuan Steinsärge (in Wanghui).

Selbst die Kaisergrabmäler waren je nach Regierungszeit unterschiedlich ausgeführt. So stehen die prächtigen Mausoleen von Qin Shi huangdi und des Han-Kaisers Wu (141–87 v. Chr.) im Gegensatz zum Baling, der letzten Ruhestätte des für seine Bescheidenheit bekannten Kaisers Wen (179–157 v. Chr.). Historiker berichten, daß man in dieses Grab kein Edelmetall legte und darüber keinen Tumulus errichtete, so daß es heute nicht mehr mit Gewißheit lokalisiert werden kann. Vielleicht befindet es sich in Renjiapo im östlichen Vorort von Xi'an.

Einige Provinzen, wie Shandong oder Sichuan, sind seit langem für ihre großartige Grabplastik berühmt. Die Flachreliefs aus Ton in Sichuan, die gravierten Platten des Wuliangci und in den Gräbern der Familie Guo in Shandong, die Edouard Chavannes zu Beginn unseres Jahrhunderts untersucht hatte, sind allgemein bekannt. Die jüngsten Grabungen liefern reichlich vergleichbares Material, doch aus anderen Gebieten, vor allem aus Xuzhou in der Provinz Jiangsu, das Fig. 17 besonders reich an Han-Gräbern mit bearbeiteten Steinplatten ist.

Nehmen wir zum Beispiel das 1965 zwanzig Kilometer nordöstlich von Xuzhou entdeckte Grab von Baiji. Man kann den erzählenden Inhalt der Flachreliefs an den Wänden grob nach zwei Themenkreisen unterscheiden. Der eine bezieht sich mit traditionellen Darstellungen von Banketten, Gesängen und Tänzen, herannahenden Gefolgen und Wagen auf das wirkliche Leben, während der andere einen entweder aus der Zeit von Kaiser Shun der Östlichen Han (126–145) stam-

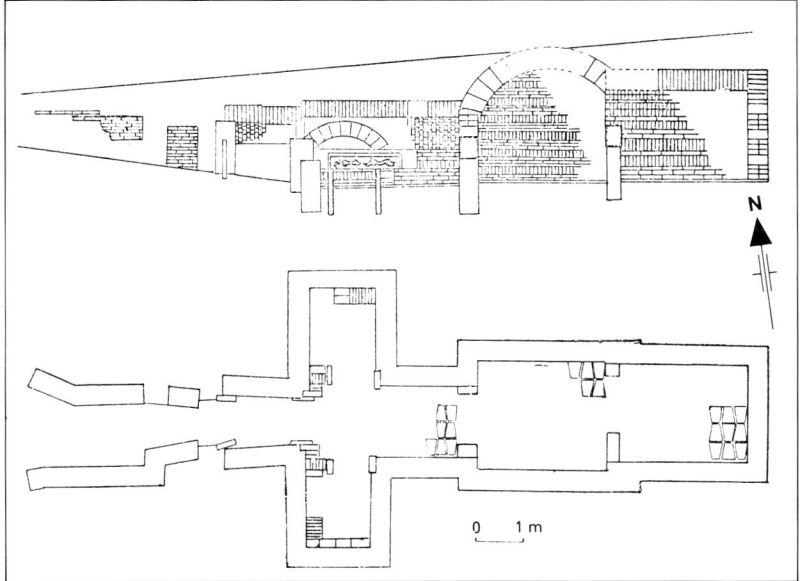

Fig. 17
Längsschnitt und Grundriß eines Han-Grabes mit skulpierten Platten in Xuzhou. Nach *Wenwu*, 1980, 2, S. 44

127

menden oder späteren Legendenzyklus illustriert. Die Motive sind auf geglätteten Flächen vor einem geriefelten Grund herausgearbeitet und scheinen der charakteristischen Sehweise der Östlichen Han-Zeit entsprechend auf der Steinoberfläche zu schweben und sich leicht zu bewegen. Sie geben einige interessante Hinweise auf Rang und Geltung des Verstorbenen und tragen dazu bei, den im »Traktat über die Wagen und Kostüme« *(Yufuzhi)* des *Hou Hanshu* festgelegten Beerdigungsritus zu veranschaulichen. Gemäß diesem Traktat waren die Anzahl der Steine für den Bau eines Grabmals und die Zahl der auf den Flachreliefs dargestellten Wagen strengen Vorschriften unterworfen. So standen einem Beamten der mittleren Schicht nicht mehr als 400 Steine zu, die nach einem genauen Plan zusammenzufügen waren.

Den Vorraum des kaiserlichen Grabmals schmückten Empfangsszenen. Im *mingtang*, wie man damals die Grabkammer nannte, oder auch *qianwansui shi*, der »Kammer der zehn Millionen Jahre« oder »Kammer für die Ewigkeit«, waren Bankettszenen mit den Vergnügungen dargestellt, die solche Zusammenkünfte zu begleiten pflegten. In den beiden Flügeln blickten bewaffnete Leibgarden und Soldaten von den Wänden, während zwei Phönixe auf der Rückwand vielleicht die Gattenliebe symbolisierten.

Die bildhauerische Bearbeitung der Steinplatten erfolgte in mehreren Arbeitsgängen. Zunächst mußte man die Steine ihrem Bestimmungsort im Grab entsprechend behauen und anschließend ihre Oberfläche glätten. Dann wurden in einer zweiten Phase die Motive, zuweilen mit Hilfe von Schablonen, mit Tusche oder Ruß aufgezeichnet. Darauf tiefte man den Untergrund etwas ein, so daß das aufgezeichnete Motiv leicht erhaben stehenblieb. Dieses wurde manchmal mit Braun oder Zinnoberrot übergangen, dessen Spuren heute noch an manchen Stellen sichtbar sind. Die Ziegel und Flachreliefs in Sichuan ausgenommen, ist der Dekor der Han-Gräber in drei dem Bildträger entsprechenden Techniken ausgeführt: Er ist gemalt, gemeißelt oder einfach eingeritzt oder aber eingeritzt und zusätzlich gemalt. Diesen drei Methoden ist gemeinsam, daß sie eher ins Gebiet der Graphik als der reinen Plastik gehören. Die Skulptur scheint seltsamerweise im gesamten offiziellen Repertoire Chinas zu fehlen und lediglich für die Verborgenheit im Grabesinnern bestimmt zu sein. Pracht und Faszination von Stücken, die man in den letzten fünfzehn Jahren gefunden hat, wie beispielsweise die eindrucksvollen Totengewänder aus Jade, dürfen nicht darüber hinwegtäuschen, daß alle diese Objekte keinen künstlerischen Anspruch erheben, sondern ausschließlich rituelle Funktion haben.

82–83 In den Texten ist oft die Rede von diesen Totengewändern aus Jade, in die man in der Han-Zeit die Mitglieder der kaiserlichen Familie oder manche Adlige hüllte[45]. Erst 1968 entdeckte man jedoch in Mancheng ein vollständiges Gewand dieser Art.

Die Jadegewänder sind vermutlich aus den Stoffen mit aufgenähten Jadeplättchen entstanden, in die man die Toten

86–87
Sarg (Ausschnitte). Rotlack, bemalt. H. 89 cm, L. 180 cm, B. 92 cm. Westliche Han-Zeit (2. Jahrhundert v. Chr.). Entdeckt 1972 im Grab Nr. 1 von Mawangdui, Changsha, Provinz Hunan. Changsha, Hunan Provincial Museum
Dieser Sarkophag mit bemaltem Rotlackdekor befand sich im Innern des Sarkophages aus Schwarzlack (Abb. 84–85) und enthielt seinerseits einen dritten Sarg mit seidenbespannten Seitenflächen. Vgl. *Wenwu,* 1972, 9, S. 55–56; *Kaogu,* 1972, 6, S. 48–52

88   ▷
Deckelgefäß vom Typ *ding.* Ton, bemalt. H. 18 cm, ⌀ 21 cm. Westliche Han-Zeit (2. Jahrhundert v. Chr.). Entdeckt 1972 im Grab Nr. 1 von Mawangdui, Changsha, Provinz Hunan. Changsha, Hunan Provincial Museum
Das *ding* ist ein Gefäß zum Aufwärmen von Opferspeisen. Das hier abgebildete Stück ahmt in Ton die traditionellen Bronzegefäße nach. Der Dekor wurde vermutlich hastig aufgetragen, wie das bei Grabbeigaben häufig der Fall war. Vgl. *Wenwu,* 1972, 9; Ausstellungskatalog Tōkyō 1973

während der Östlichen Zhou-Zeit eingehüllt hatte. Diese Frühform des Totengewandes aus Jade veranschaulichen mehrere Jadestücke aus der ausgehenden Zeit der Frühlings- und Herbstannalen, die man zwischen 1954 und 1955 in Zhongzhoulu in der Provinz Henan fand. Sie stellten die verschiedenen Teile eines Gesichts dar und waren mit winzigen Löchern versehen, so daß man sie zusammensetzen oder einfacher auf ein Gewebe nähen konnte, das als Totengewand diente.

Möglicherweise war das Totengewand aus Jade ursprünglich nur eine besonders prächtige Umsetzung, eine kostbare Variante der Stoffstücke, in die man dem Ritus gemäß die einzelnen Körperteile des Verstorbenen zu hüllen hatte. Da es andererseits üblich war, Jadestücke entweder direkt auf den

89
Flache Schale vom Typ *pan.* Lack. H. 2,9 cm, ⌀ 18,4 cm. Westliche
Han-Zeit (2. Jahrhundert v. Chr.). Entdeckt 1972 im Grab Nr. 1 von
Mawangdui, Changsha, Provinz Hunan. Changsha, Hunan Provincial
Museum
Seit der Zeit der Streitenden Reiche wurde das gesamte »Geschirr« des
Hofes und des Adels aus Lack hergestellt. Dieses leichte, diskrete und
angenehm anzufassende Material war so begehrt, daß man, wie die
Erörterungen über Salz und Eisen (Yantielun) berichten, zehn Bronze-
schalen brauchte, um eine einzige verzierte Lackschale erwerben zu
können. Das Grab Nr. 1 von Mawangdui enthielt 180 Lackgegen-
stände, darunter 31 weitere Schalen vom gleichen Typ wie die hier abge-
bildete. Die aus drei Zeichen bestehende Inschrift im Zentrum der
Schale bedeutet: »Jun xing shi«, »Speise zur Freude des Fürsten«. Vgl.
Wenwu, 1972, 9, S. 68–69 und Abb. 3, Nr. 1

Körper des Toten aufzulegen, um Mund, Augen und alle Öffnungen zu verschließen, oder auf seine Gewänder zu legen,
könnte das Jade-Totengewand aus der Verbindung dieser beiden Praktiken entstanden sein. Dennoch besteht weiterhin
Unklarheit über seine Entstehung, und die Totengewänder
von Mancheng (113 v. Chr.) sind beim gegenwärtigen For-
schungsstand die ältesten vollständigen, die man kennt.

Im großen ganzen sind die Jadegewänder sehr selten, was
nicht weiter verwunderlich ist; 22 sind bekannt, elf aus der
Westlichen Han-Dynastie und elf aus der Östlichen Han-Dynastie. Keines stammt aus der Zeit vor Kaiser Wen. Sollten
keine weiteren existiert haben, oder wurden sie zerstört? Man
findet den Begriff »Jadegewand« *(yuyi)* im *Shiji* in Zusammenhang mit der Regierung von Kaiser Wu, desgleichen im

Huainanzi und im *Lüshi chunqiu.* Sehr wahrscheinlich führte
der große Wirtschaftsaufschwung zu Beginn des Kaiserreiches zu plötzlichem, unerhörtem Reichtum der oberen
Schichten unter Kaiser Wen (179–157 v. Chr.) und Kaiser Wu
(141–87 v. Chr.). Daher neigen die chinesischen Archäologen
heute zu der Ansicht, daß es die Totengewänder aus Jade zur
Zeit der Streitenden Reiche noch gar nicht gab und daß sie
eine Erfindung des kaiserlichen China sind.

Erst in der ausgehenden Han-Zeit findet man in dem Traktat über das Ritual im *Hou Hanshu* eine genaue Beschreibung
der Jade-Totengewänder mit ihren – je nach Status des Verstorbenen – goldenen, silbernen oder kupfernen Verbin-
dungsdrähten. Es ist allerdings nicht sicher, ob diese Regel
unter den Westlichen Han streng befolgt wurde. Von den elf
Totengewändern aus dieser Zeit waren fünf mit Golddrähten
versehen, aber nur drei umhüllten Abkömmlinge der kaiserlichen Familie, Verwandte der Herrscher von Zhongshan.
Selbst wenn die beiden anderen Toten auch aus dieser Familie
stammten, wie ihr Name Liu nahelegt, so wurden möglicherweise alle Totengewänder in der Westlichen Han-Zeit mit
Gold zusammengefügt, welchen Status die betreffende Person auch immer hatte. Das *Hanshu* unterscheidet übrigens
nicht wie das *Hou Hanshu* die verschiedenen Arten von Ver-
bindungsdrähten nach ihrer hierarchischen Bedeutung.

Jedenfalls bleibt die Herstellungsweise dieser außergewöhnlichen Gewänder ziemlich rätselhaft. Die Plättchen beispielsweise des Gewandes von Prinzessin Dou Wan, der 83
Gemahlin des Liu Sheng, zeigen auf der Rückseite Spuren von
Verzierungen und geben damit zu erkennen, daß sie wieder-
verwendet worden waren. Selbst die Plättchen von Liu
Sheng's Totengewand scheinen aus anderen, größeren, her-
ausgeschnitten zu sein. Die verschieden großen Löcher, durch
die man den Draht ziehen konnte, deuten zudem an, daß man
keinen einheitlich starken Draht für das ganze Gewand verwendete. Man könnte daraus folgern, daß die Herstellung
dieser höchst seltenen Jadegewänder nicht von spezialisierten
Handwerkern vorgenommen wurde, sondern in den norma-
len Jadewerkstätten neben der laufenden Produktion erfolgte.
Dem *Hou Hanshu* gemäß wurden die Jadestücke im Palastbezirk, im Dongyuanjiang, geschnitten. Darüber hinaus rätseln
die Archäologen über die Inschrift *Zhongshan* auf der Rückseite der Plättchen von Dingxian. Heißt das, daß man in einer
Hofwerkstatt die Stücke für das Gewand des Prinzen von
Zhongshan aussortiert und verschickt hatte, um sie an Ort
und Stelle zusammenzufügen?

Außerdem stellt sich die Frage, wie man in dieser letzten
Herstellungsphase die Totengewänder in die entsprechende
Paßform brachte. Sicher begann man, wie in Linyi in der
Provinz Shandong, mit der Kopfumhüllung sowie mit Hand-
schuhen und Schuhen; darauf konnte man einfacher die
Bedeckung der Arme, Beine und der Brust anfertigen, nach
dem Vorbild einer starken Eisenrüstung, wie sie dem *Lüshi
chunqiu* zufolge in Yan (dem späteren Staat Zhongshan) seit
Beginn des 3. Jahrhunderts v. Chr. üblich war. Die Eisenplätt-

130

90 a und b, 91
Figuren mit Stoffkleidern. Holz und
Seide. H. ca. 50 cm. Westliche Han-
Zeit (2. Jahrhundert v. Chr.). Entdeckt
1972 im Grab Nr. 1 von Mawangdui,
Changsha, Provinz Hunan. Changsha,
Hunan Provincial Museum
Das Grab Nr. 1 enthielt eine reiche
Ausstattung, darunter eine Gruppe von
162 Holzfiguren, von denen 18 verhältnismäßig groß und in Seidengewänder
gehüllt sind. Neben ihnen standen Gegenstände für ein Bankett, insbesondere ein Lacktisch und ein Tablett mit
Nahrungsmitteln. Vermutlich stellen
diese Figuren unter anderem Sängerin-
nen dar, die ihre Herrin während der
Mahlzeit unterhalten sollten. Das in
der Nähe hingelegte, bestickte Seiden-
kissen scheint für die Grabherrin bestimmt gewesen zu sein. Bei der Figur
rechts, die eine Kopfbekleidung trägt,
handelt es sich um die Darstellung
eines Mannes. Vgl. *Wenwu*, 1972, 9,
Abb. 7 (Lage im Sarkophag, rechts neben dem Sarg)

chen einer Rüstung wurden auf ähnliche Weise zusammengesetzt wie die Jadestücke eines Totengewandes. Der eiserne
Fig. 18 Helm aus dem Grab Nr. 44 in Xiadu ist ein gutes Beispiel dafür. Ob Toten- oder Kriegerhelm, der Handwerker begann
stets, indem er Plättchen um eine Kugel oder ein röhrenförmi-
ges Gebilde auf dem Schädel anordnete. Der einzige Unterschied besteht darin, daß die Totenmaske keine großen
Öffnungen für Nase und Mund besitzen muß, da auf keine
Atmungsfunktionen Rücksicht zu nehmen ist.

Wenn auch das Totengewand aus Jade nur selten vorkommt, zeigen die Han-Gräber stets eine kostbare und vielfältige Ausstattung mit Gegenständen aus Bronze, Lack oder
Keramik. Das ist zwar schon lange bekannt, doch führten die
letzten Grabungen zu einigen aufregenden Ergebnissen. Am
überraschendsten war – wir sprachen bereits davon – die Entdeckung, daß die Han-Malerei wie die Bildhauerkunst in
einer längst bezeugten qinzeitlichen Tradition stand; einige
Funde zeigen auch höchst erstaunliche Neuheiten im technischen Bereich.

Zu den Seltsamkeiten gehört eine 193 cm hohe hölzerne
Gliederpuppe aus einem Grab, die man 1978 in Daishu[46] in

der Provinz Shandong fand. Dieses Grab gehört zum Chu-
Typ, das heißt, es besteht aus mehreren Abteilungen und ist
zum Schutz gegen Nässe mit einer mehr als 50 cm dicken
Schicht aus Asche und Ziegeln bedeckt. Auch das 1977 in
Yangzhou in der Provinz Jiangsu entdeckte Grab bot eine
Überraschung, denn es enthielt über den ganzen Sarkophag
verstreute Glassplitter, sicherlich zerbrochene Verzierungen,
die man auf das Gewand des Toten angebracht oder genäht
hatte. Die Überführung des Toten in das Grabinnere könnte
erklären, weshalb sich einige dieser Bruchstücke sogar in der
Grabkammer befanden. Die hanzeitlichen Texte über Xi Yu
(*Han Xi Yu zhuan*) erwähnen das Glas. Der Fund bezeugt also
die Verbreitung dieses neuen Materials in China zu Beginn
des Kaiserreiches und gleichzeitig seine Verwendung für Gewänder in Form von runden oder rechteckigen Stückchen.
War dieser Brauch den Toten vorbehalten oder auch bei den
Lebenden üblich?

Seit einiger Zeit stößt das Gebiet von Yangzhou auf reges
Interesse, da man das Grab von Liu Jin, dem Prinzen von
Guangling aus der Östlichen Han-Zeit, entdeckte, der gegen
die Krone rebelliert hatte und 67 n. Chr. zum Selbstmord ge-

131

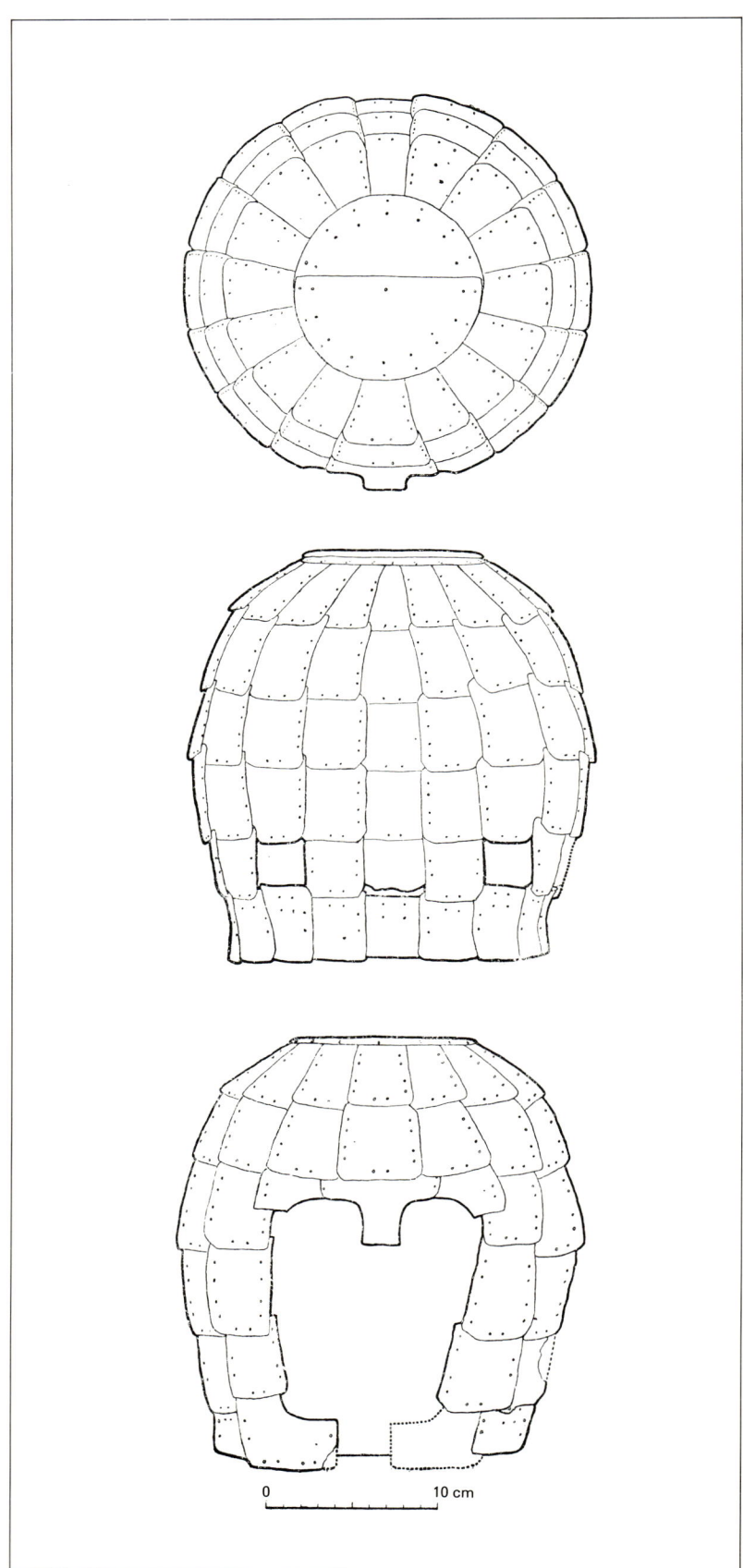

Fig. 18
Helm aus dem Grab Nr. 44 von Xiadu. Nach *Kaogu*, 1975, 4, S. 231

zwungen worden war. Sein Grab enthielt neben der üblichen Ausstattung eine herrliche Bronzelampe mit Silbereinlagen, Fig. 19 deren auf den Rücken einer Stierfigur gestellter Schirm es erlaubte, Leuchtrichtung und Lichtstärke zu regulieren. Eine elegant verzierte Röhre sammelte den Rauch und führte ihn von oben in den Tierkörper, so daß die Luft im Raum nicht verunreinigt wurde. Da die Lampe in ihre Einzelteile zerlegbar war, ließ sie sich leicht reinigen.

Schließlich machte man in einem Grab von Guangzhou in der Provinz Guangdong einen verblüffenden Fund: das graue Tonmodell eines Schiffes mit Heckruder aus dem 1. Jahrhundert n. Chr. Gegenwärtige Entdeckungen bestätigen immer wieder, daß in China zwischen der Erfindung einer Einrichtung, die das Transportwesen oder die Industrie hätte grundlegend verändern können, und ihrer allgemeinen Anwendung stets eine sehr lange Zeit verstrich. So waren erst die songzeitlichen Hochseeschiffe um das Jahr 1000 mit einem Heckruder ausgestattet. Aber die Vorstellung, daß bereits in der Han-Zeit Fischer und Schiffer in der Gegend von Kanton diese sinnreiche Einrichtung brauchten, ist faszinierend.

Malerei, Bautechniken einer Palastarchitektur, die weitgehend der qinzeitlichen glich und von dem 1978–1979 im Gebiet von Xi'an entdeckten Resten des Ganquangong-Palastes[47] veranschaulicht wird, Fortschritt der Seefahrt, hochentwickeltes Handwerk, von dem zahllose Grabbeigaben zeugen 107–112

113–115

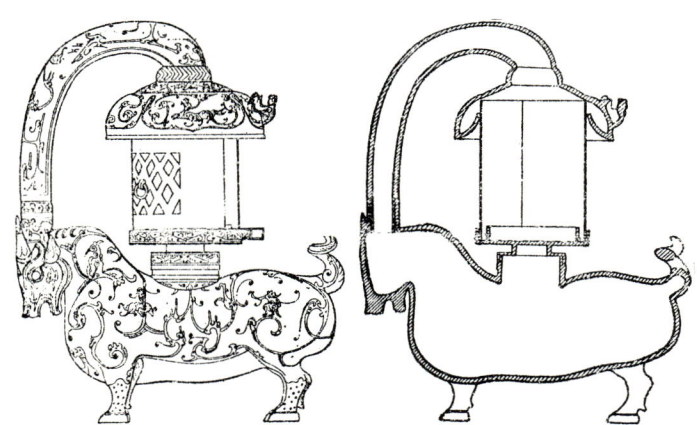

Fig. 19
Bronzelampe in Form eines Stiers. Han-Zeit. Entdeckt 1980 im Grab Nr. 2 von Ganquan, Provinz Jiangsu. Nach *Wenwu*, 1981, 11, S. 5

92
Deckelgefäß vom Typ *fang hu*. Lack. H. 60 cm. Westliche Han-Zeit (2. Jahrhundert v. Chr.). Entdeckt 1972 im Grab Nr. 1 von Mawangdui, Changsha, Provinz Hunan. Changsha, Hunan Provincial Museum
Bewundernswert an diesem Gefäß ist nicht nur der elegante Dekor, sondern auch der erstaunlich gute Erhaltungszustand, da die Lackoberfläche in allzu trockener Luft sofort Falten wirft und sich abzulösen beginnt. Vgl. *Wenwu*, 1972, 9, S. 67–68

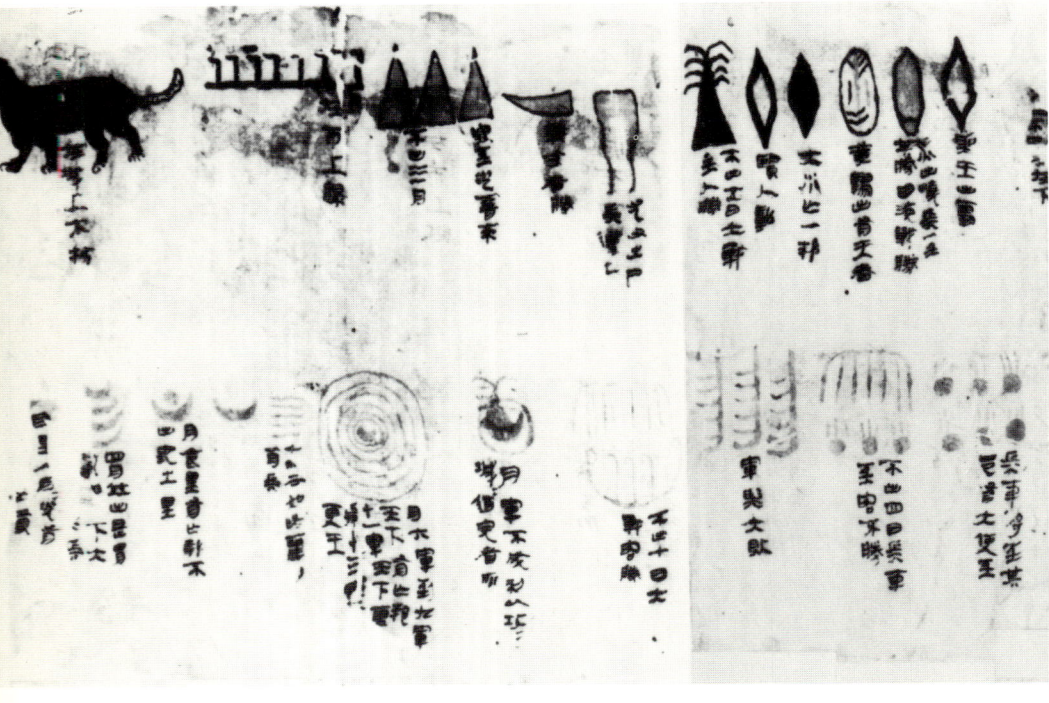

93–94
Weissagungen über die fünf Planeten, *Wuxingzhan* (Ausschnitte). Tusche auf Seide. Westliche Han-Zeit (2. Jahrhundert v. Chr.). Entdeckt 1973 im Grab Nr. 3 von Mawangdui, Changsha, Provinz Hunan. Changsha, Hunan Provincial Museum
Diese Abhandlung über Sterne und Sternbilder ist für die Geschichte der Wissenschaften in China von großer Bedeutung; sie ist das älteste bekannte chinesische Werk über Astronomie. Die Abhandlung enthält die Positionen der fünf Planeten während der siebzig ersten Jahre des Reiches, die Berechnung ihrer jeweiligen Umdrehungen und eine Beschreibung der wichtigsten Kometen.

95–96
Gymnastikanleitung, *Daoyintu* (Ausschnitte). Tusche und Farben auf Seide. Westliche Han-Zeit (2. Jahrhundert v. Chr.). Entdeckt 1973 bis 1974 im Grab Nr. 3 von Mawangdui, Changsha, Provinz Hunan. Changsha, Hunan Provincial Museum
Diese Anleitung zeigt im Bild die wichtigsten Bewegungen – rund vierzig – einer Gymnastik, die jedem zu einem guten körperlichen Zustand verhelfen soll. Die einzelnen Figuren haben verschiedenes Aussehen und unterschiedliche Kleidung. Vermutlich wollte der Maler die Personen nach Alter und Beruf differenzieren. Das Grab Nr. 3 von Mawangdui war besonders reich an medizinischen Schriften. Vgl. *Wenwu*, 1975, 6, S. 6–13

– all das trägt zu einem besseren Verständnis der Han-Zeit bei. Die jüngeren Entdeckungen von bisher verschollenen oder unbekannten Texten bieten jedoch vielleicht noch größere Überraschungen. Denn dank ihnen kann man nicht nur die Fortschritte auf technischem Gebiet, sondern auch den allgemeinen Wissensstand jener Zeit besser einschätzen, in der unter Kaiser Wu die erste chinesische Universität gegründet worden war (124 v. Chr.).

In den Gräbern sucht man weiterhin nach Schriftzeugnissen wie nach Gegenständen. Betrachten wir zum Beispiel Dingxian[48] in der Provinz Hebei, das Zentrum des ehemaligen Königreiches Zhongshan. Es war zu Beginn des Kaiserreiches eine befestigte Stadt, in deren Nähe sich die Könige von Zhongshan und hochgestellte Persönlichkeiten des Kaiserreiches bestatten ließen. Innerhalb dieses weitläufigen Komplexes haben die chinesischen Archäologen die Untersuchung des Grabes Nr. 40 abgeschlossen, dessen Eingang sie 1973 ausfindig gemacht hatten.

Trotz der verheerenden Wirkung von Wind und Regen und trotz der seit zwei Jahrtausenden fortgesetzten Landbestellung blieben ein gewaltiger Tumulus von ungefähr 90 m Durchmesser und eine rechteckige Umwallung (145 m von Norden nach Süden und 127 m von Osten nach Westen) erhalten. Das eigentliche Grab erschloß ein Korridor auf der Südseite, der zu einem etwas breiteren Vorraum und dann zu der rechteckigen Grabkammer führte. Die Anlage wies eine Länge von 61 m auf.

Im linken Flügel des Vorraums, der früher durch Balkenwerk in drei enge Gänge aufgeteilt war, befanden sich die Reste eines Wagens, zahllose Scherben grauer Tonwaren und einige Bruchstücke von schwarzen Lackarbeiten. Der rechte Teil war reicher ausgestattet mit drei Wagen und dreizehn

97
Karte mit militärischen Garnisonen, *Zhujuntu* (Ausschnitt). Tusche auf Seide. Westliche Han-Zeit (2. Jahrhundert v. Chr.). Entdeckt 1973 bis 1974 im Grab Nr. 3 von Mawangdui, Changsha, Provinz Hunan. Changsha, Hunan Provincial Museum
Diese Karte mit militärischen Garnisonen bildet zusammen mit zwei weiteren, in demselben Grab gefundenen Dokumenten – einer Karte von Süd-Hunan und einem Plan mit Städten – die ältesten augenblicklich bekannten Beispiele der chinesischen Kartographie. Oben links ist in einer geometrischen Figur die Inschrift »Xudujun«, »Garnison Xudu«, zu erkennen, unten ist ein Wasserlauf eingezeichnet. Die blattartigen Figuren in der Mitte stellen vermutlich natürliche Erhebungen dar. Leider ist die Karte in schlechtem Zustand. Vgl. *Wenwu*, 1976, 1, S. 24–27 und Abb. 1

98
Kaurimuschelbehälter. Bronze. H. 39,5 cm, ⌀ (Mündung) 40 cm, ⌀ (Fuß) 45,6 cm. Westliche Han-Zeit (2.–1. Jahrhundert v. Chr.). Entdeckt 1956–1957 im Grab Nr. 13 von Shizhaishan, Jinning, Provinz Yunnan
In diesem trommelförmigen Behälter bewahrte man Kaurimuscheln auf, die als Geld dienten. Er stammt aus einem der 1955–1960 freigelegten Gräber des Königreiches Dian. Die Annalen überliefern die Geschichte dieses Kleinstaates, den 334 v. Chr. ein General des Staates Chu gegründet hatte; er war auf seinen Eroberungszügen nach Westen von einer Vorhut der Qin-Armee aufgehalten worden. Das Reich Dian wurde 109 v. Chr. offiziell anerkannt, als der Han-Kaiser Wu (140–87 v. Chr.) dem Herrscher von Dian ein im Grab Nr. 6 entdecktes Goldsiegel mit der Inschrift »Siegel des Königs von Dian« verlieh. In der Kunst von Dian sind südostasiatische Formen – zum Beispiel die Trommel – mit Themen und Motiven der Steppenkunst verschmolzen, wie vor allem die Tierdarstellungen zeigen. Die Funde von Shizhaishan werden heute durch die 1966 erfolgte Ausgrabung von 27 Gräbern in Lijiashan in der Provinz Yunnan ergänzt; dort fand man im Grab Nr. 24 eine außergewöhnliche Bronzegruppe mit einem Tiger und zwei Stieren. Die Ausführung der beiden Stiere erinnert an die der Wasserbüffel, die auf dem hier abgebildeten Stück von Tributbringern geführt werden. Vgl. *Kaogu xuebao*, 1958, 3; *Kaogu*, 1963, 6; *Wenwu*, 1975, 2, S. 69–81

99
Ausschnitt des Kaurimuschelbehälters von Abbildung 98

Pferden mit Geschirr, das den Bestattungsregeln entsprechend aus Bronze, Eisen oder sogar Silber war.

Der Inhalt der Grabkammer enttäuschte keineswegs die Erwartungen, die man seit der Entdeckung des Vorraums hegte. Sie hatte in nordsüdlicher Richtung eine Länge von 11,5 m, in ostwestlicher Richtung eine Breite von 11,4 m, eine Gesamthöhe von 3,3 m und lag 60 cm tiefer in der Erde als der Vorraum. Eine dicke Scherbenschicht aus Asche und Keramikstücken bedeckte teppichartig den ganzen Raum. In dieser Umgebung stand der reich gestaltete Sarkophag. Sechs Schichten aus Maulbeerbaumrinde bildeten ein schützendes Gehäuse. In seinem Innern trennten zwei Zwischenwände drei parallele Kompartimente voneinander ab; im mittleren Fach befanden sich fünf ineinandergeschachtelte Särge. Der erste, mit rotem Lacküberzug, enthielt den Toten, und die vier anderen aus schwarzem Lack umhüllten ihn. Die drei äußeren Särge hatte man mit einem Seidentuch ausgeschlagen, und die gesamte Sarggruppe bedeckte ein rotes Tuch.

Der Tote ruhte mit dem Kopf nach Norden ausgerichtet und trug ein Gewand aus 2567 Jadeplättchen, die mit Golddraht verknüpft waren. Bei der Öffnung des Grabes waren die Gebeine bereits verfallen, während die Opfergaben noch unverändert an Ort und Stelle ruhten: ein Spiegel beim Kopf, ein weiterer bei den Füßen, Haarspangen, mehrere Schwerter, eine goldene »Pferdehuf«-Münze und eine ebenfalls goldene »Hirschhuf«-Münze, Goldstücke, Jadegegenstände, eine Laterne und Bronzegefäße.

Die Pracht dieses Grabes läßt keinen Zweifel daran, daß hier ein König von Zhongshan beerdigt war. Er starb mit Sicherheit nach dem auf beigegebenen Bambustäfelchen vermerkten Datum, also nach dem 10. Tag des 4. Monats im 2. Jahr von Wufeng (36 v. Chr.).

Aber noch interessanter als die materiellen Schätze sind die zahlreichen Texte auf Bambustäfelchen, die man in diesem Grab gefunden hat[49]. Sie vermitteln aufschlußreiche Erkenntnisse über die Ideen und Vorstellungen jener Zeit. Kurz nach Vollendung des Grabes scheinen sie teilweise verbrannt zu sein und sind nur noch als Fragmente in wirrer Unordnung erhalten. Dennoch konnten Philologen und Paläographen in geduldiger Arbeit acht verschiedene Gruppen feststellen.

100
Kaurimuschelbehälter. Bronze. H. 50 cm,
⌀ (Mündung) 25,3 cm, ⌀ (Fuß) 21 cm.
Westliche Han-Zeit (2.–1. Jahrhundert
v. Chr.). Entdeckt 1956–1957 im Grab
Nr. 10 von Shizhaishan, Jinning, Provinz
Yunnan. Kunming, Yunnan Provincial
Museum
Auf dem Deckel dieses schönen Kaurimu-
schelbehälters scheint ein Reiter in vergol-
deter Bronze über vier Wasserbüffel zu
wachen, während zwei Raubkatzen an-
griffsbereit auf dem Gefäßkörper kauern.
Vgl. *Kaogu xuebao,* 1958, 3; *Kaogu,* 1963,
6, S. 319–329

101–102
Schmuckstück in Form eines Spiegels. Bronze, vergoldet. ⌀ 13,5 cm. Westliche Han-Zeit (2.–1. Jahrhundert v. Chr.). Entdeckt 1956–1957 im Grab Nr. 6 von Shizhaishan, Jinning, Provinz Yunnan. Kunming, Yunnan Provincial Museum
Wie in einem burlesken Reigen umziehen zehn Affenfiguren dieses Schmuckstück in Form eines Spiegels. In der Mitte sitzt ein roter Halbedelstein (Achat?). Vgl. *Kaogu xuebao*, 1958, 3; *Kaogu*, 1963, 6, S. 319–329

103
Lampe in Form eines Vogels. Bronze. H. 32 cm, L. 41 cm. Westliche Han-Zeit (zweite Hälfte 1. Jahrhundert v. Chr.). Entdeckt 1971 in Hepu, Provinz Guangxi
Das Ölpfännchen sitzt auf dem Rücken der Vogelfigur (Phönix?), deren weit geöffneter Schnabel einen Abzug zu halten scheint. Auf diese Weise wurde der Rauch ins Innere des Gegenstandes gelenkt, wo er sich sammelte, ohne die umgebende Luft zu verpesten. Kopf und Hals sind demontierbar, um die Figur reinigen zu können. Ein fein gravierter Dekor überzieht die Oberfläche des Stückes, ist heute jedoch kaum mehr zu erkennen. Vgl. *Kaogu*, 1972, 5, S. 22

Eine Gruppe umfaßt Texte aus den *Gesprächen (Lunyu)* des Konfuzius und stellt etwa die Hälfte der erhaltenen Täfelchen dar. Diese Fassung des *Lunyu* ist zwar nicht die älteste, aber trotz fehlender Passagen die längste und ursprünglichste; sie enthält viele Äußerungen, die sich von den bis heute bekannten Versionen unterscheiden. Wie kann man diese Abweichungen erklären und die richtige Überlieferung herausfinden? So stellen die Funde der archäologischen Grabungen vermeintlich feststehende Tatsachen der Textgeschichte in Frage.

Dingxian trägt hier in großem Umfang zu neuen Einsichten bei, denn ein Text, das *Rujiazhiyan*, behandelt typisch konfuzianische Begriffe: Aufrichtigkeit *(zhong)*, Kindesliebe *(xiao)*, Ritual *(li)*, Vertrauen *(xin)* – jedoch in einem archaisierenden, bereits vor der Östlichen Han-Dynastie existierenden Sinn. Man findet sogar Betrachtungen über die Menschlichkeit *(ren)* oder die Tugend *(de)*, die angeblich zur Zeit des ersten

Shang-Königs Da Yi und des ersten Zhou-Königs Wen große Bedeutung hatten. Diese eigenartige Mischung, die den Traum der Gelehrten vom Goldenen Zeitalter vollkommen veranschaulicht, könnte verdächtig erscheinen, gäbe es nicht den unwiderlegbaren Fund. Man muß also feststehenden Tatsachen immer mißtrauen, selbst wenn sie noch so abgesichert sein mögen. Dieses Manuskript beweist, wie alt das chinesische Gedankengut bereits ist, obwohl sich China im Lauf der Jahrhunderte unter dem Einfluß bedeutender politischer und wirtschaftlicher Veränderungen grundlegend wandelte.

Andere Texte bestätigen diesen Eindruck, wenn auch der Zusammenhang nicht immer klar ersichtlich ist, beispielsweise das *Taigong*, das dreizehn Regeln einer guten Regierung, Riten und Verbote aufführt; das in der bibliographischen Abhandlung *(Yiwenzhi)* des *Hanshu* erwähnte *Wenzi*, das Laozi, Konfuzius und dem Zhou-König Ping zugeschriebene Äußerungen wiedergibt und zugleich ein dialogischer

Traktat über die Menschlichkeit *(ren)*, die Gerechtigkeit *(yi)*, den Fleiß und das Verdienst *(gong)*, die Tugend *(de)* und den Himmelsweg *(tiandao)* ist.

Schließlich entdeckte man in Dingxian einen merkwürdigen Text, das *Liu'anwangzhao Wufeng ernian zhengyue qiju ji (Geschichte der Reise von König Liu'an im ersten Monat des zweiten Jahres von Wufeng)*, das dem Han-Kaiser Xuan (73–48 v. Chr.) zugeschrieben wird. Der für jene Zeit nach dem heutigen Wissensstand einzigartige Text berichtet über

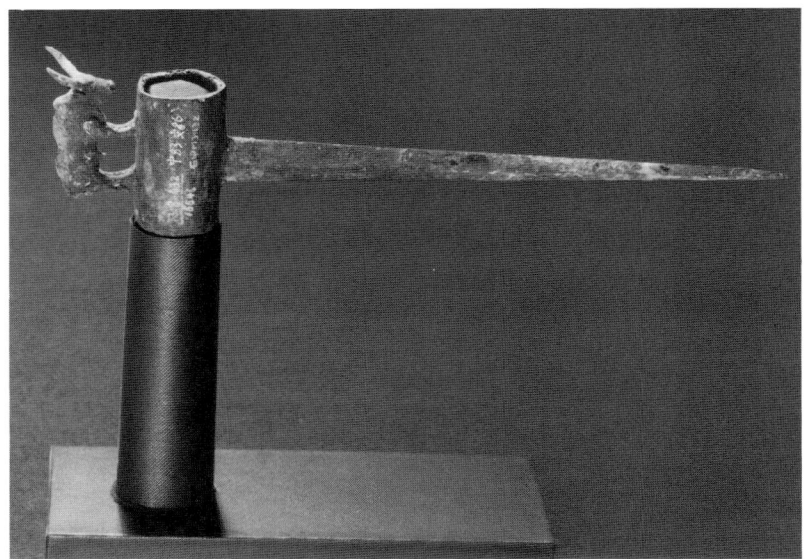

105
Hellebarde vom Typ *zhuo*. Bronze. L. (ganzes Stück) 26,5 cm, L. (Tierfigur) 3,2 cm. Westliche Han-Zeit (2.–1. Jahrhundert v. Chr.). Entdeckt 1956–1957 in Shizhaishan, Jinning, Provinz Yunnan. Kunming, Yunnan Provincial Museum
Diese Hellebarde mit ihrer breiten Spitze ist typisch für die Waffen der Gegend. Wie immer in der Provinz Yunnan ist das dargestellte Rind ein Wasserbüffel. Vgl. *Kaogu xuebao*, 1958, 3

104
Lampenträger. Bronze. H. 56,5 cm. Westliche Han-Zeit (2.–1. Jahrhundert v. Chr.). Entdeckt 1956–1957 im Grab Nr. 12 von Shizhaishan, Jinning, Provinz Yunnan. Kunming, Yunnan Provincial Museum
Die kniende Figur hielt vermutlich einen Lampenfuß in den Händen. Man beachte den Gürtelschmuck in Form eines Spiegels.

den Besuch eines Königs aus entlegenem Gebiet in Chang'an und seine Entdeckung der Hauptstadt. Der unbekannte Verfasser hielt alles Gesehene sowie die Namen der durchquerten Orte genau fest. Dieser Reisebericht ist ein unschätzbares Dokument über das Leben des Adels in der Westlichen Han-Zeit.

Nicht nur Dingxian ist reich an Texten: eines der Hauptziele der heutigen Grabungen besteht gerade darin, eine Reihe von hanzeitlichen Manuskripten zu finden, die unsere Vorstellungen über Literatur oder Wissenschaft zu Beginn des Kaiserreiches berichtigen könnten.

Die Gräber von Mawangdui bei Changsha sind allgemein bekannt, und die Presse hat ausführlich über erstaunliche Funde von Figuren und Gegenständen berichtet. Man grub 1972 die sterbliche Hülle einer Frau aus (Grab Nr. 1), die vollständig erhalten ist, weil ihr Sarg mit einer antiseptischen, rötlichen Flüssigkeit gefüllt und das Grab hermetisch abgeschlossen war. Weniger bekannt sind die höchst bedeutenden Schriften aus dem 1973 entdeckten Grab ihres Gemahls (Grab Nr. 2) und vor allem aus dem 1974 geöffneten Grab ihres Sohnes (Grab Nr. 3), lange, schmale Schriftrollen aus kostbarer Rohseide (48 oder 24 cm breit). Während einige Schriften über Bambus- oder Holzrollen gewickelt waren, befand sich seltsamerweise der größte Teil zusammengefaltet in Lackschachteln.

Das Grab Nr. 3 von Mawangdui barg die älteste bis heute bekannte Fassung des *Laozi*[50]. Es handelt sich um ein Manu-

106
Schmuckplakette. Bronze. H. 9,7 cm, L. 15,6 cm. Westliche Han-Zeit (2.–1. Jahrhundert v. Chr.). Entdeckt 1956–1957 im Grab Nr. 10 von Shizhaishan, Jinning, Provinz Yunnan. Kunming, Yunnan Provincial Museum
Die kühn, beinahe vollplastisch gearbeitete Schmuckplakette ist ein gutes Beispiel für ein Thema, das in der Steppenkunst seit dem 1. Jahrtausend vor unserer Zeitrechnung weitverbreitet war: der Tierkampf. Meistens wird ein friedliches Tier von wilden Tieren oder Schlangen angegriffen. Aus dem Reich Dian sind weitere vergleichbare Stücke bekannt, zum Beispiel die Darstellung eines Wildschweins im Kampf mit zwei Tigern, die 1973 in Paris und London ausgestellt war. Vgl. *Kaogu xuebao*, 1958, 3

skript aus dem Anfang des 2. Jahrhunderts v. Chr., das neben den sterblichen Überresten des jungen Sohnes von Li Cang, dem Markgrafen von Dai, einem hohen Verwaltungsbeamten

in Changsha (186 v. Chr. gestorben), lag. Der Sohn des Markgrafen von Dai starb 168 v. Chr.; hieraus ergibt sich zumindest annähernd ein *terminus ad quem* für die Entstehung dieser Kopie. Sie besteht aus zwei Teilen, die sicher nicht zur selben Zeit geschrieben wurden; da der eine den tabuisierten Namen Liu Bang (des Begründers der Han-Dynastie, Han Gaozu, 206–194 v. Chr.) erwähnt und der andere nicht, kann man daraus schließen, daß der eine vor 206 und der andere etwas später, unter diesem Herrscher, verfaßt wurde. Die Paläographie stützt diese Folgerung, weil der eine Teil in der »kleinen Siegelschrift« *(xiaozhuan)* und der andere in der Kanzleischrift *(lishu)* geschrieben ist.

Der eigentliche Text umfaßt zwei Abschnitte; der eine handelt vom Weg *(dao)* und der andere von der Tugend *(de)*. Da diese zuerst behandelt wird, scheint dem sozialpolitischen Gehalt des Textes eine größere Bedeutung zuzukommen als dem

107
Deckelflasche vom Typ *hu* mit bügelförmigem Griff und Kette. Bronze.
H. 43 cm, ⌀ (Mündung) 12,4 cm, ⌀ (Körper) 18,4 cm. Westliche
Han-Zeit (zweite Hälfte 1. Jahrhundert v. Chr.). Entdeckt 1971 in
Hepu (Haopi), Provinz Guangxi
Die Gefäße vom Typ *hu* dienten zum Aufbewahren von Getränken. Auf
dem Deckel sitzt ein bügelförmiger Griff, dessen beide Seiten in Dra-
chenköpfe auslaufen. Zwei kleine Ketten verbinden den Deckel mit
zwei Ringhenkeln auf dem Gefäßkörper. Der fein gravierte Dekor mit
Blattmotiven auf dem Deckel, der Schulterzone und dem Fuß des Gefäßes ist typisch für das Ende der Westlichen Han-Zeit. Ähnliche Gefäße,
die aus 1935–1936 in Tongking durchgeführten Grabungen stammen,
befinden sich in verschiedenen westlichen Sammlungen. Vgl. *Kaogu*,
1972, 5, S. 24

metaphysischen *(dao).* Diese Reihenfolge entspricht dem Kapitel mit der Überschrift »Auslegung des Laozi« *(Jie Lao pian)*
im *Han Feizi.* In dieser Tatsache sehen manche Gelehrte den

Beweis für das Alter der hier entdeckten Fassung, weil Lei-
stungsdenken und Pragmatik zur Zeit der Streitenden Reiche
viel höher geschätzt waren als die Metaphysik. Diese Reihenfolge sollte erst später, vermutlich in der Östlichen Han-Dynastie, umgekehrt werden, als die Philosophen nach neuen
Wegen suchten und die traditionellen Werte vergeistigten.
Die Aufgabe der Philologen besteht nun darin, diese Texte
mit den Schriften von Wang Bi (226–249 n. Chr.) zu vergleichen, von denen die Überlieferung des *Laozi* seit 1700 Jahren
ausgeht. Die Fassung von Mawangdui ist zwar älter, aber
nicht unbedingt besser; möglicherweise bestanden seit alters
her zwei Überlieferungen nebeneinander, ohne daß man will-
kürlich entscheiden könnte, welche die bessere sei.

Dasselbe Grab enthielt noch andere, ebenso erstaunliche
Manuskripte: medizinische Handbücher, eine Gymnastikan- 95–96
leitung, ein Arzneibuch mit 52 Rezepten (ein weiteres Exemplar ist auf Bambustäfelchen geschrieben und stammt aus
einem Grab der Östlichen Han-Zeit in Wuwei, Provinz
Gansu), Zeichnungen von Kometen und Wolken mit Anmer-
kungen, wie die Menschen damals die Himmelserscheinun-
gen deuteten – als Vorzeichen oder Antworten der Götter auf
ihre Fragen – und sie zu Weissagungen nutzten, außerdem
drei Landkarten: eine topographische Karte vom Süden des
Staates Changsha, dessen Bergketten mit Höhenlinien wiedergegeben sind, eine militärische Karte und ein Plan mit
befestigten Städten. Damit ist der Beginn der chinesischen
Kartographie, den man allgemein in die ausgehende Östliche
Han-Zeit datierte, um etwa fünf Jahrhunderte früher anzusetzen.

Die militärische Karte, die mit großen Schriftzeichen *Karte* 97
mit militärischen Garnisonen (Zhujuntu)[51] überschrieben ist,
beschäftigt die Archäologen ganz besonders. Sie hat ein rechteckiges Format von 98 cm Höhe und 78 cm Breite und ist in
drei Farben, Rot, Schwarz und Grün, auf Seide gemalt. Die
Karte zeigt den südlichen Teil des Landes *(guo)* Changsha
und die anstoßenden, weiter südlich gelegenen Gebiete, die
dem Kaiserreich noch nicht einverleibt waren. Die Projektion
ist orthogonal und die Kartenoberfläche in regelmäßige Qua-
drate unterteilt. In jeder dieser Zonen sind die Garnisonen
eingezeichnet, während in der Mitte eine dreieckige, befestigte Stadt abgebildet ist, in der sich bewaffnete Soldaten
drängen.

Wie entstand dieses kostbare militärische Dokument? Zu
Beginn des Kaiserreiches, also im 3. bis 2. Jahrhundert v. Chr.
zwischen den Regierungen von Qin Shi huangdi und Han
Wendi, fanden in dieser Gegend lediglich zwei Feldzüge unter der Kaiserin Lü (Gaohou, 187–179 v. Chr.) gegen das ex-
pandierende Nan-Yue statt. Ein Kapitel im *Shiji* über Nan-
Yue *(Nan-Yue liezhuan)* berichtet in diesem Zusammenhang
über die vernichtende Niederlage, die das Königreich Nan-
Yue dem Königreich Changsha beibrachte. Nan-Yue wußte
jedoch daraus keinen Vorteil zu ziehen; seine Truppen zogen
sich mit der gemachten Beute rasch zurück. Der zweite Angriff erfolgte gegen Ende der Regierungszeit von Kaiserin Lü,

und erst unter Wendi wurde der Süden Chinas ganz befriedet. Auf diese Frühphase des Kaiserreiches bezieht sich das vorliegende Dokument.

Dem Wortlaut der Überschrift selbst sowie den Legenden auf der Karte ist genau zu entnehmen, welche Art von Truppen in dem Gebiet stationiert waren, denn es wird der Begriff »Armee« *(jun)* gebraucht. In der Han-Zeit bezeichnete dieser Terminus ein Korps von etwa 5000 Mann. Die Karte scheint eine Streitkraft von mindestens 20 000 Mann zu verzeichnen. Aber der Staat von Changsha umfaßte damals höchstens 25 000 Haushalte und konnte daher wohl kaum eine so große Armee aufstellen. Es handelt sich also höchstwahrscheinlich um kaiserliche Truppen, die dem kaisertreuen Machthaber von Changsha gegen die gefürchteten Völker im Süden zu Hilfe kamen. Vermutlich hatte man diese kostbare, geheime Karte mit den Standorten der kaiserlichen Verstärkungstruppen später dem Würdenträger ins Grab mitgegeben, dem die Zentralregierung zu Hilfe gekommen war.

Das berühmte Grab Nr. 3 von Mawangdui enthielt jedoch noch andere Schätze. Man fand mehrere Schriften auf Seide: eine Abhandlung über Pferde *(Xiangmajin)*, Traktate zur Astronomie, einen Traktat über die Planeten *(Xingjing)* von zwei Astronomen aus der Zeit der Streitenden Reiche, Gan De und Shi Shen, sowie eine Reihe von Weissagungen über die fünf Planeten *(Wuxingzhan)*; einige Fragmente des *Yijing* und ein Exemplar der Geschichte der Streitenden Reiche *(Zhanguoci)*, derer sich Sima Qian für die Geschichte der Fürstentümer im *Shiji* bediente. So entdeckte man an einem einzigen Fundort einen großen Teil der chinesischen Literatur vom Anfang des Kaiserreiches.

93–94

Dieser Schatz ist jedoch nicht einzig in seiner Art, denn 1972 fand man in Linyi in der Provinz Shandong zwei Gräber aus der beginnenden Han-Zeit mit vergleichbaren Schriften; dieser Ort mit dem Flurnamen Yinqueshan ist auch in der Kunstgeschichte berühmt, da eines der Gräber ein Banner wie das von Mawangdui enthielt, das jedoch von geringerer Qualität war ist[52].

Unter den Texten auf Bambustäfelchen in Yinqueshan befinden sich zwei interessante historische Werke: die *Frühlings- und Herbstannalen von Yanzi (Yanzi chunqiu)* aus dem Grab Nr. 1 und ein Almanach mit dem Titel *Kalender des ersten Jahres der Ära Yuanguang der Han-Dynastie (Han Yuanguang yuannian lipu)* aus dem Grab Nr. 2. Hinzu kommen ein Exemplar der Werke von Mozi (in Grab Nr. 1) und einige Texte, die man lange für Apokryphen oder sehr späte Kompilationen aus dem beginnenden Kaiserreich hielt, wie die Werke von Guanzi oder Wei Liaozi. Die größte Bedeutung jedoch messen die chinesischen Historiker heute den Traktaten zur Kriegskunst und Strategie bei: den *Sechs Taktiken (Liu tao)*, der *Kriegskunst von Meister Sun (Sunzi bingfa)* und der *Kriegskunst von Sun Bin (Sun Bin bingfa)*. Diese beiden Traktate waren schon sehr früh, sicher zu Beginn unserer Zeitrechnung, verschollen, so daß man sich fragte, ob Sima Qian und Ban Gu, die sie erwähnten, nicht irrtümlich ein und dasselbe Werk

zwei verschiedenen Autoren zugeschrieben hatten. Andere Gelehrte stellten die Hypothese auf, daß das in den alten Bibliographien erwähnte *Sun Bin bingfa* die Erfahrungen der Krieger zusammenfaßte, die von der ausgehenden Zeit der Frühlings- und Herbstannalen bis zum Ende der Zeit der Streitenden Reiche unzählige Kämpfe führten, aber sie äußerten sich nicht zur Kompilation des *Sunzi bingfa* und bezweifelten sogar die Existenz von Meister Sun.

Der kürzlich entdeckte Text des *Sunzi bingfa* stellt mit seinen 2300 Schriftzeichen nur ein knappes Drittel der songzeitlichen überarbeiteten und gedruckten Fassung dar, enthält aber die gleichen 13 Kapitel. Außerdem wird eine Reihe von heute verschollenen Werken des Meisters Sun erwähnt, die ganz in Vergessenheit geraten waren.

Die *Kriegskunst von Sun Bin* besteht aus zwei Teilen zu je 15 Kapiteln und umfaßt 11 000 Zeichen. Der Verfasser geht den verschiedenen Ursachen von Sieg oder Niederlage nach. Breiten Raum widmet er dem unbedingten Gehorsam der Truppe ihrem Vorgesetzten gegenüber und dem Zusammenhalt der Soldaten untereinander. Er entwickelt sogar das Thema der Liebe, die Krieger und Generäle für immer verbindet und eine Armee geradewegs zum Sieg führen kann. Man findet hier eine Vorstellung wieder, die schon Gelehrte der Zeit der Streitenden Reiche zum Ausdruck gebracht hatten; für sie war die größte Tugend des Soldaten die »Menschenliebe«, die gute zwischenmenschliche Beziehungen begründet. In diesem Sinne und trotz der Gewalttaten im Laufe einer ausnehmend bewegten Geschichte scheint die chinesische Kultur offiziell stets ein unmilitärisches Gesellschaftsideal verfolgt zu haben. Solche Untersuchungen und Diskussionen kann die Entdeckung der Texte von Yinqueshan auf lange Sicht bewirken. Im Augenblick vertreten die chinesischen Historiker die Ansicht, daß sich damals die Schicht der Grundbesitzer bildete. Mehr noch als die Gegenstände bewirkten die Texte nicht nur unterschiedliche Standpunkte, sondern auch den Zusammenprall bestehender Ideologien.

Die Statue des Li Bing

Mit der Entdeckung der Steinstatue des Li Bing, der in der Zeit des Ersten Kaisers Präfekt von Shu in der Provinz Sichuan war, kam 1974 ein technologischer und zugleich künstlerischer Aspekt der Han-Kultur zum Vorschein.

Li Bing hatte zur Einrichtung eines umfassenden, mit dem Wasser des Min-jiang gespeisten Bewässerungsnetzes beigetragen; ein geschickt angelegtes Kanalsystem führte das Wasser in die Ebene von West-Sichuan. Seine Statue wurde jedoch erst viel später errichtet. Eine Inschrift auf den Ärmeln der Steinfigur besagt: »Am 25. Tag des Schaltmonats des 3. Mondes, im ersten Jahr der Jianning-Periode in der Regierungszeit von Kaiser Ling der Östlichen Han-Dynastie [168 n. Chr.], ließen der für die Bewässerungsanlagen und den

108
Gefäß vom Typ *gui* mit Griff. Bronze. H. 10,6 cm, ⌀ 24,2 cm. Westliche Han-Zeit (zweite Hälfte 1. Jahrhundert v. Chr.). Entdeckt 1971 in Hepu, Provinz Guangxi
Das Gefäß, ein *gui*, diente zum Aufbewahren von Opferspeisen; sein Griff in Form eines Drachenkopfes gibt ihm jedoch das Aussehen eines Kochtopfes. Wie alle Stücke aus demselben Fund trägt es einen fein gravierten Dekor, der typisch für die Zeit ist und auch auf Arbeiten aus der Provinz Hunan (Changsha) und aus Tongking (Thanh-hoa) zu finden ist. Vgl. *Kaogu*, 1972, 5, S. 24

109
Deckeltopf zum Wärmen von Opferwein. Bronze, vergoldet. H. 24,5 cm, ⌀ 23,4 cm. Westliche Han-Zeit (26 v. Chr.). Entdeckt 1962 in Dachuancun, Youyu, Provinz Shanxi
Der Dekor besteht aus zwei Zonen mit Tierfiguren vor einem gebirgigen Hintergrund. Das Stück trägt die Inschrift: »Topf für 24 *jin* [Gewicht] warmen Wein, hergestellt im dritten Jahr der Heping-Ära [26 v. Chr.] in Zhongling, einer Stadt in Hu [heute Youyu]«. Vgl. *Wenwu*, 1963, 11, S. 5, Fig. 4–6 und Abb. 1–2

Schutz der Flüsse und Kanäle zuständige Beamte, Cheng Yi, und sein Assistent, Yin Long, die Statuen der drei Götter errichten, damit das Wasser auf immer beschützt und behütet sei.« Eine andere Inschrift auf der vorderen Gewandpartie erwähnt den »verstorbenen Präfekten von Shu, Li Bing«.

Die mit dem Namen Li Bing verknüpfte Geschichte des Bewässerungssystems von Dujiangyan ist ergreifend, weil sie zeigt, über wie viele Jahrhunderte und Generationen hinweg ein Menschenwerk nützlich bleiben kann. Bereits in der Zeit der Streitenden Reiche schufen die Machthaber von Shu die Grundlage eines Bewässerungssystems. Aber erst nach der Eroberung von Shu durch die Qin (277 n. Chr.) und nach der Gründung des Kaiserreiches (221 v. Chr.) wurde ein groß angelegtes Netz in Angriff genommen. In den Geschichtswerken ist von ungeheuren Erdarbeiten die Rede; man grub

Kanäle durch Hügel und kleidete die Ufer mit ovalen Steinen aus. Die Bauweise von Dämmen und Wasserwegen ist in ihren Grundzügen seit 2000 Jahren praktisch unverändert geblieben, und die heutige Regierung ist stolz darauf, das Werk eines Beamten aus der Zeit des Ersten Kaisers in vollem Umfang und in seiner ganzen Wirtschaftlichkeit wiederhergestellt zu haben.

Die Erwähnung der »drei Götter« ist besonders überraschend. Man findet sie auch in einem Text aus der Östlichen Jin-Zeit (317–420), allerdings in einem eher praktischen Zusammenhang. Die Statuen sollen so aufgestellt worden sein, daß »der Wasserspiegel nicht bis zu ihren Füßen sinken und nur bis zu ihren Schultern steigen konnte«. Man weiß allerdings nicht genau, ob die in Dujiangyan nahe der berühmten Kettenbrücke von Anlan entdeckte Statue des Li Bing mit der-

146

110
Modell eines Hauses auf Pfählen. Bronze.
H. 33,3 cm, L. 40 cm, B. 31,4 cm, H.
(Pfähle) 12 cm. Han-Zeit (206 v.–220
n. Chr.). Entdeckt 1975–1976 im über-
wölbten Grab Nr. 1 von Wuzhou, Provinz
Guangxi. Wuzhou, City Museum
Das elegante und hervorragend gearbeitete Modell stellt einen Pfahlbau dar, wie
er in sumpfigen Gebieten, beispielsweise in
Süd-China, häufig vorkommt. Vielleicht
handelte es sich um eine kleine Speisekam-
mer, doch war sein Inhalt, als man es entdeckte, derart verdorben, daß man ihn
nicht mehr näher bestimmen konnte. Alle
in Wuzhou gefundenen Gegenstände sind
von hoher Qualität und belegen, daß es
damals zwischen den südlichen Regionen
und der Großen Ebene enge Beziehungen
gab. Ein vergleichbares Stück, das jedoch
keine Pfähle besitzt, hatte man schon 1971
in Hepu in der Provinz Guangxi entdeckt
(vgl. hierzu *Kaogu*, 1972, 5). Vgl. *Wenwu*,
1977, 2, S. 71 und Abb. 3, Nr. 3

111
Zwei *liubo*-Spieler. Ton mit grüner
Glasur. H. 24,2 cm, L. 19,2 cm. Östliche
Han-Zeit (Mitte 2. Jahrhundert). Entdeckt 1972 im Grab Nr. 3 von Zhangwan,
Lingbao, Provinz Henan
Das *liubo*-Spiel, eine Art Brettspiel, ist in
China seit der Zeit der Streitenden Reiche
(475–221 v. Chr.) bekannt und entstand,
wenn man dem *Zhangguoci* vertrauen darf,
im Staat Chu. In der Han-Zeit erscheinen
ähnliche Darstellungen oft auf den Flachreliefs in den Gräbern und auf den Spiegeln mit »TLV-Dekor«. Rundplastische
Spielszenen sind seltener. Obwohl das
Spiel des öfteren in der Literatur erwähnt
wird, sind die Spielregeln kaum bekannt.
Man weiß lediglich, daß man es mit sechs
Stäbchen, die als Würfel dienten, und mit
zwölf kleinen Dominosteinen zum Markieren der Punkte spielte. Die Steine sind
im hinteren Bereich der Spielfläche zu erkennen (zu den Spielregeln vgl. *Harvard
Journal of Asiatic Studies* 9, 1945, S.
202–206, und 15, 1952, S. 124 bis 139).

112
Gießgefäß vom Typ *he*. Bronze. H. 14 cm, ⌀ (Mündung) 7,3 cm, ⌀
(Körper) 12,7 cm, ⌀ (Fuß) 7,7 cm. Östliche Han-Zeit (Mitte 2. Jahrhundert). Entdeckt 1970 in Tushan, Xuzhou, Provinz Jiangsu
Dieses Gießgefäß diente zum Darbieten von Opferwein. Eine Hunde-
figur bildet den Griff, während sich ein Vögelchen auf den Ausguß
gesetzt zu haben scheint. Das Stück stammt aus dem Grab einer hochgestellten Persönlichkeit, deren Leichnam in ein mit Silberfäden zusam-
mengeheftetes Jadegewand gehüllt war (vgl. Abb. 82).

113–114
Modell eines dreigeschossigen Wachtturmes. Ton mit grüner Glasur. H. 130 cm, L. 44,5 cm, B. 44,5 cm. Östliche Han-Zeit (Mitte 2. Jahrhundert). Entdeckt 1972 im Grab Nr. 3 von Zhangwan, Lingbao, Provinz Henan
Das Grab Nr. 3 war besonders reich mit Architekturmodellen ausgestattet. Sie vermitteln einen Eindruck von der Eleganz der Bauten, die damals in der Großen Ebene, im Zentrum des alten China, errichtet wurden. Auf jedem Geschoß stehen Bogenschützen in den Ecken; sie rahmen Bläser und Wachsoldaten ein. Sternförmige Elemente schmücken die Ecken des Daches, während ein Phönix mit ausgebreiteten Flügeln das Gebäude bekrönt. Vgl. *Wenwu*, 11, S. 76 und Abb. 13, Nr. 2

115   ▷
Palastanlage. Wandmalerei. Han-Zeit (206 v.–220 n. Chr.). Entdeckt in Holingol, Innere Mongolei
Die stark beschädigte Malerei ist in den schlichten Farben der damaligen Zeit ausgeführt und zeigt eine bedeutende Palastanlage, deren einzelne Teile mit Inschriften gekennzeichnet sind (zum Beispiel »Tür der Offizierswohnung«). Im Innern sind Beamte und Diener zu sehen, während vor den Mauern Standartenträger und Reiter wachen. In technischer Hinsicht folgten die Maler denselben Konventionen wie etwa die Ziegelbrenner von Sichuan. Man findet schon die Ansichten aus der Vogelschau, die die Maler in den Höhlen von Dunhuang in ein großes perspektivisches System integrieren werden.

jenigen in der *Geschichte der Östlichen Jin* identisch oder nur eine von vielen Darstellungen einer sehr volkstümlichen Persönlichkeit ist, die von den Einwohnern mehr oder weniger vergöttlicht wurde, weil sie zur Verbesserung ihrer Lebensverhältnisse und Arbeitsbedingungen beigetragen hatte.

Die 290 cm hohe und 96 cm breite Statue wiegt 4 Tonnen. Sie ist in einen leicht grau verfärbten Sandstein gehauen und hat in der Basis eine Aussparung für einen Holzzapfen zur Befestigung auf einem Sockel. Die Figur trägt ein weitärmeliges Gewand und eine Beamtenmütze und ist typisch für die damalige Darstellungsweise: Das eher flächige Körpervolumen erinnert an die Behandlung der älteren *mingqi,* und das rundliche, heiter lächelnde Gesicht ähnelt den Beamten auf den Wandgemälden im Grab von Wangdu, deren eilfertige Gebärden und liebenswürdige Mienen so belustigend wirken.

Dieses Stück hat in mancherlei Hinsicht, vor allem aber für die Kunstgeschichte, eine große Bedeutung. Die hanzeitliche Plastik ist immer noch recht unbekannt; es gibt Flachreliefs und auch wunderbare figürliche Grabbeigaben aus Ton, aber wenige vollplastische Steinskulpturen. Hier haben wir endlich ein seltenes Stück, das nicht in den Bereich der Grabplastik gehört.

Das älteste in China bekannte buddhistische Felsheiligtum

Sicher wird man noch weitere Beispiele solcher Skulpturen finden. Große Aufmerksamkeit findet in jüngster Zeit ein Felskomplex, der sich am Kongwang-Berg[53] in der Nähe der Küstenstadt und dem heutigen Seebad Lianyungang im Norden der Provinz Jiangsu befindet. In einem etwa 8 m hohen und 17 m breiten Felsen sind 110 recht flach reliefierte und eher summarisch behandelte Figuren gehauen. Nicht weit davon entfernt scheinen zwei kräftige rundplastische Steinskulpturen, eine Kröte und ein Elefant, Wache zu halten. Die Gegenwart der in der traditionellen chinesischen Ikonographie sehr geläufigen Kröte und die Darstellung von opfernden und tanzenden Personen führten dazu, daß man diesen Komplex voreilig zu den bekannten hanzeitlichen Flachreliefs mit konfuzianischer Thematik zählte. Aber in den letzten Jahren erweckte das mit dem Buddhismus eng verknüpfte Motiv des Elefanten die Aufmerksamkeit der Gelehrten. Sie unterzogen die bereits vergessene Felswand einer eingehenden Untersuchung und entdeckten unbestreitbar buddhistische Darstellungen: viele sitzende Buddhas und einen von seinen Schülern umringten, liegenden Śākyamuni, also eine Parinirvāna-Szene.

116

Diese Neuentdeckung bestätigt die gegenwärtig vertretene These, daß der Buddhismus in China schon in der Westlichen Han-Dynastie auftrat. Daß jedoch ein solches Felsheiligtum

bereits in der Östlichen Han-Zeit im 1. oder 2. Jahrhundert n. Chr. im äußersten Osten Chinas existierte, ist überraschend, denn wir sind noch weit von der Mitte des 4. Jahrhunderts entfernt, als im Westen des Reiches die ersten Felstempel von Dunhuang (allgemein 366 n. Chr. datiert) geschaffen wurde. Wenn auch eine geographische und zeitliche Aufeinanderfolge der großen Felsheiligtümer in Nord-China von Dunhuang bis Longmen kaum zu leugnen ist, muß man das Problem für Süd-China ganz neu betrachten, denn die Bilder und Ideen scheinen, wie Paul Pelliot schon vermutete, rascher über das Meer als über das Land vorgedrungen zu sein.

116
Eingang des Buddha in das Nirvāna. Steinrelief. Han-Zeit (206 v. – 220 n. Chr.). Felsen von Kongwangshan, östlich von Xuzhou, Provinz Jiangsu
Die Felsen von Kongwangshan werden bereits in den *Historischen Niederschriften (Shiji)* von Sima Qian (ca. 145–86 v. Chr.) erwähnt. Vermutlich handelt es sich um einen Ort, der schon seit frühesten Zeiten für zunächst lokale, später konfuzianische Kulte diente. Vor kurzem entdeckten die Archäologen jedoch auch Skulpturen mit buddhistischen Themen wie die hier abgebildete Szene. Der liegende Buddha ist von seinen Schülern und Gläubigen umgeben, von denen nur das Gesicht dargestellt ist. Diese Konvention gilt als typisch für die Han-Zeit. Vgl. *Wenwu,* 1981, 7, S. 16–19 und Abb. 1, Nr. 2

DIE ZEIT DER DREI REICHE UND DER SECHS DYNASTIEN

Der Untergang des Han-Reiches

Zu Beginn des 3. Jahrhunderts n. Chr. zerbrach das Han-Reich an einer wirtschaftlichen und geistig-sittlichen Krise, die China mehrere Jahrhunderte lang erschüttern sollte. Die sogenannte Zeit der Drei Reiche (220–280 n. Chr.), die kurze Wiedervereinigung unter der kaiserlichen Herrschaft der Jin (265–420 n. Chr.), die Zeit der Nördlichen und Südlichen Dynastien (Nanbeizhao, 420–581 n. Chr.), als sich »Barbaren«-Völker in Nord-China niederließen und kurzlebige Reiche gründeten, während im Süden sechs nationale Dynastien aufeinanderfolgten (222–589 n. Chr.) – all diese Ereignisse vermitteln das Bild von Zusammenbruch, Schwächung und Kriegsleid, wovon die *Dynastischen Geschichten* und Volkserzählungen ausführlich berichten. Und dennoch erlebte China in dieser finsteren Zeit eine der konstruktivsten Phasen seiner Geschichte.

Die chinesischen Historiker verweisen heute gern auf die doppelte Bewegung, die damals einsetzte: Gedankengut, Religionen, wie der Buddhismus, und technische Kenntnisse kamen aus Zentralasien, Indien und dem westlichen Mittelmeergebiet, während Kultureinflüsse der Großen Ebene mehr als je zuvor die Randgebiete erfaßten. Die Geschichtswerke haben vor allem diese Periode der Kriege, Auswanderungen und Völkermorde festgehalten, und man sprach zu Beginn des 3. Jahrhunderts von einer Entvölkerung Chinas oder zumindest der Gebiete des mittleren Yangzi-Beckens, wo die Truppen von Wei, Wu und Shu aufeinanderstießen. Literatur und Dichtung jener Zeit vermitteln eindrucksvoll den Schmerz eines erschöpften, geistig und körperlich zerrissenen Landes. Die Untersuchung von Objekten und Techniken deckt aber etwas anderes auf: Damals erfanden die Chinesen die Wassermühle *(jiligu)*, das Schießpulver *(liandan)* und den Kompaß, während Anbau und Konsum von Tee sich verbreiteten; und zu gleichen Zeit, im 4. Jahrhundert, brachten Händler zum erstenmal nicht mehr fertige Seidenstoffe nach Byzanz, sondern die Mittel zu ihrer Herstellung: Seidenraupeneier und Maulbeerbaumpflanzen.

Vielfalt der archäologischen Entdeckungen

Die archäologischen Entdeckungen geben allerdings erst wenig von diesem Reichtum zu erkennen, aber man muß ein Phänomen berücksichtigen, das seit jener Zeit immer deutlicher zum Ausdruck kommt: Die archäologischen Erkenntnisse tragen weniger zur Erschließung der Vergangenheit Chinas nach der Gründung des Kaiserreiches als vorher bei. Man muß vielleicht auch in Betracht ziehen, daß ihr immerhin beträchtlicher Beitrag durch das umfangreiche Archivmaterial etwas verdeckt wird, das uns seit vielen Jahrzehnten informiert und auf solche Funde vorbereitet hat. Und wenn auch die Grabungsergebnisse für die Entwicklungsgeschichte der Technik unersetzlich sind, so erregen sie doch nicht das gleiche Aufsehen wie die Funde aus den vorangegangenen Epochen.

In Yiayuguan in der Provinz Gansu machte man zwischen 1972 und 1973 den zur Zeit aufsehenerregendsten Fund aus jener Zeit. Es handelt sich um einen Komplex von acht Gräbern aus dem 3. bis beginnenden 4. Jahrhundert. Sechs Grabstätten waren mit insgesamt mehr als 600 Wandgemälden auf Ziegeln ausgeschmückt. Diese lebendigen und humorvollen Werke sind ganz im Han-Stil mit schwungvollem Pinselstrich und ohne jede Überarbeitung ausgeführt. Einige – vor allem rote – Farbakzente innerhalb der Umrißlinien verleihen den Szenen Frische und Heiterkeit. Aber manche Elemente sind anders als auf den hanzeitlichen Fresken; vor allem unterscheidet sich die geschmeidige, einmal volle und dann wieder feine Linie stark von dem regelmäßigen, eisendrahtähnlichen Strich der Han-Zeit. Außerdem sind die Bäume, beispielsweise bei der Darstellung der Ernte der Maulbeerbaumblätter, fächerartig behandelt, wie später im 5. Jahrhundert an den Wänden der buddhistischen Felsheiligtümer von Dunhuang. Einige Elemente der Landschaftsmalerei scheint es demnach in den Gräbern bereits vor der Blütezeit der buddhistischen Malerei gegeben zu haben.

In der Zeit der Sechs Dynastien kam es also zu einer Reihe von Veränderungen in Wirtschaft und Kunst. Die Historiker

120–124

befassen sich eingehend mit dieser erstaunlichen Zeit der allgemeinen Krise auf militärischem, wirtschaftlichem, geistigem und politischem Gebiet, in der die verschiedenen chinesischen Länder die Grundlagen für die glanzvolle Tang-Kultur schufen. Jacques Gernet stellt die Problematik der nördlichen Länder – Seßhaftwerden der Nomaden, staatsbildende und zentralistische Tendenzen, militärische Expansion – den spezifisch südchinesischen Schwierigkeiten gegenüber – langsame und mühevolle Assimilation der einheimischen Völker, massiver, aber auf verschiedene Zeitpunkte verteilter Andrang von flüchtenden Siedlern aus dem Norden, Schwäche der Zentralregierung und Macht der wohlhabenden Familien. Zu dieser traditionellen Sicht kommt die Auffassung hinzu, daß der von den großen Handelswegen abgelegene und auf dem Agrarsektor etwas rückständige Süden relativ arm war. Wie wir schon vor mehreren Jahren betonten, darf man sich jedoch fragen, ob die Grabungsergebnisse nicht, zumindest teilweise, dieses Urteil widerlegen und den zentralchinesischen Ländern wieder zu einer Geltung verhelfen werden, die man ihnen heute vor dem Kaiserreich zuschreibt und deren Spur man sehr wohl in der Kaiserzeit finden könnte.

117
Gefäß in Form eines geflügelten Löwen. Proto-Seladon mit grüner Glasur. L. 17,5 cm. Westliche Jin-Zeit (265–316). Entdeckt 1966 in Danyang, Provinz Jiangsu
Das löwenförmige Gefäß zeugt von der Meisterschaft, die die südchinesischen Töpfer zu jener Zeit erreicht haben. Indem sie bereits die Technik des eingeschnittenen Unterglasurdekors in Verbindung mit Schlickerapplikationen verwendeten, gingen sie den Tang- und Song-Töpfern voraus.

118
Krieger. Ton. H. 39 cm. Nördliche Wei-Zeit (386–534). Entdeckt 1975 in Huhehot, Innere Mongolei. Huhehot, Inner Mongolia Autonomous Region Museum
In einem Grab aus der Nördlichen Wei-Zeit, das man bereits 1955 und 1961 lokalisiert und untersucht hatte, förderte man 1975 eine Gruppe von 34 Tonfiguren zutage. Sie sind ein gutes Zeugnis für das Leben in diesem chinesischen Randgebiet zu einer Zeit, als die zentralasiatischen Völker eine bestimmende Rolle bis in das Gebiet der Großen Ebene hinein spielten. Unter den Figuren waren zwei Krieger. Kopf und Hände wurden bei der abgebildeten Figur nach der Herstellung des Körpers angefügt. Vielleicht hielt dieser Soldat mit seinem breiten Lächeln einen Bogen in den Händen, die gewohnte Waffe der Jäger und Steppenvölker. Es könnte sich jedoch möglicherweise auch um einen Exorzisten handeln. Vgl. *Wenwu,* 1977, 5, S. 39 und Abb. 5, Nr. 2

119
Gießgefäß in Form eines Widders. Proto-Seladon. H. 12,4 cm, L. 15,5 cm. Östliche Jin-Zeit (317–420). Entdeckt 1970 im Grab Nr. 7 von Xiangshan, Nanjing, Provinz Jiangsu
Jedes Grab eines Mitglieds der in Nanjing regierenden kaiserlichen Familie erhielt eine umfangreiche Grabausstattung, die auch eine große Zahl von Keramiken aus Nord-Zhejiang und Süd-Jiangsu umfaßte. Im Grab Nr. 7 von Xiangshan war der 392 verstorbene Kaiser Wu der Östlichen Jin-Dynastie beigesetzt. Vgl. *Wenwu,* 1972, 11, S. 39, Nr. 26

120–121

Stele mit dem sitzenden Buddha Maitreya (Vorder- und Rückseite).
Sandstein. H. 86,9 cm, B. 55 cm. Nördliche Wei-Zeit (471). Entdeckt in
Xingping, Xi'an, Provinz Shaanxi. Xi'an, Shaanxi Provincial Museum
Die Stele stellt Maitreya, den Buddha der Zukunft, dar. Die fast geschlossenen Augen, die vollen Wangen und das Lächeln sind für den
Stil der Nördlichen Wei-Dynastie kennzeichnend, bevor er sich zu den
langgestreckten Figuren der Bildhauer von Longmen entwickelte. An
Longmen erinnern dagegen die Behandlung der Kleider, die Frontalität
des Körpers und die wellenartigen Falten des Gewandes, wobei die Enden des Kleides spitz auf die Seite ausschwingen. Die Figur führt eine
frühe Variante des Lehrgestus, des »Drehens des Rades der Lehre«

(dharmacakrapravartana-mudrā), aus. Die Füße des mit gekreuzten Beinen sitzenden Buddha werden von der stehenden »Erdgottheit« gehalten, die aus einer Nische herauswächst. Der Maitreya sitzt offenbar auf
zwei Löwen, die den Sockel als »Löwenthron« *(shizi zuo)*, als Sitz des
Weltenherrschers, kennzeichnen. Auf der Rückseite der Mandorla sind
25 Einzelszenen auf sieben Flachreliefzonen verteilt. Sie stellen vermutlich Episoden aus dem Leben des Buddha dar, während in der untersten
Zone vier Gottheiten erscheinen. Die teilweise zerstörte Stiftungsin-
schrift im unteren Teil der Rückseite erlaubt, das Stück zu datieren. Es
wurde im Jahre 471 von einem Gläubigen für die Seelenruhe eines verstorbenen Verwandten gestiftet.

156

122–123
Stele mit dem sitzenden Buddha Śākyamuni (Vorder- und Rückseite).
Stein. H. 72,6 cm. Nördliche Qi-Zeit (550–577). Entdeckt 1958 in Lin-
zhang, Provinz Hebei
Der Buddha sitzt inmitten von sechs Gehilfen und führt mit der Rechten den Gestus der Furchtlosigkeit *(abhaya-mudrā)* und mit der Linken
den der Segensgewährung *(varada-mudrā)* aus. Auf dem Sockel bewachen zwei Löwen und zwei Schutzgötter *(dvārapāla)*, die »Beiden Könige« *(er wang)*, das buddhistische Juwel, während geflügelte Wesen
(apsara) die durchbrochen gearbeitete, baumartige Aureole beleben.
Auf der Rückseite sind anstelle der *apsaras* auf Lotossockeln sitzende
heilige Personen angebracht.

   Die südchinesische Hauptstadt Nanjing ist in der Tat berühmt für die Grabmäler der Liang-Kaiser (502–557). Aber
man kennt heute noch weitere Reste, beispielsweise die Stadtmauern von Nanjing aus den Jahren 221 und 229 sowie die
der Hauptstadt der Südlichen Qi-Dynastie (479–502). Man

wußte auch, unter anderem dank der Arbeiten von Cheng
Te-k'un, daß in Changsha das Seladon entstanden war. Die
jüngsten Ergebnisse bestätigen es immer wieder, wie die 1975 117, 119,
ausgegrabenen drei Brennöfen in den Südbergen (Nanshan) 125, 126
der Provinz Jiangsu: Dasongyuan, Liushitou und Mapigu befinden sich innerhalb einer Fläche von 1500 auf 400 m. Diese
Öfen waren aufwendig ausgerüstet und entwickelten eine
Temperatur zwischen 1160° und 1260° C, ein großer Fortschritt im Vergleich zur primitiven Brenntechnik der Han-
Töpfer. Wir möchten, um die Bedeutung dieser Entdeckung
herauszustellen, daran erinnern, daß das Steinzeug, die Sub-
stanz des Seladons, ungefähr bei 1150° bis 1200° C gebrannt
wird und das weiße Porzellan zwischen 1300° und 1350° C.
Die Nanshan-Töpfer besaßen also die technischen Voraussetzungen, ohne die der Übergang von der einfachen Töpferware zum Steinzeug gar nicht möglich gewesen wäre.

◁ 124

Zwei Bodhisattvas. Steinrelief. H. 160 und 170 cm. Nördliche Wei-Zeit (386–534). Entdeckt 1978 in Longmen, Luoyang, Provinz Henan
Die beiden Bodhisattvas stehen in der mittleren Zone unweit des zentralen Eingangs der Bingyang-Höhle. Ihrem Stil nach datieren sie aus der Nördlichen Wei-Dynastie. Als man die Höhle im 18. Jahrhundert neu einrichtete, wurde die ganze Wand verdeckt. Vgl. *Wenwu*, 1980, 1, S. 1 und Abb. 2, Nr. 3

125

Balustervase. Steinzeug mit grünlicher Glasur. H. 70 cm. Nördliche Qi-Zeit (550–577). Entdeckt in Dingxian, Provinz Hebei. Beijing, Palace Museum
Die Vase ist ein gutes Beispiel dafür, welch hohen Stand die Keramik in China schon vor der Tang-Zeit erreicht hatte. Bewundernswert sind die Feinheit des Scherbens, der Glanz der Glasur und die – in der Art der sasanidischen Goldschmiedearbeiten – geschnittenen oder angefügten Elemente, die später den Reiz der Tang-Stücke ausmachen werden.

Die Entwicklung der Glasherstellung

Es wäre nicht weiter verwunderlich, wenn damals alle durch hohe Temperaturen hergestellten Produkte vergleichbare Fortschritte gemacht hätten – beispielsweise das Glas, das zunächst aus den hellenistischen Ländern importiert wurde und in China gegen Ende der Zeit der Streitenden Reiche auftrat, wie dies die in Jincun bei Luoyang oder in Changsha entdeckten Stücke belegen. Schönheit und Seltenheit des Glases, das in China so fremdartig wie die Jade war, machten es für die damaligen Herrscher wertvoll. Unter den Han ließ man es aus Syrien kommen, wo es eigens für China angefertigt wurde. Aus Glas fertigte man in China Schmuck und legte es in Gürtelschließen oder Bronzespiegel ein; zuweilen ersetzte man damit sogar Jade in Form von zikadenähnlichen Plättchen, die man den Toten in den Mund legte. Die Gelehrten hegten eine große Bewunderung für dieses ungewöhnliche Material und priesen es in ihren Gedichten.

Die Glasherstellung entwickelte sich jedoch in China erst in der Zeit der Sechs Dynastien unter dem Einfluß von Einwanderern. Ein gewisser Yuezhi errichtete zu Beginn der Nördlichen Wei-Zeit (386–534) eine Glasmanufaktur in Pingcheng bei Datong. Die *Geschichte der Wei (Weishu)* berichtet darüber und fügt hinzu, daß der entzückte Kaiser sich einen Glaspalast bauen ließ, der hundert Personen aufnehmen konnte. Das ist sicherlich übertrieben, aber dennoch fördert die Archäologie zuweilen interessante Stücke zutage. So enthielt ein 1957 entdecktes Grab der Familie Feng in Ding in der Provinz Hebei zwei Glasschalen, eine blaue und eine graublaue mit rautenförmigem Reliefdekor. Selbst die Geschichte vom Glaspalast ist wohl nicht ganz aus der Luft gegriffen, denn ungefähr 100 n.Chr. waren beispielsweise die Fenster von Pompeji mit Glasscheiben versehen. Wußten die Chinesen davon oder begnügten sie sich mit einer Imitation des

Glanzes, indem sie Ziegel und Tonstücke mit einer dicken bleihaltigen Schicht *(liuli)* überzogen, die in der Sonne leuchtete und schillerte? Jedenfalls hat wohl das Glas mit seinen besonderen Eigenschaften die Gemüter in der Zeit der Sechs Dynastien sehr beschäftigt, denn zwei Romane des 6. Jahrhunderts schildern es als märchenhaftes Gebilde. So erzählt das *Hanwu gushi,* daß der Han-Kaiser Wu einen Tempel habe errichten lassen, dessen Glastüren das Licht durchscheinen ließen, und das *Xijing zaji (Äußerungen zur Westlichen Hauptstadt)* berichtet, daß der Han-Kaiser Cheng (32–6 v. Chr.) für seine Gattin Zhao Feiyan ein Badehaus mit dicken, grünen Glasscheiben bauen ließ. Halten wir fest, daß das seltene und kostbare Glas im Sagenkreis mit der vergangenen Welt der Herrscher und Prinzen verknüpft war; erst in der Zeit der Sechs Dynastien fand es große Verbreitung, die sich in der Literatur niederschlug und nun von der Archäologie nach und nach belegt wird.

126
Pilgerflasche vom Typ *bianhu.* Ton mit gelber Glasur, H. 20,5 cm. Nördliche Qi-Zeit (550–577). Entdeckt 1971 im 575 datierten Grab des Fan Zui, Gouverneurs von Liangzhou, In Honghecun, Anyang, Provinz Henan
Die tönerne Pilgerflasche ahmt einerseits die abgeflachte Form der vergleichbaren Stücke aus Leder, andererseits den getriebenen Dekor der sasanidischen Goldschmiedearbeiten nach. Dargestellt sind vier ausländische Musikanten, die eine Sängerin begleiten. Aus einer Zeit vor der Sui-Dynastie datierend, zeugt diese Pilgerflasche vom hohen Alter der zentralasiatischen Einflüsse, die in besonderer Weise auf die Tang-Kunst einwirken sollten. Vgl. *Wenwu,* 1972, 1, S. 49 und Abb. 7

DIE SUI- UND DIE TANG-DYNASTIE

Die in Chang'an von einem General gegründete Sui-Dynastie (581–618), deren erster Vertreter sich im Wei-Tal und in Ost-Gansu als Machthaber durchsetzte, hat in der chinesischen Geschichte einen schlechten Ruf, denn die beiden aufeinanderfolgenden Herrscher führten umfangreiche Bauarbeiten durch, die sich erst in der Zukunft als erfolgreich herausstellen sollten. Diese Arbeiten sicherten China seit der beginnenden Tang-Zeit eine Wirtschaftsblüte; der damals gebaute Große Kanal gewährleistet heute noch eine Verbindung zwischen Norden und Süden des riesigen chinesischen Festlandes. Das Volk aber litt unter Fronarbeit und Steuerlast und behielt diese Zeit in schlechter Erinnerung, was die Verfasser der Geschichte der Sui später geschickt ausnutzten, um die Größe der Tang-Dynastie hervorzuheben.

Erinnerung an die großen Arbeiten: die Getreidesilos

Man findet heute hin und wieder Beispiele dieser umfangreichen Unternehmungen. So wurden im Januar 1974 im Westen der alten befestigten Stadt Luoyang vier Kornspeicher aus der Sui- und der Tang-Zeit freigelegt. Man entdeckte sie zufällig bei Erdarbeiten und führte 1974 und 1975 zwei Grabungskampagnen durch[54].

Getreidespeicher sind seit dem Altertum bekannt: birnenförmige Grubensilos der neolithischen Dörfer; Speicher mit einer regulativen Funktion, die Sima Qian erwähnt und die in Notzeiten die Ernährung der Bevölkerung sicherstellten oder im Fall einer allzu großen Ernte den Kurswert des Getreides erhielten; Speicher, in denen man das Steuerprodukt zur Begleichung staatlicher Ausgaben und Entlohnung der Beamten aufbewahrte.

Den *Äußerungen über die großen Bauarbeiten (Daye zaji)* zufolge ließ Yangdi (reg. 605–617) im Jahr seines Regierungsantritts sechzig Kornspeicher mit großem Fassungsvermögen in Luoyang errichten. Ziegel und Münzen in der Nähe von zwei vor kurzem entdeckten Grubensilos mit einem Fassungsvermögen von 20000 bzw. 8000 Scheffel *(shi)* könnten ein Hinweis auf einen dieser Kornspeicher sein. Die beiden Silos waren 4 bis 5 m tief, hatten unten einen Durchmesser von 6 bis 7 m und oben von 9 bis 10 m und waren mit dicken, wie Faßdauben gewölbten und horizontal um das Silo herum angeordneten Brettern verkleidet. Der Boden bestand aus strahlenförmig um eine Holzkugel angelegten Bohlen. Eine rechteckige Ausschachtung (44 × 26 × 70 cm) wies unten zwei Pfostenlöcher (10 bis 12 cm im Durchmesser) auf; vermutlich verankerte man darin die Stützen eines zentralen Mastes, der das Strohdach trug. Eine etwa 5 cm dicke Schicht, die einen der Silos bedeckte, deutet auf ein Dach aus Pflanzenmaterial hin. Mehr wissen wir jedoch augenblicklich nicht, denn die beiden Speicher waren schon sehr früh, spätestens zur Zeit der Kaiserin Wu Zetian (reg. 690–705), zerstört worden. Daher lassen sich die Bauelemente an der Oberfläche, wie Bedeckung und Zugänge, heute kaum noch feststellen.

Der tangzeitliche Wohlstand der Hauptstadt ist an den großen architektonischen Veränderungen abzulesen, die man damals in der Stadt vornahm und die Ausgrabungen von Palästen, wie des Daminggong, belegen. Fundamente von Außenwällen, Toren und Terrassen, die Anlage des Furong-Parkes oder des berühmten Neun-Flüsse-Teichs (Qiujiang), an dem das festliche Bankett zu Ehren der Gelehrten stattfand, die die Promotionsprüfung bestanden hatten – all dies kam seit 1958 im Zuge der Grabungen zum Vorschein.

Die Wandmalereien

Die während vieler Jahre unternommenen Grabungen wurden durch die Entdeckung der drei großartigen 706 angelegten Gräber von Yongtai, Zhanghuai und Yide gekrönt; zwischen 1960 und 1962 fand man das erste, 1971 und 1972 die beiden anderen.

Wieder einmal berichtete die internationale Presse ausführlich über die wunderbaren Funde. Abgesehen von ihrer besonders prachtvollen Ausstattung unterscheiden sich jedoch diese

127
Militärbeamter. Ton mit weißer Glasur und schwarzer Bemalung.
H. 72 cm. Sui-Zeit (595). Entdeckt 1959 im Grab des Zhang Sheng
in Anyang, Provinz Henan
Zhang Sheng war ein Militärbeamter, der 595 starb und mit seiner zuvor verstorbenen Ehefrau begraben wurde. In ihrem gemeinsamen
Grab fand man 192 Grabbeigaben, darunter 95 Tonfiguren und 52 Ke-
ramiken. Die Figuren haben einen sehr weißen Scherben. Eine große
Zahl stellt Dienerinnen dar, die ihren Beschäftigungen nachgehen (vgl.
Abb. 128 und 129); es sind einfache, unglasierte Stücke. Sechs Figuren
sind dagegen glasiert. Zu ihnen gehört dieser Beamte auf seinem Lotos-
sockel. Seine stark betonten Gesichtszüge, die hervorstehenden Augen
und der Bartkranz unterstreichen die martialische Kraft eines guten
Kriegers. Der Beamte stützt sich auf ein Schwert, das Zeichen seines
Amtes. Vgl. *Kaogu,* 1959, 10

128
Frau mit Korb in den Händen. Ton, bemalt. H. 23 cm. Sui-Zeit (595).
Entdeckt 1959 im Grab des Zhang Sheng in Anyang, Provinz Henan
Die Tonfigur, die zu einer umfangreichen Gruppe von 95 Grabfiguren
gehört (vgl. Abb. 127), stellt eine Dienerin dar. In den Händen hält sie
einen Korb, um Erde oder Körner zu sammeln. Vgl. *Kaogu,* 1959, 10

129
Drei Dienerinnen. Ton, bemalt. H. 22–22,5 cm. Sui-Zeit (595). Entdeckt 1959 im Grab des Zhang Sheng in Anyang, Provinz Henan
Die Dienerinnen tragen Becken, Deckelgefäß und Lampe. Alle drei gehören zu einer Gruppe von 95 Grabfiguren (vgl. Abb. 127). Vgl. *Kaogu*, 1959, 10

drei Gräber von den hanzeitlichen lediglich durch ihre Größe und die geometrische Vollkommenheit eines voll entwickelten Bestattungsrituals. Diese unterirdischen Grabmäler hatte ein Kaiser aus schlechtem Gewissen errichten lassen, weil er zu schwach war, seine Kinder vor der Ermordung durch eine machtbesessene Kaiserin zu retten. Sie vermitteln der chinesischen Kunstgeschichte eine Vorstellung davon, welche Bedeutung die Tang-Malerei gehabt haben muß. Bekanntlich gibt es heute – von den großartigen Wandmalereien in den

buddhistischen Felsheiligtümern von Dunhuang abgesehen – praktisch kein Zeugnis der tangzeitlichen profanen oder religiösen Malerei mehr. Sie wurde zusammen mit den Palästen und Tempeln, die sie schmückte, verbrannt, ging im Gepäck von Gelehrten auf der Flucht verloren oder fiel Aufständen zum Opfer, wenn nicht die Zeit die seidenen Bildträger zerstört hatte. Was war von der tangzeitlichen Malerei erhalten? Die Han Gan im Musée Cernuschi, im British Museum und im National Palace Museum in Taipei; und darüber hinaus?

Die drei Gräber von Yongtai, Zhanghuai und Yide zeigen auf 800 m² tangzeitliche Malereien. Der Stil – von einer kräf- 134 tigen, eisendrahtähnlichen Linie umrissene Farbfelder – zeigt, wie gut man die zeitgenössische Malerei von theoretischen Abhandlungen und Werken, beispielsweise eines Gu Kaizhi (345–411), her kannte. Das Ganze ist trotz einer höher entwickelten Technik der Han-Tradition zuzuordnen; selbst die Landschaften sind kaum sorgfältiger ausgearbeitet als die von

130
Kasten. Bronze, vergoldet. L. 23,3 cm, B. 22,8 cm, H. 19,5 cm. Sui-Zeit (603). Entdeckt 1969 in Dingxian, Provinz Hebei
Der Kasten befand sich als Teil geweihter Objekte im Fundament einer Pagode der Nördlichen Song-Dynastie, die 977 im Tempel Qingzhisi in Dingxian geweiht wurde. Er trägt die Datumsangabe »drittes Jahr der Renshou-Ära« (603) und war bereits im 10. Jahrhundert ein »antiker« Gegenstand, zusammen mit weiteren wertvollen alten Objekten von der Nördlichen Wei-Dynastie (453) bis zum Ende der Tang-Dynastie (889). Vgl. *Wenwu*, 1972, 8, Abb. 7, Nr. 5

131
Doppelleibige Amphora mit Drachenkopfhenkeln. Steinzeug mit cremefarbener Glasur. H. 18,6 cm. Sui-Zeit (608). Entdeckt 1957 in Xi'an, Provinz Shaanxi. Beijing, Museum of Chines History
Diese doppelleibige Amphora gehörte zu den Beigaben im Grab eines achtjährigen Mädchens, Li Jingxun, Enkelin der Gemahlin von Kaiser Xuan aus der Nördlichen Zhou-Dynastie (557–581). Vgl. *Kaogu*, 1959, 9

Pinglu. Aber das äußerst vielseitige Repertoire liefert eine unvergleichliche Schilderung des Lebens in der Hauptstadt auf dem Höhepunkt der Dynastie, mitten im chinesischen Mittelalter. So findet man die üblichen Gesellschaftsdamen und Dienerinnen, deren Anmut und Frische uns die *mingqi*-Figürchen bereits überliefert haben. Daneben aber gibt es belebte Szenen: das berühmte »Polospiel« zum Beispiel, wo etwa zwanzig Reiter in Stiefeln und engen Überröcken hinter einem Ball hergaloppieren, den fünf von ihnen mit einem Schläger zu treffen versuchen. Im Hintergrund schreiten zwei Kamele mit Packsätteln, die vermutlich Verpflegung oder für das Spiel benötigte Ersatzstücke transportieren. Dieses Spiel

hat eine merkwürdige Geschichte. Es ist zu Beginn unserer Zeitrechnung im Iran entstanden, während der Begriff »Polo« vermutlich tibetanischen Ursprungs ist. Es heißt, daß auch die Araber sich dafür begeisterten und Harun al Raschid es als der erste Kalif betrieb; auch die byzantinischen Kaiser sollen es gern gespielt haben. In China tauchte es in der Tang-Zeit auf, wie das Grab von Zhanghuai bestätigt. Es überdauerte Jahrhunderte und Revolutionen bis zur ausgehenden Ming-Zeit und breitete sich anschließend in Indien aus. Dort entdeckten es im 19. Jahrhundert die Engländer für sich, und 1871 veranstaltete man das erste Poloturnier in Großbritannien.

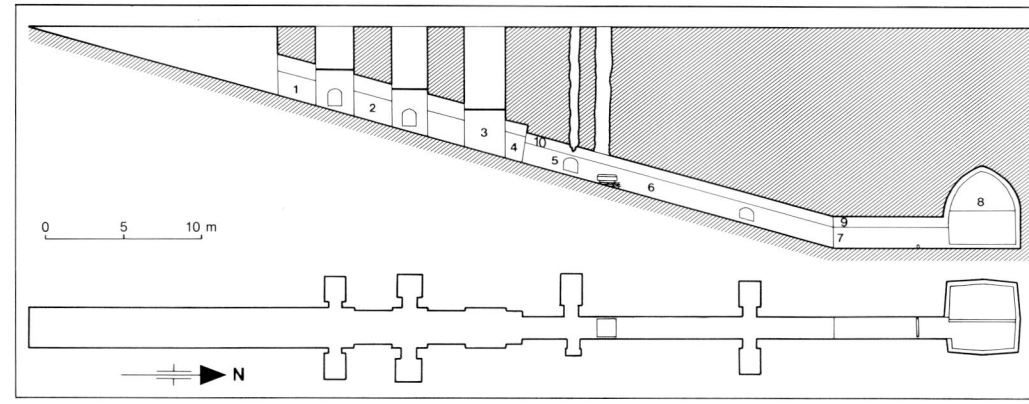

Fig. 20
Längsschnitt und Grundriß des Grabes von Li Feng, in der Nähe von Xi'an. Nach *Kaogu*, 1977, 5, S. 314

Fig. 21
Verteilung der Wandmalereien im Grab von Li Feng, in der Nähe von Xi'an. Nach *Kaogu*, 1977, 5, S. 315

132–133
Kamelführer mit seinem Tier. Ton mit grüner Glasur und Farbspuren.
H. 84 cm. Tang-Zeit (703). Entdeckt 1956 im Grab des Dugu Shizhen
(703 eingerichtet) in Hongqingcun, Provinz Shaanxi. Beijing, Museum
of Chinese History
Die fleischigen Lippen, die große Nase und vor allem das gelockte Haar
des Kamelführers lassen keinen Zweifel an seiner nicht-chinesischen
Herkunft. Die Technik der beiden Figuren ist typisch für die *mingqi* aus
der Wende vom 7. zum 8. Jahrhundert: Die Figuren aus monochrom
glasiertem Ton wurden nach dem Brand kalt bemalt.

134   ▷
Damen mit Fächern. Wandmalerei. H. ca. 160 cm. Tang-Zeit (706).
Entdeckt 1971–1972 im Grab des Kronprinzen Yide, Xi'an, Provinz
Shaanxi
Die Wandmalereien im 706 angelegten Grab des Kronprinzen Yide
(682–701) zählen zu den schönsten ihrer Art. Anhand von ihnen läßt
sich ermessen, mit welcher Pracht die Kaiser- und Fürstenpaläste sei-
nerzeit ausgestattet waren. Vgl. *Wenwu*, 1972, 2, S. 28–29 und Abb. 3,
Nr. 2

Die Poloszene im Grab von Zhanghuai ist kompositorisch
recht erstaunlich und zeigt deutlich, wie die Maler damals
versuchten, die Figuren in einer Landschaft zu entwickeln.
Die Landschaft deuten lediglich einige in regelmäßigen Abständen gepflanzte Bäume im Vordergrund an, die fast die
Sicht beeinträchtigen. Hinter einem Gebilde, das ein Gatter-
zaun sein könnte, erstreckt sich ein flacher, einfarbiger Hintergrund, ganz wie in der Han-Zeit üblich. Die Phantasie des
Malers beschränkte sich also auf die Gestaltung eines großformatigen und geradezu überladenen Vordergrundes, der
aber den Betrachter zu einem imaginären Spaziergang ein-
lädt. Darf man darin den ungeschickten, bescheidenen Anfang einer Technik sehen, die viel später von den großen
Landschaftern der Nördlichen Song-Zeit, besonders von Fan
Kuan (ca. 960–1030), entwickelt wurde?

Die geometrisierende Absicht der Komposition kommt auf
dem Gemälde der gegenüberliegenden Wand viel deutlicher
zum Ausdruck. Es stellt einen Aufbruch zur Jagd dar, mit
etwa vierzig Reitern, die sich inmitten von Bergen und Bäu-
men tummeln. Hier sind die wesentlichen Merkmale eines
echten Landschaftsgemäldes vereint: Bäume, Felsen und
kegelförmige Berge zeigen nun ein gewisses Streben nach de-
taillierter und modellierender Darstellung. Die einzelnen Elemente, wie Pferde, Bäume und Berge, sind nicht in den
richtigen Größenverhältnissen wiedergegeben, aber die dia-
gonal angelegte Gesamtkomposition und die Vogelperspek-
tive bewirken einen starken räumlichen Eindruck. Man kann
in dieser Gesamtkomposition sogar zwei Fluchtpunkte entdecken, die den Blick in entgegengesetzte Richtungen führen
und so Bewegung schaffen; der eine befindet sich ganz rechts

unten, wo sich die Reiter in der Verlängerung der Berglinien vergnügen, der andere in der oberen Mitte der Komposition, wo die Masse der Reiter bis auf einen Punkt reduziert ist. Hier erscheint ein bisher unbekanntes Stück chinesischer Landschaftsmalerei, und wenn man an die japanischen Nachfolgewerke denkt, erhält man eine Vorstellung davon, welche unschätzbaren Reichtümer im Laufe der Jahrhunderte in China verlorengegangen sein müssen, wo man trotz des Totenkultes die Vergangenheit zu wenig bewahrte.

Über die Maler dieser erstaunlichen Werke ist nur wenig bekannt. Gesichert sind lediglich die Namen von zweien, die die Fresken im Grabtempel der Yongtai gemalt haben und die Zhang Yanyuan (ca. 810–880) in seinem berühmten Malereitraktat *Verzeichnis der berühmten Gemälde (Lidai minghuaji)* erwähnt. Sie hießen Yang Qidan und Zheng Fashi, aber man weiß vorderhand noch nicht, ob sie ausschließlich für den Palast arbeiteten oder auch Grabmalereien schufen, die wohl zuweilen von geringerer Qualität waren, da sie im Grabinnern von jeder Öffentlichkeit ausgeschlossen blieben. Doch vor allem die Malereien in der Grabkammer des Kronprinzen Yide sind hervorragend ausgeführt und lassen auch eine hochwertige Tang-Malerei außerhalb der Grabkunst vermuten.

Die dargestellten Themen sind von besonderem Interesse, weil sie unsere Kenntnisse über das offizielle Repertoire der Tang-Malerei erweitern. Während die Prozessionen eleganter Damen oder Würdenträger ganz in der hanzeitlichen Tradition der Grabmalerei stehen, ergänzen andere Szenen aus dem Palastleben, die man fast Genreszenen nennen könnte, beträchtlich unsere Vorstellungen über die höfische Malerei. Zu dieser Kategorie gehören die Polo- und Jagdszenen. Noch lehrreicher sind die Gemälde von »Höflingen und Gästen«, wie man sie in China nennt. Im Vordergrund stehen drei wichtige Beamte oder Persönlichkeiten des Hofes mit dem Statuszeichen des eleganten schwarzlackierten Gazehuts; etwas weiter hinten schreiten drei »Gäste« oder Gesandte von nicht-chinesischen Völkern, die alle nach der Art ihres Landes gekleidet sind. Zum einen bemühte sich der Maler um individuelle Darstellung, zum andern aber auch um eine stark anekdotische Wirkung. Wie auf den Bildrollen steht die eigentümliche Vielfalt der fremden Gesichter im Gegensatz zum Grundtypus des vollkommenen Chinesen, der Würde und Ernst ausstrahlt. Wenn auch die Beziehung zur Profanmalerei deutlich ist, wie zum Beispiel die Bildrolle der »Tribut-Gesandten« von Yan Liben (7. Jahrhundert) zeigt, so hat dieses Treffen von Hofleuten und ausländischen Persönlichkeiten hier eine besondere Bedeutung. Zwei Szenen mit diesem Thema schmücken die Seitenwände des Ganges, der zur Grabkammer des Kronprinzen Zhanghuai führt, und die Fremden scheinen sich seiner letzten Ruhestätte zuzuwenden. Es handelt sich zweifellos um eine jener Bestattungszeremonien, an denen die Reisenden und ausländischen Botschafter in der Tang-Zeit häufig teilnahmen, als Chinas Ruhm über ganz Eurasien drang. Man kannte bisher eine Reihe von Darstellungen der friedlichen oder kriegerischen Beziehungen

mit den »Barbaren«, hier aber sehen wir dank dieser Entdeckung zum ersten Mal die Beileidbezeugung einer ausländischen Delegation.

Einige Gemälde im Grab des Kronprinzen Yide (Li Zhongrun) geben ähnliche Hinweise. Sie behandeln etwa zwei ausschließlich kaiserlichen Grabmälern vorbehaltene Themen, die »Qiji-Hellebardenträger« und die »Palastbegleiter«. Von den Han-Gräbern und ihren Umzügen mit, je nach dem gesellschaftlichen Rang der Verstorbenen, mehr oder weniger zahlreichen Wagen kennen wir bereits eine solche hierarchische Ordnung. Eine vergleichbare Vorschrift behielt in der Tang-Dynastie die Darstellung der Qiji-Hellebardenträger Präfekten oder Beamten vom dritten Rang an vor. Elitetruppen führten, ähnlich wie die Liktoren, die Prozessionen zu Ehren eines hochgestellten Beamten an. Bei Yide weisen zwei Reihen von je 80 Hellebarden in zwei Ständern auf den fürstlichen Rang des Verstorbenen hin.

Diese Werke sind erstaunliche Zeugen einer Kunst, von der bisher lediglich ausgezeichnete, aber doch etwas verfälschende Kopien eine Ahnung vermittelten; dank ihnen lassen sich manche alte Texte über die Malerei, wie beispielsweise das bereits erwähnte *Lidai minghuaji*, besser verstehen. So liest man im Kapitel über die Landschaften, Bäume und Felsen: »In den ersten Jahren unserer Dynastie [der Tang] ... befaßten sich Yang Qidan [und andere] vor allem mit der Wandmalerei in Palästen und Klöstern ... Wenn sie Felsen darstellten, so formten sie diese und höhlten sie so aus, daß sie wie kantige Eisblöcke wirkten.«

Vielleicht ist jedoch diese Wiedererweckung nur von kurzer Dauer. Ein neuerer Bericht (C. Allag, CNRS, 1981) liefert eine höchst alarmierende technische Analyse. Man hatte die Malereien auf einem ziemlich dicken Kalkputz (4–5 mm) über einer Schicht aus Lehm und Stroh auf den Ziegelmauern ausgeführt. Da sich die Malereien 7 bis 17 m tief unter der Erde befinden, veränderte die Feuchtigkeit den Lehmträger und zersetzte die Kalkoberfläche. Wegen dieser Schäden haben die chinesischen Behörden bereits die Gemälde in den Gängen abnehmen und im Museum von Xi'an unterbringen lassen sowie die Fresken in den Grabkammern mit Glasscheiben bedeckt. Aber die letztere Maßnahme erweist sich manchmal als das schlimmere Übel, denn unter den Glasscheiben bildet sich grünlicher Schimmel auf der Malschicht. Es bedarf also dringend einer Rettungsaktion; entweder müssen alle unterirdischen Grabgebäude von Grund auf renoviert werden,

135
Berittener Jäger. Ton mit »Dreifarben«-Glasur *(sancai)*. H. 36 cm, L. 31 cm. Tang-Zeit (706). Entdeckt 1971–1972 im Grab des Kronprinzen Yide, Xi'an, Provinz Shaanxi
Der Jäger trägt einen mit Pfeilen gefüllten Köcher auf seiner rechten sowie Schwert und Bogenfutteral auf seiner linken Seite. Auf der rechten Hand hält er einen flugbereiten Jagdfalken. Hinter ihm liegt auf dem Sattelsteg ein erlegtes Wild. Vgl. *Wenwu*, 1972, 7, S. 26–32 (vergleichbare Stücke)

136
Berittener Musikant. Ton, bemalt. H.
33 cm, L. 30 cm. Tang-Zeit (706). Entdeckt 1971–1972 im Grab des Kronprinzen Yide, Xi'an, Provinz Shaanxi
Das 706 angelegte Grab des Kronprinzen
Yide (682–701) enthielt eine prachtvolle
Grabausstattung mit mehr als 1000 Gegenständen und rund 40 Wandmalereien.
Unter den Tonfiguren gab es zahlreiche
Reiter und Pferde. Die berittenen Musikanten zogen mit dem Heer und gaben
den Marschrhythmus an. Vgl. *Wenwu,*
1972, 7, S. 26–32 (vergleichbare Stücke)

137   ▷
Gesatteltes Pferd. Ton mit »Dreifarben«-
Glasur *(sancai).* H. 72 cm, L. 83,8 cm.
Tang-Zeit (706). Entdeckt 1971–1972 im
Grab des Kronprinzen Yide, Xi'an, Pro-
vinz Shaanxi
Diese herrliche Pferdefigur, Beispiel für
eine bei Sammlern hochgeschätzte Kera-
mikgattung, vereint alle Qualitäten eines
Rennpferdes aus dem kaiserlichen Mar-
stall: kraftvolle Muskeln und schlanke
Fesseln. Man beachte die Feinheit der in
Schlicker aufgesetzten Elemente: Mähne,
Stirnlocken, Sattel mit zusammengezoge-
ner Satteldecke und Zaumzeug. Der kurz
gestutzte Schweif ist kunstvoll geflochten.
Vgl. *Wenwu,* 1972, 7, S. 26–32 (vergleichbare Stücke)

138–139
Zivilbeamter und Militärbeamter. Ton mit kalter Bemalung und Resten von Blattgold. H. 113 cm. Tang-Zeit (718). Entdeckt 1972 im Grab des Li Zhen in Xinglongcun, Liquanxian, Provinz Shaanxi. Liquan, Zhaoling Museum
Die beiden Beamten bilden ein Paar, nach einem Brauch, der für die Gräber von hohen Würdenträgern der Zeit üblich war. Der Zivilbeamte hält ein längliches Täfelchen mit abgerundeten Ecken, der Militärbeamte ein oben zugespitztes Täfelchen in den Händen. Der entschlossene Gesichtsausdruck der Militärperson, die buschigen Augenbrauen und der Beamtenhut mit einem aufmodellierten herabstürzenden Raubvogel verleihen der Figur ein martialisches Aussehen. Vgl. *Wenwu*, 1972, 7, S. 44, Nr. 7

140   ▷ ▷
Berittener Krieger in Rüstung. Ton mit kalter Bemalung und Resten von Blattgold. H. 34 cm, L. 30 cm. Tang-Zeit (706). Entdeckt 1971–1972 im Grab des Kronprinzen Yide, Xi'an, Provinz Shaanxi
Der Reiter trägt eine lackierte und vergoldete Rüstung; sein Pferd ist mit einem Harnisch geschützt. Vergleichbare Stücke waren für die Östliche Jin-Zeit (317–420) bekannt, doch vor der Öffnung des Grabes von Yide gab es kein Beispiel aus der Tang-Zeit. Vgl. *Wenwu*, 1972, 7, Abb. 4, Nr. 2

oder die Malereien sind an einen besser geeigneten Ort zu bringen. Wahrscheinlich werden die chinesischen Behörden schon bald die großartigen Grabmäler schließen müssen, die man soeben erst der Öffentlichkeit zugänglich gemacht hat; die Totenruhe ist mit dem Trubel der Lebenden nicht vereinbar.

Die Keramik

Alle Liebhaber chinesischer Kunst kennen und schätzen die tangzeitliche Keramik und besonders eines ihrer glänzendsten Produkte, die Keramik mit »Dreifarben«-Glasur *(sancai)*, von der man in den letzten dreißig Jahren in Gräbern zahlreiche großartige Stücke gefunden hat. Eine allgemeine Erörterung würde den Rahmen dieser Arbeit sprengen, aber es ist sicher von Nutzen, einige vorläufige Folgerungen aus den Entdeckungen zu ziehen, die geographisch und zeitlich gut einzuordnen sind.
   Die chinesischen Archäologen stellen nun zum Beispiel interessante Zusammenhänge her[55]. Kunstkenner haben nur kostbare Stücke erwähnt und berücksichtigt; 70% der in den letzten dreißig Jahren entdeckten Grabkeramiken sind jedoch einfache Tonwaren, die nach dem Brand bemalt und nicht glasiert wurden. Sie sind von mittlerer Qualität und rasch ausgeführt worden, zeigen aber eine große Formenvielfalt; in der Welt der Lebenden hatten sie keine Funktion. Daneben kommen einige Stücke mit grüner oder brauner Bleiglasur vor, die den hanzeitlichen Keramiken sehr nahe stehen. Da sie lange in der Erde lagen, besitzt ihre Oberfläche heute einen feinen

Junger Pferdeknecht. Ton mit farbigen Glasuren und kalter Bemalung. H. 50,5 cm. Tang-Zeit (706). Entdeckt 1972 im Grab des Kronprinzen Zhanghuai. Qianxian, Qianling Museum

Die Beigaben im Grab des Kronprinzen Zhanghuai (654–684), das wie das des Kronprinzen Yide 706 angelegt wurde, umfaßten mehr als 600 Gegenstände; hinzu kamen rund 60 Wandmalereien. Das Haar dieses Pferdeknechtes ist in der Mitte gescheitelt und auf den Seiten zu einer Rolle gedreht. Die Kleidung ist nicht-chinesisch. Die Pferdeknechte kamen im allgemeinen wie die Rennpferde, die sie betreuten, aus West- und Zentralasien. Die nichtchinesische Herkunft wird in Keramiken dieser Art häufig durch eine breite Nase und derbe Gesichtszüge hervorgehoben. Vgl. *Wenwu,* 1972, 7, S. 15

142
Wächtergottheit. Ton mit »Dreifarben«-Glasur *(sancai).* Tang-Zeit (Ende 6. – Anfang 7. Jahrhundert). Entdeckt in Chang'an, Xi'an, Provinz Shaanxi

Dieser Krieger hat das furchterregende Aussehen eines Weltenwächters, die gewöhnlich zu zweit den Eingang eines Grabes bewachen. Von diesem Typus unterscheidet ihn jedoch die Armhaltung: Er spannt einen Bogen. Dagegen entspricht es der üblichen Ikonographie, daß er in leichtem Kontrapost auf einem Tier – hier einem Widder – steht. Die Farbflecken auf der Rüstung sind höchst wirkungsvoll ausgeführt.

143
Lokapāla, Weltenwächter *(tianwang).* Ton mit »Dreifarben«-Glasur *(sancai).* H. 65,5 cm. Tang-Zeit (618–907). Entdeckt 1959 in Zhongbaocun, Xi'an, Provinz Shaanxi

Dieser Weltenwächter bildete ein Paar mit einem anderen, und vor beiden stand je ein Wächterdämon: ein vierbeiniges Wesen mit Menschenkopf, Schweinsohren sowie einem kleinen und einem großen Horn. Die vier Geschöpfe bewachten den Eingang eines Grabes. Vgl. *Kaogu,* 1960, 3, S. 35 und Abb. 10, Nr. 1

144
Liegender Stier. Ton mit rotbrauner Glasur, L. 46 cm. Tang-Zeit
(7.–8. Jahrhundert). Entdeckt 1965 in Qinan, Provinz Gansu
Die wirklichkeitsnah gestaltete Grabbeigabe ist mit einer Glasur überfangen, deren Farben an die »Dreifarben«-Glasur (sancai) erinnern.

145   ▷
Kamel mit kleinem Orchester auf dem Rücken. Ton mit »Dreifarben«-
Glasur (sancai) und Resten kalter Bemalung. H. 58,4 cm, L. 43,4 cm.
Tang-Zeit (723). Entdeckt 1957 im Grab des Generals Tinghui in Nan-
hecun, Xi'an, Provinz Shaanxi. Beijing, Museum of Chinese History
Diese erstaunliche Figur eines Kamels trägt ein kleines Orchester mit
vier Musikanten und einem Sänger auf dem Rücken. Die lange Nase
und der gekräuselte Vollbart von drei der Personen deuten ihre fremde
Herkunft an. Zu erkennen sind ein Lautenspieler (pipa) und ein Bläser,
dessen Instrument verloren ist. In demselben Grab fand man auch die
Figur eines Kamels mit einem sechsköpfigen Orchester und einer Sängerin auf dem Rücken. Während der Teppich, der bei jenem Stück über
die Plattform für die Musikanten hängt, ein Rautenmuster hat, ist er bei
dem hier abgebildeten mit Streifen verziert. Ein weiteres Kamel mit
sechsköpfigem Orchester und Sängerin wurde 1959 in Zhongpucun,
einem Vorort von Xi'an, ausgegraben. Das lautenähnliche Instrument,
das auf dem hier abgebildeten Stück einer der Musikanten hält, erinnert
an die berühmte biwa im Shōsō-in-Schatzhaus des Tempels Tōdai-ji in
Nara (Japan), auf deren Plektrumschutz eine Malerei ein kleines Orchester auf dem Rücken eines weißen Elefanten darstellt. Vgl. Wenwu,
1978, 5, S. 74–80

Lüsterglanz, der einen ursprünglich gewöhnlichen Gegenstand kostbar macht.

Diese einfachen Stücke verweisen uns in die Welt der Lebenden. Heute steht fest, daß seit der Shang-Dynastie die chinesischen Töpfer, die sich auf alle Brenntechniken verstanden, »Proto-Porzellan« herstellen konnten, indem sie teilweise glasähnliche Keramiken mit wasserdichter Glasur schufen. Man weiß allerdings noch nicht recht, was aus ihrem Geheimnis wurde, das sicher streng gehütet vom Vater auf den Sohn überging und einmal abhanden kam. Aber die Töpfer setzten ihre Bemühungen fort und stellten in der Han-Zeit braune Keramik mit Eisenoxydglasur und grüne mit Kupferoxydglasur her. Die einzelnen Partien desselben Gefäßes zeigen manchmal alle Nuancen von reinem Grün über helle oder dunkle Farbwerte bis zu Gelbgrün, je nachdem wie sehr sie dem Feuer ausgesetzt waren.

Neuere Untersuchungen haben ergeben, daß die Töpfer noch zu Beginn der Tang-Zeit im allgemeinen stark eisenhaltige (etwa 2 bis 3%) Erden verwendeten und damit der durchsichtigen Glasur einen grau-grünen Schimmer verliehen, während gegen Ende der Dynastie die Verbesserung der Fertigungstechniken eine Reduzierung des Eisengehalts ermöglichte. Aber die technische Qualität der »Grünen Waren« variiert infolge des unterschiedlichen Materials beträchtlich von einem Brennofen zum andern. Deshalb rühmten damals die Dichter immer wieder die regionalen »Spezialitäten«. Allein die Erwähnung der berühmten »Grünen Ware aus Yue« bewirkte schon die Vorstellung erlesenen Genusses, und Wang Renyu erinnert in seinen *Tatsachen und Spuren der Kaiyuan-Ära* [713–741] *und der Tianbao-Ära* [742–755], daß es am Hof des Kaisers Xuanzong (reg. 712–756) kein Fest gab, bei dem man nicht den farbigen Glanz und den Klang der Schalen aus Yue pries.

Die Handwerker in Xi'an und in der Großen Ebene eiferten zwar ihren südlichen Kollegen nach – einige Werkstätten, beispielsweise in Anyang oder Gongxian, stellten »Grüne Ware« her –, aber man war in Nord-China erfolgreicher mit der »Weißen Ware«.

Die Herstellung weißer Keramik war wohl ein uralter Traum der chinesischen Töpfer. Beispiele sind sogar in den neolithischen Longshan-Schichten gefunden worden, und man kennt auch die erstaunliche weiße Keramik der Shang, deren Geheimnis anscheinend ebenfalls verlorenging. Es gibt in der Tat mehrere Methoden zur Herstellung weißer Stücke. Diese Farbe ergibt sich selbst, wenn man Kaolin als Erde verwendet; weist der Ton Unreinheiten auf, so kann man sie beseitigen, indem man den Gegenstand mit Eisenglasur überzieht. Falls der Töpfer nur über eine dunklere Erde verfügt, muß er ihre Naturfarbe unter einer dicken weißen Glasur oder unter einen wiederum glasierten Engobe verbergen; denn nur ein Scharffeuerbrand ermöglicht unter bestimmten Bedingungen reines Weiß.

In Xi'an waren etwa 30% der hochwertigen Stücke in den tangzeitlichen Gräbern weiß; diese Tatsache wie auch die Inschrift auf dem Hals eines im Palace Museum (Gugong) von Beijing aufbewahrten Gefäßes legen die Vermutung nahe, daß man sie seit dem 7. Jahrhundert in großen Mengen herstellen konnte.

Die Provinz Henan war nach Xi'an das zweite bedeutende Herstellungszentrum der »Weißen Ware«; besonders die Brennöfen von Anyang schufen die berühmten »Drachen«-Schalen. Aus diesen Brennöfen kam jedoch, wie auch in der Provinz Shaanxi im Westen des Landes, ein leicht gelbliches Weiß; vermutlich konzentrierte man sich dort mehr auf farbige Grabgegenstände, wie die bekannten türkisfarbenen Stücke.

Die schönsten weißen und auch grünen Stücke, die unter dem Oberbegriff *xing* zusammengefaßt werden, kamen jedenfalls, entgegen bisher anderslautenden Meinungen, aus Süd-China, das bereits in der Zeit der Sechs Dynastien auf diesem Gebiet eine Vorrangstelle hatte. Die Öfen von Nanchang in der Provinz Jiangxi – Jiangxi sollte später wegen Jingdezhen Berühmtheit erlangen – stellten so weiße Gefäße her, daß die *Alte Geschichte der Tang (Jiu Tang shu)* sie hervorhob und berichtete, Kaiser Xuanzong habe sie besonders geschätzt. Vermutlich hatten sich die südchinesischen Meistertöpfer seit langem bemüht, dem schon in alter Zeit verlorengegangenen Herstellungsverfahren weißer Keramik auf die Spur zu kommen. In der Provinz Hunan fand man einige, allerdings recht derbe Stücke aus der Östlichen Han-Zeit, während in Nord-China vergleichbare Objekte erst 300 Jahre später in Anyang auftauchen sollten.

Die neueren Grabungen führten zu dem Nachweis eines Unterglasurdekors schon für die Tang-Zeit; bekanntlich erfreute sich dieser Dekor seit der Song-Zeit großer Beliebtheit, zum Beispiel in Cizhou in der Provinz Hebei. In Yaozhou[56] in der Provinz Shaanxi, das in der Song-Zeit für die Qualität und Vielfalt seiner Schöpfungen berühmt war, belegten Funde in den Jahren 1973 und 1974 eine höchst vielgestaltige Produktion bereits unter den Tang: Stücke mit hauptsächlich schwarzer oder weißer, aber auch gelber oder grüner Glasur, neben einer Vielzahl von einfachen, unglasierten Tonwaren. Man fand dort sogar Gefäße mit dem sogenannten Gürteldekor, deren Bauch sich von Hals und Fuß farblich stark abhebt. Obendrein ergab sich, daß die Töpfer in Yaozhou schon zur Tang-Zeit Unterglasmalereien ausführten: in Grün unter einer milchigen, weißlichen Glasur; aber diese bei mittlerer

146
Brüllendes Kamel. Ton mit »Dreifarben«-Glasur *(sancai)*. H. 82 cm, L. 60 cm. Tang-Zeit (8. Jahrhundert). Entdeckt 1970 im Grab des Qi Siming, Xianyang, Provinz Shaanxi
Die Grabfigur stellt auf bewundernswerte Weise eines dieser fremdartigen Tiere dar. Zu Beginn des 8. Jahrhunderts konnte man viele Kamele in Chang'an sehen, dem Ausgangs- und Zielpunkt zahlreicher Karawanen, die auf der Seidenstraße zwischen China und dem Abendland hin- und herzogen.

Hitze gebrannten Gefäße waren wohl nicht so gut wie vergleichbare Stücke aus dem Gebiet von Changsha, dessen Überlegenheit unbestreitbar scheint.

Die 1957 und 1959 im Gebiet von Changsha in der Provinz Hunan unternommenen Nachforschungen bei den Brennöfen von Tongguan[57] haben zu der Erkenntnis geführt, daß in diesem Zentrum die chinesische Keramik mit Unterglasurdekor entstanden ist. Vor etwa zehn Jahren setzte man die Grabungen fort und fand zahlreiche neue Stücke.

Die Brennöfen von Tongguan folgen auf etwa 6 km Länge einem Wasserlauf. Sie variieren beträchtlich in der Größe. Ihre gesamte Produktion stammt fast ausschließlich aus der Tang-Zeit (von der Yuanhe-Ära, 806–820, bis zur Dazhong-Ära, 847–859). Unter den über 2000 Objekten, die man seit 1974 aus der Erde geholt hat, befinden sich drei porzellanähnliche Steinzeuggefäße ohne Dekor und mehrere hundert mit Unterglasurdekor, der meistens aus braunen, grünen, blauen oder roten Flecken besteht. Aber mehr als 200 Gefäße zeigen auch schwungvoll und ohne Überarbeitung aufgemalte Motive von Figuren, Pflanzen, Vögeln und anderen Tieren; 54 Stücke sind sogar mit Gedichten und Liedtexten versehen. Die Entdeckungen von Tongguan liefern also den schlagenden Beweis für eine lebendige Keramik mit Unterglasurdekor in diesem Gebiet seit der Tang-Zeit.

Diese bedeutsame Erkenntnis interessiert vor allem Fachleute und Kunstliebhaber. Die breite Öffentlichkeit jedoch zeigt sich empfänglicher für die berühmte Keramik mit »Dreifarben«-Glasur (sancai), die seit mehr als zwanzig Jahren regelmäßig bei Grabungen zutage gefördert wird, wie in dem 1959 in einem westlichen Vorort von Xi'an entdeckten Komplex von Zhongbaocun oder in den Grabmälern von Yongtai, Yide und Zhanghuai, deren reiche malerische Ausstattung wir bereits vorgestellt haben.

Diese umfangreiche Ausbeute an Stücken, die größtenteils bekannten Typen zugehören, ermöglicht es heute, eine Entwicklungsgeschichte der sancai zu skizzieren, deren Beginn und Ende sowie Verhältnis zu den anderen Grabkeramiken man vor dreißig Jahren noch nicht hatte festlegen können.

So scheinen sich nach dem heutigen Wissensstand in den Sui-Gräbern immer Keramiken zu befinden, nicht aber in den Tang-Gräbern; die zuweilen glasierten Sui-Stücke haben meistens keinen Dekor.

Eine Untersuchung im Gebiet von Xi'an hat ergeben, daß man in der Tang-Zeit im 7. Jahrhundert 87% der Gräber mit Keramiken ausgestattet hatte, meist kleinen Stücken, die ausschließlich für den Grabkult bestimmt waren. Dafür tauchten damals die berühmten Keramiken mit »Dreifarben«-Glasur und Stücke mit floralen Motiven auf.

Im Lauf des 8. Jahrhunderts nahm anscheinend die Zahl der echten Gebrauchsgegenstände in den Gräbern noch weiter zugunsten der rein kultischen Stücke ab, und 91% der Gräber bargen nun Keramiken. Sie bezeugen das Goldene Zeitalter der sancai-Keramik, die eigens für die Totenwelt bestimmt war. Diese Blütezeit währte jedoch nicht lange. Ein

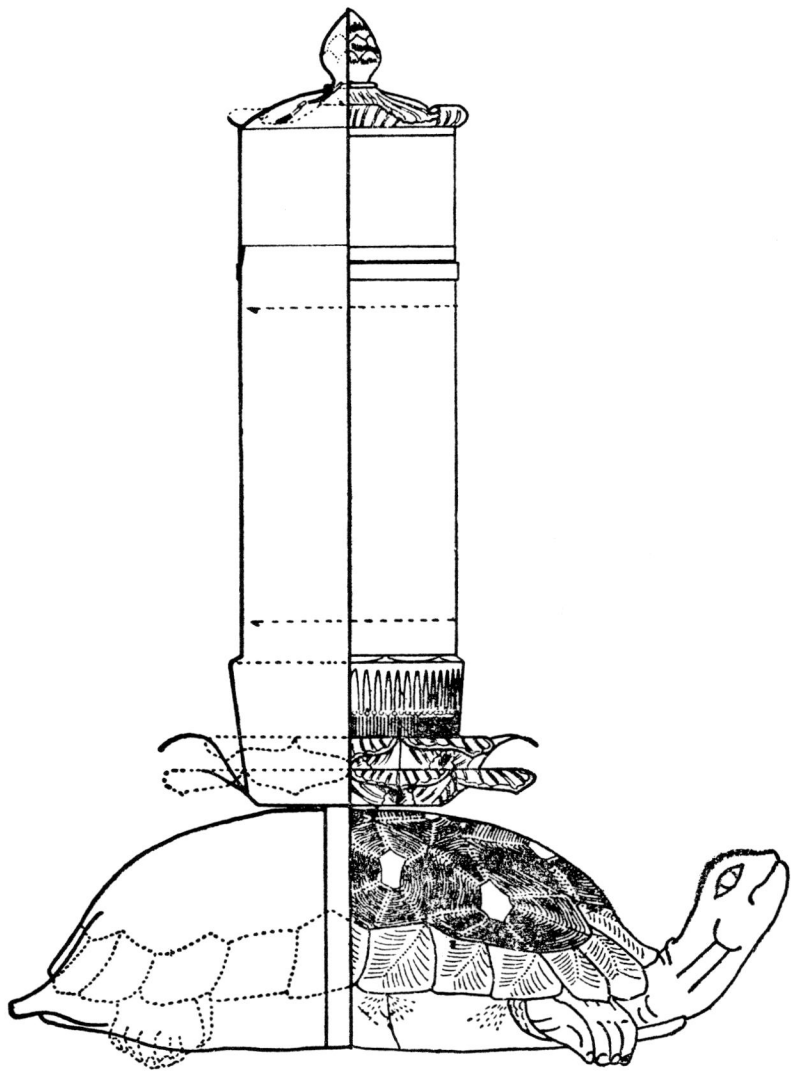

147
»Lunyu yuzhu«. Gold und Silber. H. 34,2 cm, L. 24,6 cm. Tang-Zeit (618–907). Entdeckt 1982 in Dingmaoqiao, Provinz Jiangsu (nach *Wenwu*, 1982, 11, S. 17)
Die Schildkröte trägt auf ihrem Rücken einen zylindrischen Behälter, der auf einer Lotosblüte ruht. In einer Kartusche steht die aus vier Zeichen bestehende Inschrift »Lunyu yuzhu« (»Wertvoller Lunyu-Leuchter«). Über die ganze Oberfläche des Zylinders zieht sich ein Dekor mit dichtem Rankenwerk. Auf anderen Goldschmiedearbeiten – es handelt sich um ein Prunkgeschirr – aus demselben Fund ist ebenfalls eine Anspielung auf das *Lunyu (Gespräche des Konfuzius)* zu finden. Möglicherweise geht das auf die Erneuerung des Konfuzianismus in der Tang-Zeit, vor allem in der zweiten Hälfte der Periode, zurück. Vgl. *Wenwu*, 1982, 11, S. 16, 24 und Abb. 1

148   ▷
Kanne mit Hals in Form eines Phönixkopfes. Ton mit »Dreifarben«-Glasur *(sancai)*. H. 32,2 cm. Tang-Zeit (8. Jahrhundert). Entdeckt 1961 in Luoyang, Provinz Henan
Die Kanne mit flachem Bauch und Hals in Form eines Phönixkopfes ahmt in Ton typische Formen und Motive der Goldschmiedekunst nach. Der Schlickerdekor auf dem Gefäßkörper zeigt einen berittenen fremden Krieger, der zurückgewendet, in Art der Parther, einen Pfeil abschießt.

180

Jahrhundert später ging die Pracht der Grabausstattung zurück und wurde auch von Keramiken in der Größe echter Gegenstände nicht ausgeglichen. Diese echten Gebrauchsgegenstände sind an ihren weitgehend geometrischen Mustern erkennbar, während ein reicher Dekor eher auf eine ausschließlich grabkultische Funktion hinweist. Damals verschwand die »Dreifarben«-Keramik fast ganz; man kennt nur noch einige Beispiele aus der Yuan- und der Ming-Zeit wie die Grabfigur im Musée Cernuschi in Paris.

Der Beitrag der heutigen Archäologie besteht in diesem Zusammenhang weniger darin, ein längst vermutetes und erörtertes Phänomen aufgezeigt als es mit prächtigen Stücken belegt zu haben, die gut datiert sind und eine zeitliche Bestimmung der Glanzzeit der sancai – erste Hälfte des 8. Jahrhunderts – und eine genaue Analyse ihrer Zusammensetzung ermöglichen.

Ein gutes sancai wird aus sehr reinem, weißem Ton hergestellt, den man erhält, indem man die Erde lange wäscht, knetet und »reifen« läßt. Der Gegenstand wird zweimal gebrannt, das erstemal bei 1000° bis 1100° C, um ihn zu härten; wenn er abgekühlt ist, trägt man die Farben auf und brennt ihn noch einmal bei 900° C. Der Töpfer muß die chemischen Veränderungen der verschiedenen Farben sehr gut kennen und beherrschen, denn die Qualität eines sancai läßt dem Zufall keinen Raum.

132, 133, 135–141 143–146, 148 Jeder Gegenstand, der diesen Kriterien entspricht, kann als sancai bezeichnet werden. So befinden sich in den Tang-Gräbern zahllose Teller, Schalen, Wasserkannen, aber auch Figürchen von Menschen und Tieren, die vollkommensten Beispiele der mingqi, der Grabfiguren, die nur noch entfernt an die blutigen Opfer der Bronzezeit erinnern.

Dieser Typus einer glasierten Figur ist nicht erst in der Tang-Zeit entstanden. Seit Beginn der siebziger Jahre kennt man Beispiele aus einem 484 datierten Grab der Nördlichen Wei-Dynastie in Simajinlong bei Datong in der Provinz Shanxi. Diese Stücke sind wie in der Han-Zeit mit einer grünen Bleiglasur überzogen und scheinen Vorläufer der tangzeitlichen sancai-Figürchen zu sein; aber viele wichtige Merkmale unterscheiden sie von ihnen: Einfarbigkeit, roter oder grauer Scherben, ein gröberes Material und eine deutlich geringere Brenntemperatur.

Die Herstellung der glasierten mingqi entwickelte sich rasch in der Zeit der Nördlichen und Südlichen Dynastien, wie Funde von den sancai schon sehr nahestehenden Stücken

149
Deckeltopf vom Typ *guan*. Silber, vergoldet. H. 24,3 cm, ⌀ (Mündung) 12,3 cm, ⌀ (Körper) 20 cm, ⌀ (Fuß) 14,3 cm. Tang-Zeit (8. Jahrhundert). Entdeckt 1970 in Heijiacun, Chang'an, Xi'an, Provinz Shaanxi
Der gravierte vergoldete Topf ist mit dem Motiv eines Papageis in einem Blütenkranz verziert, ein Dekor, der am Hof von Chang'an hoch in Gunst stand und an bestimmte Stoffmuster erinnert. Vgl. *Wenwu*, 1972, 1, S. 39, Nr. 18

der Nördlichen Qi-Zeit im Gebiet von Anyang vermuten lassen. Die Gräber von Fancui und Puyang (Grabmal von Luo Yun) in der Provinz Henan enthielten Keramiken aus weißem Ton mit einer ebenfalls weißen Glasur, die auch verschiedene Abschattierungen von Blaßgelb oder Grün und ein tiefes Grün um den Bauch des Gefäßes zeigte. Man darf hierin eine Frühform der »Dreifarben«-Keramik sehen.

Aber wann kann man wirklich von *sancai* sprechen? Diese Frage beantworten zum Teil die jüngsten Ausgrabungen. So erforschte man 1972 das Grab des Cheng Rentai, eines berühmten Generals unter Kaiser Taizong, der 664 im Bereich des kaiserlichen Mausoleums, des Zhaoling, beerdigt worden war. In diesem Grab fand man 466 Figuren, die einen mit gelber, die anderen mit grüner Glasur; alle waren nach dem Brand über der Glasur bemalt worden. Dieses Verfahren ermöglicht hinreißende Stücke, die mit mehr als drei Farben dekoriert sein können, aber sie besitzen längst nicht die Haltbarkeit der mit der Glasur verschmolzenen und gebrannten Pigmente. Die starke Empfindlichkeit erklärt, weshalb man diese eindrucksvolle Technik rasch wieder fallen ließ, in der die Archäologen die Frühphase der *sancai* sehen.

Im folgenden Jahr, 1973, lieferte eine weitere Entdeckung einen neuen Anhaltspunkt: das Grab des 15. Sohnes von Li Fig. 20, 21 Yuan, Li Feng, unweit des Mausoleums von Gaozu in der Provinz Shaanxi. Li Feng starb 674 – zehn Jahre nach Cheng Rentai –, und sein Grab erhielt im darauffolgenden Jahr seine endgültige Ausstattung, nachdem man darin auch seine Gattin, eine Tochter aus der Familie der Liu, beerdigt hatte. Im Grab befanden sich mehrere echte *sancai* in Form von Geschirr, Figuren und Scherben. Man kann also für die Entstehung der *sancai* mit allen typischen Merkmalen spätestens die Zeit um 675 ansetzen.

Von da an gibt es Beispiele in Überfülle. Zu den reichhaltigsten Fundstätten gehören die Gräber von Yongtai (706), Zhanghuai (706), Yide (706) und des Königs von Yue, Li Zhen (718). Nach der Tianbao-Ära (742–756) werden die *sancai* deutlich seltener, vielleicht infolge von An Lushan's Aufstand.

Die Grabungen in verschiedenen chinesischen Gebieten führten zu vergleichbaren Ergebnissen wie in der Hauptstadt und erhärteten die These von drei Phasen in der Geschichte der *sancai*: einer Frühphase von der Mitte der Regierungszeit Kaiser Gaozong's bis zu Wu Zetian, also Mitte des 7. bis ganz zu Beginn des 8. Jahrhunderts, einer Hochphase von der Restauration durch Zhongzong (705) bis zum Ende von Xuanzong's Regierungszeit (756), und einer Spätphase von der Mitte des 8. Jahrhunderts bis zum Ende der Dynastie.

Im ganzen Kaiserreich konnte man *sancai* herstellen, auch wenn die schönsten und zahlreichsten Stücke in Xi'an und Luoyang zu finden sind. Aber An Lushan's Aufstand wirkte sich wohl verhängnisvoll für dieses Handwerk aus. Die *sancai* verschwanden in der Hauptstadt und allmählich auch im ganzen Reich. Nur dank der Liao-Dynastie stellte man sie weiterhin im Norden des Landes her.

150
Diener mit Jagdausrüstung. Weißer Marmor mit Resten von Vergoldung und farbiger Fassung. H. 40,3 cm. Tang-Zeit (740). Entdeckt 1958 im Grab des Yang Sixu in Dengjiapocun, Xi'an, Provinz Shaanxi. Beijing, Museum of Chinese History
Die Figur stellt einen Jagdhelfer dar, der für seinen Herrn alle möglichen Waffen trägt: Schwert, Säbel, Bogen und Köcher. Das Stück bildet ein Paar mit einer stilistisch ähnlichen Figur gleicher Größe und aus demselben Material, die vermutlich einen Jäger darstellt. Dieser ist weniger beladen, trägt aber dennoch Säbel, Schwert, Bola, Köcher und einen Rundstab. Bis heute sind diese beiden ungewöhnlichen Stücke eine große Seltenheit. Sie lagen im Grab des 740 bestatteten Generals Yang Sixu, eines Heerführers des Tang-Kaisers Xuanzong (reg. 712–756). Vgl. *Wenwu,* 1961, 12, Abb.

151
Große Schüssel vom Typ *pan* mit Phönixdekor. Silber, getrieben und vergoldet. ⌀ 55 cm. Tang-Zeit (Ende 8. Jahrhundert). Entdeckt 1962 im Osten des Daminggong in Chang'an, Xi'an, Provinz Shaanxi. Xi'an, Shaanxi Provincial Museum
Diese Silberschüssel wurde dem Kaiser Dezong (reg. 780–804) vermutlich von einem Beamten aus dem Ritenamt geschenkt. Gold- und Silberschmiedearbeiten kamen in der Zeit der Nördlichen und Südlichen Dynastien in Mode und hatten in der Tang-Zeit einen ungeheuren Erfolg, bis mit dem Aufstand An Lushan's (755) der Niedergang der Dynastie einsetzte. Das aus dem Iran eingeführte Silber war Gegenstand eines lebhaften Handels, wurde aber auch zunehmend in den Hauptregionen Chinas gewonnen: im Süden des Huai, im Süden des Yangzi-jiang und in Lingdao. Der getriebene Dekor besteht hier im wesentlichen aus Blumenmotiven auf dem sechsfach geschweiften Rand und im Innern der Schüssel, wo sie um zwei Phönixe im Zentrum angeordnet sind. Vgl. *Wenwu,* 1972, 1, S. 39–40 (vergleichbare Stücke)

152–153
Bodhisattva Mañjuśrī. Weißer Marmor mit Resten von Vergoldung und farbiger Fassung. H. 74 cm. Tang-Zeit (760). Entdeckt 1959 an der Stelle des ehemaligen Tempels Anguo, Xi'an, Provinz Shaanxi
Die Figur des Mañjuśrī, des Bodhisattva der Weisheit, ist ein Beispiel für die voll entwickelte Tang-Kunst. In der fleischigen Gesichtszügen, den eleganten Gewändern und dem sorgfältig gearbeiteten Schmuck ist ein erneuerter indischer Einfluß zu erkennen. Die Figur steht in der Nähe des Bodhisattva Avalokiteśvara aus weißem Marmor, der 1952 in den Ruinen des Xingqinggong in Chang'an gefunden worden ist (vgl. Abb. 155). Die verweiblichten Züge dieses Mañjuśrī kündigen schon den Stil der Song-Zeit an. Vgl. *Wenwu*, 1961, 7, S. 61, Nr. 2

Die zeitlich und geographisch gut einzuordnenden Entdeckungen der letzten dreißig Jahre zeigen, daß die Keramik der Sui- und Tang-Zeit viel häufiger als vermutet in den verschiedensten Gattungen existierte und trotz einiger regionaler Unterschiede eine ungeahnte Einheitlichkeit besitzt. Abweichungen versuchten die Künstler zu vermeiden, um in jeder Serie einen einzigen, den besten, Typus zu erzielen. Wir erkennen hier eine bereits in der Tang-Zeit bestehende Tendenz, die alle Entwicklungsformen des Porzellans in der auf diesem Ge-biet so kreativen Ming- und Qing-Zeit erklärt. Heute scheint festzustehen, daß eine bestimmte westliche Sicht zu sehr die Eigenheiten der regionalen Zentren zu betonen suchte, während das chinesische Ideal einen allgemeinen Formen- und Qualitätskanon vorschrieb. Diese überholte Sicht trifft für die alten feudalistischen Länder zu, wie die europäischen Staaten und Japan, kann aber nicht auf China übertragen werden, wo trotz wechselnder Machtverhältnisse die kaiserliche Macht alles beherrschte.

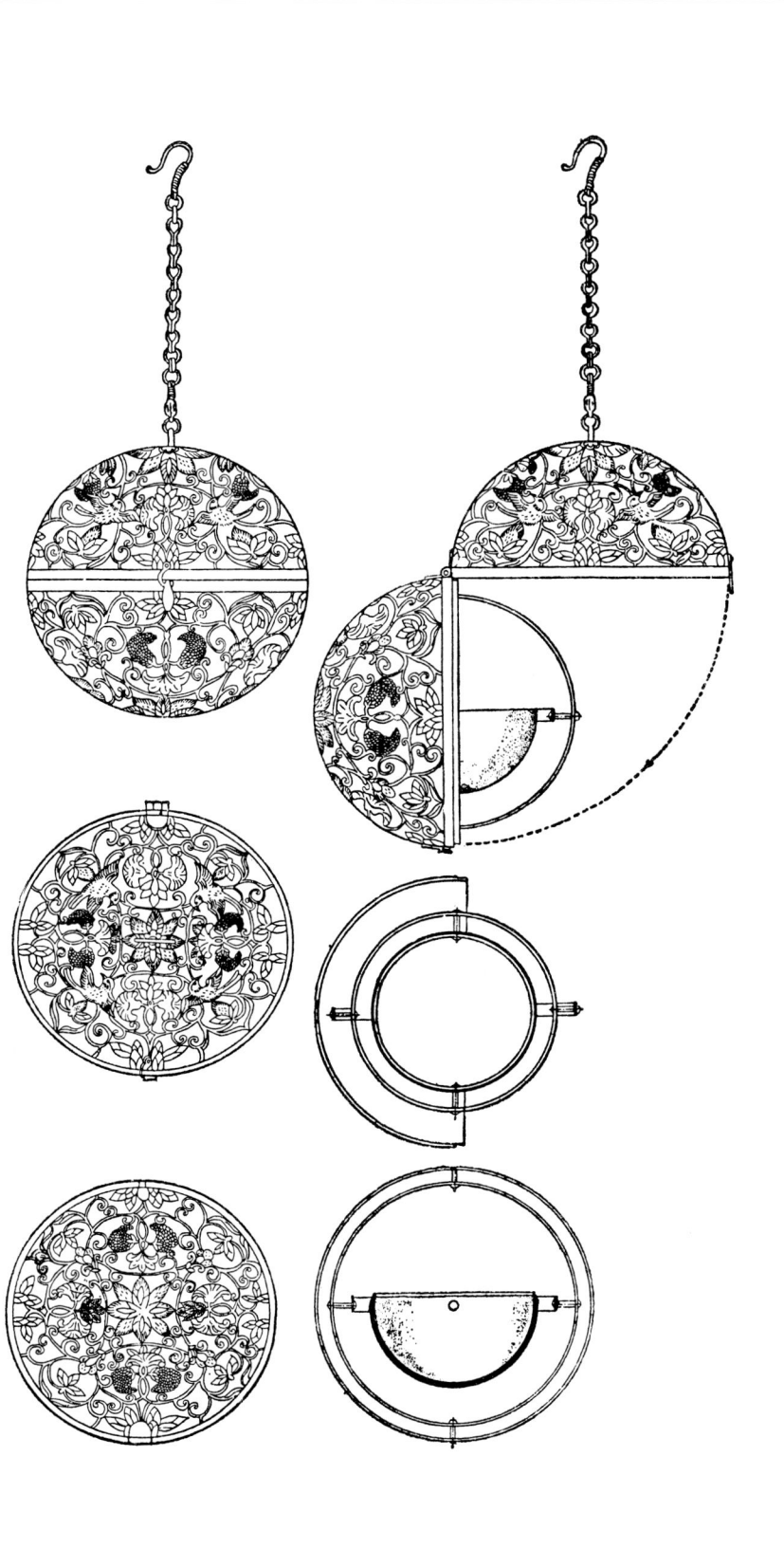

Die Goldschmiedekunst

Da man in der Tang-Zeit Farben sowie feine und schöne Materialien schätzte, entwickelte man mehr als zuvor Freude an Gegenständen aus reinem Gold und Silber. Geschichtsschrei- 130, 147
ber und Dichter sprechen immer wieder von den Vergnügun- 148, 151
gen ohnegleichen am damaligen Hof und erwähnen, um eine Vorstellung von dem ungeheuren Luxus zu vermitteln, das kostbare Geschirr vor den Türen der Gemächer, das niemand beachtete. Die *Geschichte der Tang* berichtet, wie Kaiser Xuanzong seine Favoritin Yang Guifei und seinen »Barbaren«-General An Lushan mit Gold in jeder Form überhäufte; später erhob sich dieser jedoch gegen seinen kaiserlichen Freund, verriet ihn und zwang ihn zu einer demütigenden Flucht, bevor er selbst umgebracht wurde (757).

Wir besitzen seit 1970 ein großartiges Zeugnis dieser vergangenen Pracht, den »Schatz« von Hejiacun, den man südlich von Xi'an an der Stelle der Residenz von Li Shouli entdeckte, dem 741 verstorbenen Fürsten von Bin und Vetter von Xuanzong. Man fand dort zwar nichts, was man sich nicht schon anhand anderer, 1957, 1962 und 1963 in Xi'an gemachter Entdeckungen vorstellen konnte, aber in diesem Versteck lagen unvergleichliche Reichtümer. Ein silberner Topf und zwei große Keramikkrüge enthielten über 1000 Gegenstände, goldene und silberne Gefäße, Edelsteine, seltene, in der alten chinesischen Medizin verwendete Mineralien, wie Zinnober, Amethyst, Bleiglätte und Bergkristall. Darunter befanden sich auch zahlreiche chinesische und fremdländische Münzen, sasanidische Münzen aus der Zeit von Chosrau II. (560–627), eine byzantinische Münze aus der Zeit von Heraklius (640–641) und fünf japanische Silbermünzen von 708. Sie bezeugen die internationalen Beziehungen des damaligen Chang'an.

Diesen Schatz hatte anscheinend jemand hastig in einem Palasthof versteckt und nach An Lushan's Sturm auf die Hauptstadt im Jahre 756 zurückgelassen. Der Sohn des Fürsten soll versucht haben, die schönsten Wertgegenstände zu retten, doch vergeblich, wie so häufig, denn weder er noch seine Nachkommen konnten jemals ihren Besitz wiedererlangen. Die Archäologen jedoch bewundern die ungewöhnlichste Sammlung tangzeitlicher Goldschmiedekunst, die wir heute kennen und die neue Funde, wie 1976 in Karachin in der Provinz Liaoning und 1982 in Dingmaoqiao in der Pro- 147
vinz Jiangsu, ergänzen.

Der Schatz der Fürsten von Bin stellt eine Mustersammlung der Goldschmiedekunst auf dem Höhepunkt der Tang-Zeit dar. Die Künstler beherrschten alle Techniken des geschmiedeten und nicht mehr geschmolzenen sowie des getriebenen Metalls, wie Ziselieren, Granulieren, Punzen und Filigran. Derselbe Erfindungsreichtum zeigt sich auch in den Formen: sechspassige Schalen in Form von Lotusblüten, sechs- oder achteckige Kelche, Gefäße, die den von Reitern und Reisenden damals benutzten ledernen Reiseflaschen nachgebildet sind, Töpfe mit goldenen Einlegearbeiten, ein Kästchen mit üppigem Blumen- und Vogel-Dekor, wie man ihn auch auf Brokaten oder einfachen, bemalten Keramiken findet, die in der Mittelschicht das Gold- und Silbergeschirr der Reichen ersetzten. Am erstaunlichsten ist ein Räuchergefäß in Kugelform und mit einem an zwei Ringen und einer zweifachen Achse aufgehängten Behälter; dieses erfinderische System hält das Gefäß mit duftenden Essenzen in jeder Lage horizontal.

Fig. 22

Diese Stücke verdanken zwar viel der sasanidischen Goldschmiedetechnik, sind aber dennoch wegen ihres Reichtums an kraftvollen Blüten- und Tiermotiven chinesisch geprägt. Daneben existieren auch importierte Objekte, die den kosmopolitischen Geschmack der damaligen Fürsten veranschaulichen: zum Beispiel ein Trinkhorn aus Onyx in Form eines Gazellenkopfes und ein Glaskelch sasanidischer Herkunft.

Die Rettung der großen buddhistischen Heiligtümer

152, 153, 155

Nach der Überraschung dieser Entdeckungen, die wie das Ergebnis einer aufregenden Schatzsuche wirken, befassen sich die chinesischen Archäologen nun eingehend mit der Untersuchung, Auswertung und Erhaltung bedeutender, bereits längst bekannter Monumente: der großen buddhistischen Felsheiligtümer, unter denen der 1951 entdeckte Komplex von Binglingsi ein Juwel indisch-chinesischer Tang-Kunst darstellt. Neue Arbeiten und Forschungen stellen eine technologische und stilistische Entwicklung fest, die Fachleute und Kunstkenner zwar schon früher vermutet haben, die nun aber von den Untersuchungen *in situ* fundiert wird.

So ist das 1950 gegründete Forschungsinstitut von Dunhuang in der Provinz Gansu seit dreißig Jahren darum bemüht, den unermeßlichen Komplex der Mogao-Höhlen mit ihren Wandmalereien und Stuckstatuen aus der Zeit von 366 bis Ende des 14. Jahrhunderts vom Sand zu befreien und vor der Erosion zu schützen.

Zunächst mußte man die Fassaden – eine natürliche Felswand aus alluvialen Schichten und einem Sand-Kiesel-Gemisch – von innen und außen mit gemauerten Stützen und Wänden absichern. Der den heftigen Sandstürmen der Wüste Gobi ausgesetzte Fels war so brüchig geworden, daß ein großer Teil der Höhlen heute keine Vorkammern mehr hat. Aber die Archäologen tun alles, um diese Reichtümer zu retten, und führen umfangreiche Restaurierungen der Malereien auf einem Träger aus Lehm, Schlick und Stroh durch. Sie versuchen auch, die Zugänge von einer Höhle zur anderen wiederherzustellen, und rekonstruieren ein System von außen angebrachten Galerien und Holzdächern, worüber früher die lange Prozession der Gläubigen von einem Ende zum andern dieses Heiligtums gezogen war.

154
Topf mit zwei Ösenhenkeln. Ton mit bläulicher Glasur und brauner Bemalung. H. 15,4 cm, ⌀ (Mündung) 9,4 cm. Tang-Zeit (618–907). Entdeckt 1977–1978 in der Tangcheng-Werkstatt, Yangzhou, Provinz Jiangsu. Nanjing, Museum
Als eines der seltenen vollständigen Stücke aus der Tangcheng-Werkstatt in Yangzhou ist dieser Topf ein Beispiel für die schön verzierten Keramiken, die man in diesem Zentrum herstellte. Von Yangzhou aus gelangte ein bedeutender Zeil der Techniken des chinesischen Kunsthandwerks nach Japan, und Yangzhou war auch eine der ersten in Europa bekannten chinesischen Städte, da im 13. Jahrhundert sich Marco Polo dort für einige Zeit aufhielt. Die Grabungen der chinesischen Archäologen (1975 und 1977–1978) konzentrierten sich bisher auf die Keramikwerkstätten. Die nächsten Kampagnen werden den Arbeiten der Goldschmiede und der Bildhauer gelten. Vgl. *Wenwu*, 1980, 3, S. 13 und Abb. 4, Nr. 3

155
Bodhisattva Avalokiteśvara (Guanyin). Weißer Marmor. H. 73 cm. Tang-Zeit (618–907). Entdeckt 1952 in den Ruinen des Xingqinggong, Chang'an, Xi'an, Provinz Shaanxi
In dieser Guanyin-Figur, die auf einem Lotossockel sitzt, hat die Tang-Kunst zu ihrer vollen Reife gefunden. Das rundliche Gesicht, die Halsfalten, der überreiche Schmuck – all diese Elemente bezeugen den Einfluß der indischen Kunst, der schon von der Nördlichen Qi-Dynastie (550–577) an spürbar war und in der zweiten Hälfte des 7. Jahrhunderts offen zutage trat. So steht diese Figur in völligem Gegensatz zu den langgestreckten und beinahe kalligraphisch stilisierten Werken der Nördlichen Wei-Dynastie (386–534). Vgl. *Kaogu*, 1959, 10

Ebenfalls Anfang der fünfziger Jahre gründete die chinesische Regierung ein Institut zur Erhaltung der Höhlen von Yungang. Als erstes bekämpfte man die Versandung der Landschaft und gab ihr mit umfangreichen Baumpflanzungen etwas von ihrem ursprünglichen Aussehen in der Zeit zurück, als die Toba-Dynastie der Wei von der Hauptstadt Datong aus Nord-China regierte. 1955 wurden die Holzgerüste für den Zugang zu den Höhlen wiederhergestellt und 1959 bis 1961 die östlichen und westlichen Partien des Höhlenkomplexes restauriert. Bei den groß angelegten Grabungen zwischen 1972 und 1975 konnte man interessante Funde sicherstellen: In Höhle Nr. 12 eine Skulptur aus der Nördlichen Wei-Dynastie, die ein ziegelgedecktes Gebäude darstellt, in den Höhlen Nr. 9 und 10 Reste von steinernen Fußbodenplatten, ebenfalls aus der Nördlichen Wei-Dynastie, und Teile von Zimmerwerk aus der Liao-Zeit vor diesen Höhlen. Man konnte auch weitere Höhlen freilegen, die Sand, Erde und Geröll seit Jahrhunderten verschüttet hatten, und eine davon, die sehr spät zwischen die Höhlen Nr. 4 und 5 gegraben worden war, hat einen quadratischen Grundriß mit einem fünfeckigen Stūpa in der Mitte. Einen ähnlichen Raum hatte man zwischen den Höhlen Nr. 14 und 15 eingerichtet, aber die kahlen Wände lassen vermuten, daß dieses Werk unvollendet blieb. Schließlich tauchte über Grotte Nr. 3 ein Hohlraum mit einem Bild des Buddha Maitreya auf; hier soll sich der Urheber des Heiligtums, der Mönch Tanyao, in Meditation versenkt haben.

Die Archäologen bemühen sich augenblicklich, die schwer zugänglichen Höhlen und Nischen zu erreichen. Häufig werden sie mit bedeutenden Funden belohnt: Malereien aus der Nördlichen Wei- und der Liao-Zeit in Nischen westlich von Höhle Nr. 11 oder, nicht weit davon entfernt, aus dem Jahr 489 datierte Statuen mit Gewändern und Gürteln nach der chinesischen Mode – damals neu an diesem Ort, wo man eher Toba-Gewänder erwartet.

Diese großzügige Restaurierung und Erforschung des nationalen Kulturerbes erstreckt sich auch auf die Höhlen von Longmen. Flachreliefs mit Stifterfiguren, Inschriften und Dekorelemente kommen immer zahlreicher zum Vorschein und ermöglichen eine eingehende, sowohl soziologische als auch stilistische Untersuchung. Dasselbe geschieht in Dazu in der Provinz Sichuan; dort stehen für die Kunst des 10. Jahrhunderts oder der beginnenden Song-Zeit typische Buddha- und Bodhisattva-Gestalten neben erstaunlichen Darstellungen von Tieren und Menschen, die geradewegs aus der daoistischen Unterwelt aufzusteigen scheinen.

Diese Entdeckungen sind zwar quantitativ, weniger aber qualitativ von Bedeutung, da sie lediglich bereits bekannte Tendenzen veranschaulichen. Sie ermöglichen aber eine bessere Einschätzung der Sachlage und exaktere Statistiken. So tragen sie dazu bei, das Ausmaß eines Phänomens besser zu erkennen, das man allzu lange auf Nord-China beschränkt glaubte. Heute stellen sich die Dinge vielschichtiger dar. Es gibt zwar eine Art – wie die chinesischen Archäologen sagen – »Gürtel von Felsheiligtümern« in Nord-China, der von Dun-huang über Maijishan, Tianlongshan, Gongxian und Yungang bis Longmen reicht. Aber seit dreißig Jahren beweisen Entdeckungen in ganz China, daß man die Felsheiligtümer fälschlicherweise auf das Gebiet entlang der Karawanenstraßen beschränkt hatte. Nur in den Provinzen Guangdong, Hunan und Guizhou scheinen keine derartigen Heiligtümer bestanden zu haben, aber vielleicht wird man auch da eines Tages fündig. Das bedeutet, daß die großen buddhistischen Heiligtümer und Pilgerstätten sich überall dort entwickelten, wo es Verkehrswege gab: an den Straßen aus Richtung Zentral- oder Südostasien und an den Küsten, wo Schiffe anlegen konnten.

Neue Erkenntnisse über die Beziehungen mit Japan

Die Archäologie bestätigt häufig die Aussagen von Texten, die in China selbst in Vergessenheit geraten sind, aber vom japanischen Nachbarn sorgfältig gehütet wurden. So berichtete ein japanischer Text, daß sich ein Chinese im Jahre 843 (2. Jahr der Tianbao-Ära) aus Yangzhou (Jiangsu) nach Japan begeben habe, um dort die buddhistische Lehre zu predigen. Er brach nicht allein auf, sondern in Begleitung einer Eskorte, die aus Lehrmeistern, einem Jadeschnitzer, Malern, Bildhauern buddhistischer Statuen, Kalligraphen und Graveuren von Stelen bestand. Nur die Japaner scheinen diese glanzvollen Künste von Yangzhou durch die Jahrhunderte in Erinnerung 154 behalten zu haben. Sicher hatten das Ächtungsedikt fremder Religionen und der Verfall der Tang-Dynastie dazu geführt, daß erwiesenermaßen große Talente, deren Ruf über das Meer hätte dringen können, verschwanden und bald ganz vergessen waren.

Diesen Reichtum eines verlorenen Handwerks decken nun die jüngsten archäologischen Funde auf; sie verleihen den japanischen Berichten konkrete Gestalt. Zuerst entdeckte man 1964 einen Elefanten aus Stein, dann 1976 buddhistische Steinstatuen und schließlich im selben Jahr das erstaunlichste Stück, eine Büste (H. 14 cm) aus Ton. Sie scheint ein Porträt zu sein, das in der chinesischen Kunst höchst selten vorkommt, wenn man den Äußerungen der Gelehrten seit der Ming-Zeit vertrauen darf.

So arbeiten chinesische und japanische Gelehrte bei den archäologischen Entdeckungen zusammen, um die Elemente einer teilweise gemeinsamen Geschichte zu erhellen. Einige ausländische Beobachter verstehen die Kulturen Chinas und Japans immer noch als Gegensatz, doch eine neue Studienrichtung, die in China täglich an Bedeutung gewinnt, hebt hervor, wie alt und stark die Verbindungen zwischen dem Inselreich und dem Kontinent trotz einer gewissen Eigenständigkeit beider Länder sind. Gewiß sind dabei politische Absichten mit im Spiel. Aber wenn man solche Arbeiten sorgfältig und mit der Distanz eines Ausländers liest, so kann man ein besseres Verständnis für die subtilen Vorgänge gewinnen, die die Übermittlung und Entwicklung des Gedankengutes von Volk zu Volk und von Land zu Land steuern.

In diesem Sinne sind die zahlreichen Notizen aufzufassen, die gegenwärtig in den chinesischen Archäologiezeitschriften über die buddhistischen Tempel von Xi'an erscheinen, deren Überresten die Archäologen nachspüren. Diese größtenteils von Vegetation überwucherten und seit dem 10. Jahrhundert verschwundenen Gebäude hatten in der Zeit ihrer größten Bedeutung unter den Tang die besten Lehrmeister des japanischen Buddhismus beherbergt.

Das gilt beispielsweise für den Qinglongsi im südlichen Vorstadtgebiet von Xi'an, wo sich der Priester Kūkai (774–835), der die Zhenyan-Schule (Shingon) in Japan einführte, 805 bis 806 mit den Geheimnissen des esoterischen Buddhismus vertraut machte.

Der Tempel war 582 von dem Sui-Kaiser Wen an der Stelle einer ehemaligen Qin-Residenz gegründet worden; Wen bemühte sich um den Wiederaufbau der seit der ausgehenden Han-Zeit praktisch zerstörten Stadt Chang'an. Die Tang erkannten 621 diese klösterliche Gemeinschaft an und weihten sie 662 Guanyin, nachdem ein Mönch aus Suzhou ein Guanyin-Sūtra *(Guanyinjing)* dorthin gebracht hatte. Aber erst 711 erhielten die Gebäude den Namen Qinglongsi. Sie wurden 845 anläßlich des Verbots fremder Religionen zerstört und verschwanden restlos, so daß man sie heute nicht einmal mehr genau lokalisieren kann.

Die Archäologen unternahmen eine erste Sondierung im Jahre 1963; 1973, 1979 und 1980 setzten sie ihre Arbeit fort. Dabei stießen sie anscheinend auf den ehemaligen Standort des Tempels, obwohl die archäologische Ausbeute gering ist: Ziegel, ein kleiner vergoldeter Bronzebuddha und ein weiterer aus versilbertem Metall, Reste eines dritten aus »Dreifarben«-Keramik, Fragmente einer Reliquienpagode aus rotem Ton und einiger Wandmalereien. Diese Funde bestätigen, daß es sich um eine buddhistische Kultstätte handelte, wo sich mehrere Gebäude befanden. Ist es jedoch tatsächlich der Qinglongsi?

Alles, was die Macht des tangzeitlichen Buddhismus begründet hatte, scheint seit einem Jahrtausend vom Erdboden verschwunden, und die Arbeit der Archäologen kommt hier einer Meditation über das Thema der Vergänglichkeit gleich. Daneben tauchen jedoch einige Ideen auf, die vielleicht Kontroversen hervorrufen, doch auf jeden Fall interessant sind, wie zum Beispiel zur Entstehung des *hiragana*, der kursiv geschriebenen japanischen Silbenschrift, die auf der Grundlage einer Vereinfachung der chinesischen Schriftzeichen entwickelt wurde und deren Erfindung man Kūkai zuzuschreiben pflegt. Japaner sollen also auf dem Kontinent studiert und dieses Arbeitsmittel zur raschen Umsetzung der im Ausland erworbenen Kenntnisse in ihre eigene Sprache geschaffen haben, Kenntnisse, die sie in großem Umfang und in relativ kurzer Zeit zusammengetragen hatten. Diese Ansicht zumindest vertreten heute die Gelehrten des Kontinents.

DIE SONG-DYNASTIE

Die Reste von Schiffswerften

Die Archäologie liefert heute einige Fakten, die für die song-zeitliche Geschichte der Technik, besonders für die der See-fahrt von höchster Bedeutung sind.

So unterscheidet man seit etwa zehn Jahren die Schiffswerf-ten von Quanzhou in der Provinz Fujian und ist auf die Reste von großartigen Hochseeschiffen gestoßen, die später die sie-ben Reisen von Zheng He (1375–1435) zum »Westlichen Ozean«, das heißt bis nach Moçambique, ermöglichen soll-ten. Sie waren mit einem schweren Kiel versehen, mit einer Vielzahl von schmalen Laderäumen, einem Heckruder und seit 1119 mit einem Kompaß, dessen Mechanismus Shen Gua (1031–1095) beschrieben hatte, und konnten mehrere tausend Personen transportieren. Hühnerställe und kleine Gemüse-gärten auf der Brücke gewährleisteten die Ernährung der Be-nützer dieser »schwimmenden Städte«.

Könnten diese Reste an den südöstlichen Küsten eine These der heutigen chinesischen Historiker erhärten? Denn diese behaupten, daß die Invasion der Dschurdschen in Nord-China (1125) und die Verlegung des kaiserlichen Hofes an die Mündung des Yangzi-jiang nur den Abschluß einer Entwick-lung markieren, die bereits Ende des 10. Jahrhunderts einge-setzt hatte: der zunehmenden geistigen und technischen Überlegenheit Süd-Chinas.

Die Keramik

156–160 Auch die Keramik zeigt sich seit etwa fünfzehn Jahren in neuem Licht. Es handelt sich hier weniger um umwälzende Entdeckungen als um wichtige Ergänzungen zu bereits be-kannten, aber oft verschwommen datierten und lokalisierten Töpferwaren. Zudem erfährt man interessante technische De-tails, wie sie etwa die bereits erwähnten Brennöfen von Yaozhou lieferten.

Eine Errungenschaft des 10. Jahrhunderts war ein beträcht-licher Fortschritt in der Beherrschung des Brennvorganges.

Zunächst hatte man die innere Anlage des Brennofens verbes-sert. In der Tang-Zeit beispielsweise standen die Stücke auf dreieckigen Brandstützen, deren Abdrücke man auf allen Schalen und Tellern jener Zeit findet. Im Lauf des 10. Jahr-hunderts ging man zu Brennringen über, die nur am Fuß der Gefäße leichte Spuren hinterließen und eine bessere Zirkula-tion der heißen Luft um den Gegenstand ermöglichten. Schließlich lernte man, und das war wesentlich, mit dem Scharffeuer umzugehen. So entdeckte man 1973 in Yaozhou drei Brennöfen aus der Song-Zeit. Sie waren etwa 3 m lang, 1,2 m breit und mit einem etwa 3 m langen Schacht versehen, der einer rechteckigen Feuerstelle am äußersten Ende des Brennofens Sauerstoff zuführte. Auf der anderen Seite er-möglichten zwei große, mit einer unten durchlöcherten Wand verkleidete Kamine den Abzug der Verbrennungsgase. Der Töpfer konnte die Öffnungen aufmachen oder schließen und so nach Belieben die Luftzirkulation im Innern des Brenn-ofens verlangsamen oder beschleunigen; damit war er in der Lage, die verschiedenen Stufen des Reduktionsbrandes zu re-geln. So begann Yaozhou in der Zeit der Fünf Dynastien bläu-lich-grüne Keramiken herzustellen, die sich unter den Nördlichen Song zu den berühmten Seladonen entwickelten, einfarbigen Stücken, denn zumindest die hochwertigen Song-Keramiken kennzeichnet ein Verzicht auf Polychromie oder wenigstens auf Kombinationen von kontrastierenden Farben, die die Tang-Töpfer so begeistert hatten.

Kürzlich fand man ein weiteres wichtiges Zeugnis, einen Mühlstein mit einem Durchmesser von 5,5 m, der weitgehend einer Apfelpresse gleicht. Schwere Steinräder bewegen sich in einem runden Behälter, um den Lehm zu zerquetschen und den Töpferton besser vorzubereiten. Dieses Verfahren ken-nen wir durch einen Traktat der ausgehenden Ming-Zeit, das *Tiangongkaiwu* (1638). Aber bisher verfügte man über kein derart altes Beispiel für die Herstellung von Töpferton.

Zu erweitertem Wissen über die Song-Keramik trugen auch die 1969 in Linan in der Provinz Zhejiang gemachten reichen Funde von *bisiyao,* »geheimen Stücken«, bei. Es sind in Wirk-lichkeit Seladone von Yuyao mit einer blaßgrünen Glasur auf porzellanähnlichem Steinzeugscherben. Ähnlich reichhaltig

156–157
Kanne vom Typ *kendi*. Weiße Ding-Ware mit eingeschnittenem Unterglasurdekor. H. 60,5 cm. Nördliche Song-Zeit (zweite Hälfte 10. Jahrhundert). Entdeckt 1969 in der Pagode (Baujahr 995) des Qingzhongyuan, Dingxian, Provinz Hebei
Der Ausguß des Stückes ist als Kopf eines Einhorns *(qilin)* oder eines Ungeheuers gestaltet. Das *kendi* (skr. *kundika*) stand in einer aus Steinen gemauerten Kammer mit Wandmalereien, zusammen mit Arbeiten aus Gold und Silber und mit 55 Keramiken. Vgl. *Wenwu*, 1972, S. 44 und Abb. 6, Nr. 1

158   ▷
Kanne in Form eines Papageis. Ton mit rötlichbrauner Glasur. H. 15,6 cm, ∅ (Körper) 11 cm. Nördliche Song-Zeit (960–1125). Entdeckt 1969 in der Pagode (Baujahr 977) des Tempels Qingling, Dingxian, Provinz Hebei
Das reizvolle Stück aus dem Anfang der Song-Zeit erinnert an die Arbeiten der nordchinesischen Liao-Töpfer (916–1125). Vgl. *Wenwu*, 1972, 8, Abb. 6, Nr. 1

159
Kanne vom Typ *kendi*. Weiße Ding-Ware mit eingeschnittenem Unterglasurdekor. H. 15,4 cm, ⌀ (Körper) 11 cm. Nördliche Song-Zeit (zweite Hälfte 10. Jahrhundert). Entdeckt 1969 in der Pagode (Baujahr 977) des Tempels Qingzhi, Dingxian, Provinz Hebei
Der Ausdruck *kendi* oder *kundi* (skr. *kundika*) bezeichnet ein Wassergefäß mit Ausguß, aus dem man mit zurückgeneigtem Kopf trank. Die Form ist in ganz Asien, vom Iran bis Japan, verbreitet. Das hier abgebildete Stück ist ein langgestrecktes *kendi*, wie es in der buddhistischen Ikonographie der Bodhisattva Avalokiteśvara (Guanyin) in den Händen hält und das die Pilger auf ihrer langen Reise mit sich trugen. Neben diesem Stück enthielt der Stiftungsschatz der Pagode des Qingzhi ungewöhnlich viele Gegenstände: 700 Goldschmiedearbeiten, Bronzen und Keramiken sowie 27 000 Bronzemünzen, die in China von der Zeit der Streitenden Reiche (475–221 v. Chr.) bis zum Anfang der Nördlichen Song-Zeit (Ende 10. Jahrhundert) in Umlauf waren. Vgl. *Wenwu*, 1972, 8, Abb. 6, Nr. 1 (vergleichbares Stück)

160
Gefäß auf sogenanntem Lotossockel. Ton mit bläulicher Glasur und eingeschnittenem Unterglasurdekor. H. 22,6 cm, ⌀ (Mündung) 3,3 cm, ⌀ (Fuß) 7,5 cm. Song-Zeit (11.–13. Jahrhundert). Entdeckt 1977 in Jingdezhen, Provinz Jiangxi
Dieser Gefäßtyp galt bisher als besonders selten, doch brachten die jüngsten Ausgrabungen mehrere Beispiele zutage. Vgl. *Wenwu*, 1980, 2, S. 73 und Abb. 8, Nr. 1

stellte sich das ebenfalls 1969 entdeckte Gründungsdepot einer Pagode in Dingxian in der Provinz Hebei heraus. Neben 700 Gegenständen aus Gold, Silber und Jade fand man elegante weiße Keramiken, darunter eine Muschel mit wellenartig eingeschnittenem Unterglasurdekor.

164 Seit dreißig Jahren nehmen die Funde von Longquan in der Provinz Zhejiang und von Nanchang und Jingdezhen in der Provinz Jiangxi kein Ende mehr. Neben der durchaus hochwertigen laufenden Produktion entstand ein ganzes Repertoire bezaubernder Sujets, die später in der Yuan-Plastik sehr beliebt waren. Die Welt des Theaters wird ausführlich dargestellt, sowohl in Jingdezhen als auch an mehreren anderen Orten von Jiangxi, wo 1975 mehrere Opernfiguren in Form von bisher unbekannten Grabgegenständen *(mingqi)* auftauchten; abgesehen von ihrem künstlerischen oder anekdotischen Wert erbringen sie den Beweis, daß es die Oper in China schon lange vor den Yuan gab, die zwar auf diesem Gebiet eine entscheidende Rolle spielten, aber von einer bereits entwickelten Theaterform ausgingen. Selbst die gewöhnlichen Produkte von Longquan werden heute einer wissenschaftlichen Materialanalyse unterzogen, um die bisher eher subjektiv beschriebenen Objekte exakter zu definieren.

In ganz China findet man Reste von Brennöfen, die zeigen, wie verbreitet die in allen Provinzen weitgehend übereinstimmende Produktion war: in Zhaozhou, Provinz Guangdong (zwischen 1954 und 1956 entdeckt), in Putian, Provinz Fujian (1958 und 1976 entdeckt), Cicun, Provinz Shandong (1976 ausgegraben) oder auch in der Provinz Shaanxi, wo man 1975 zwei frühe Porzellanbrennöfen feststellte.

Außerdem haben archäologische Untersuchungen und Entdeckungen der letzten fünfzig Jahre die Geschichte des berühmten *qinghua*, des Blauweiß-Porzellans, teilweise revidiert. Man hatte lange geglaubt, daß es nur in der Manufaktur von Jingdezhen in der Provinz Jiangxi oder ihrem Umkreis hergestellt worden wäre und legte die Anfänge teils in die Song-Zeit, teils in die Yuan-Zeit oder noch später.

Eine Überprüfung dieser Vorstellungen setzte allerdings unabhängig von der archäologischen Praxis vor Ort ein, als John A. Pope in den USA 1952 und 1956 die große Qualität der yuanzeitlichen Blauweiß-Stücke sowie die relative Vielfalt der frühesten Exemplare betonte. Diese Feststellungen führten den Gelehrten zu der Annahme eines früher anzusetzenden Ursprungs und mehrerer Herkunftsorte. Die 1978 in Hangzhou entdeckte Grabausstattung aus dem beginnenden 14. Jahrhundert stützt die letztere Hypothese.

Heute ist also umumstritten, daß sich die Herstellung der *qinghua* im Gebiet von Changsha entwickelte. Dort hatte man schon sehr früh mit bemalter Keramik begonnen und fertigte seit der ausgehenden Song-Zeit, als man das Brennen bei großer Hitze beherrschte, bläuliche Dekors an. Es ist durchaus denkbar, daß das »Mohammedanerblau«, dessen Import man den Yuan zuzuschreiben pflegt, infolge der zahlreichen chinesisch-iranischen Beziehungen bereits in der Tang-Zeit bekannt war. Die Manufaktur von Jingdezhen hat wohl dank

161
Kanne in Form eines Mädchens mit Fischleib. Weißer Ton. H. 15,3 cm, L. 19,3 cm, ⌀ (Fuß) 7,7 cm. Liao-Zeit (916–1125). Entdeckt 1976 in Shicao, Provinz Liaoning
Diese Kanne gehört zu einem verhältnismäßig seltenen barocken Typ von Keramiken, die ebensosehr Skulptur wie Behälter sind. Das Haar des jungen Mädchens fällt auf beiden Seiten des Kopfes in zwei schweren Flechten herab, und ihr pausbäckiges Gesicht hat von vorne gesehen einen beinahe kindlichen Ausdruck. In den beiden Händen hält das Mädchen den Ausguß in Form eines Drachenkopfes. Der Gefäßkörper ist als Fisch ausgebildet. Auf dem Rücken ist eine Öffnung zum Auffüllen des Gefäßes, während zwei Flügel und die in Krallen auslaufenden Beine auf dem Fuß des Gefäßes an ein Vogelwesen erinnern. Das Stück ist ein gutes Beispiel für die eigenständige Kunst der Liao-Töpfer. Obwohl sie sinisiert waren, vergaßen sie nie, daß sie eigentlich Kitan waren, Bewohner der Steppen und Wälder. Die Formen, die sie aufgrund ihrer guten Beobachtungsgabe schufen, sind zwar einfach, doch oft aus den verschiedensten Elementen kühn zusammengestellt. Vgl. *Wenwu*, 1981, 8, S. 68 und Abb. 8, Nr. 5

ihrer hochwertigen Tonerde eine entscheidende Rolle gespielt, aber man muß auch der Manufaktur von Jizhou, ebenfalls in der Provinz Jiangxi, eine ähnliche Bedeutung zuerkennen. Jizhou stellte in der Song-Zeit der berühmten Cizhou-Ware im Norden vergleichbare Stücke her, die in den seit 1949 freigelegten Song- und Yuan-Gräbern dieser Gegend reichlich vertreten sind. Neben Stücken mit braunem oder schwarzem Blumendekor auf weißem Grund treten andere Keramiken mit bläulichem Dekor auf. Man erkennt heute in ihnen die ersten Blauweiß-Exemplare, deren Technik schon alt war und durch die Verwendung anderer Pigmente erneuert wurde. Außerdem hat man auch verschiedene Blauweiß-Porzellane in den Gründungsschätzen mehrerer Pago-

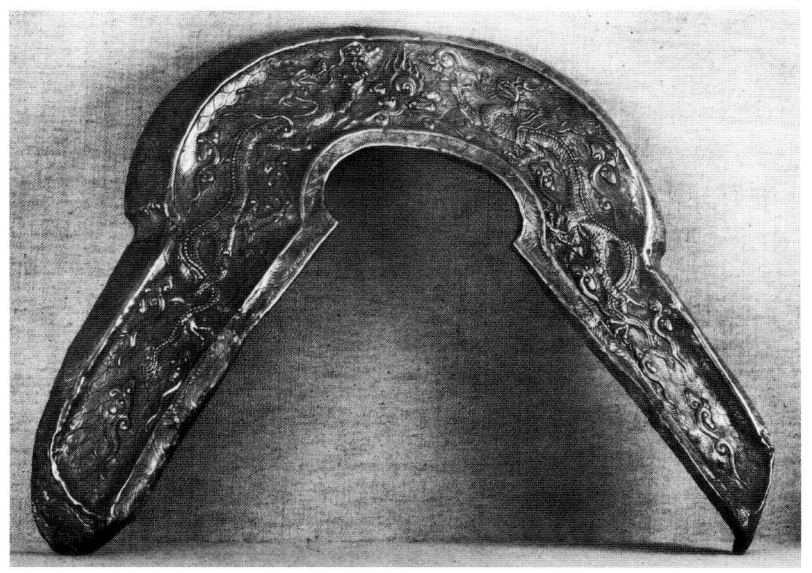

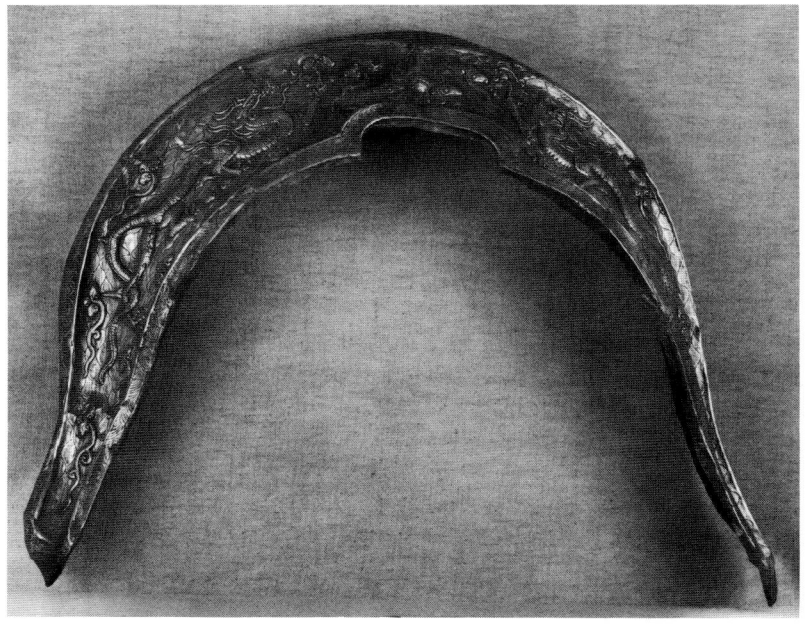

162–163
Teile eines Sattelschmucks. Silber, getrieben und vergoldet. H. 27,7 cm. Liao-Zeit (916–1125). Entdeckt 1953 in Chefong, Provinz Liaoning Der Schmuck des Sattelknopfes (Abb. 162) entspricht dem des Sattelstegs (Abb. 163). Beide Stücke befanden sich zusammen mit weißen Keramiken und weiterem Sattelzeug im Grab von Xiao Julie, dem Schwiegersohn des ersten Liao-Kaisers Taizu (reg. 907–927). Auf einem Wellengrund stehen sich zwei Drachen gegenüber, die nach der Perle der Unsterblichkeit haschen. Vgl. *Kaogu xuebao*, 1956, 3, S. 13 und Abb. 5, Nr. 1–3

164
Figur eines Schauspielers. Porzellan aus Jingdezhen mit Resten von Bemalung. H. 20 cm. Südliche Song-Zeit (1127–1279). Entdeckt 1975 in Puyang, Provinz Jiangxi Provincial Museum

Ein Ende 1975 in Puyang entdecktes Grab aus der Südlichen Song-Zeit enthielt als Begleitung für den Verstorbenen und seine Gemahlin 21 Figuren, darunter vier weitere, die der hier abgebildeten gleichen. Nach der Grabinschrift war hier Hong Zicheng (1186–1264) bestattet, Mitglied einer berühmten Gelehrtenfamilie der Song-Zeit und selbst ein hochgeachteter Beamter. Seine Stellung erlaubte ihm jedoch nicht die Anlage eines allzu prunkvollen Grabes. So fällt die Grabausstattung weniger durch ihre Fülle und Pracht als durch ihren ungewöhnlichen Charakter auf: Die Figuren stellen Theaterschauspieler dar; vermutlich hatte sich der Verstorbene für das Theater begeistert. Bereits seit der Han-Zeit sind die Figuren von Gauklern, Musikanten und Tänzern in den Grabstätten zu finden. Es ist also keine Überraschung, daß nun auch Schauspielerfiguren auftauchen. Das Neuartige ist jedoch das Zeugnis, das diese Stücke von der Entwicklung des Theaters im Norden und Süden Chinas *(zaju* und *xiju)* seit der Song- und Jin-Zeit (115–1234), also schon vor der Yuan-Dynastie (1271–1368), geben. Vgl. *Wenwu,* 1979, 4, S. 6–8

den der Nördlichen Song-Zeit in Longquan in der Provinz Zhejiang entdeckt, vor allem in der sogenannten Jinshata-Pagode.

Aus archäologischer Sicht lebte die songzeitliche Gesellschaft in einer Zeit kultureller Hochblüte, in der qualitätvolle Objekte auf dem Gebiet der Keramik wie der Goldschmiedekunst und der Lackarbeit entstanden. Von den chinesischen Lacken kennt man vor allem die Yuan- und Ming-Stücke mit ihren eindrucksvollen Techniken. Aber es gibt noch einen großen Bereich, den man seit langem in China praktisch nicht mehr findet: die feinen Gold- oder Silbereinlegearbeiten, die die Japaner heute noch unter dem Namen *makkinru* oder *maki-e* anfertigen. Schöne Lacke dieser Art, die in China seit Jahrhunderten höchst selten sind, tauchten 1977 und 1978 in einem Song-Grab in Wujin in der Provinz Jiangsu wieder auf, das viele 1042 datierte Stücke enthielt.

161–163 Schließlich läßt sich die Ausstrahlung der chinesischen Kultur besonders deutlich in den Werken der Völker erkennen, die den Norden Chinas ständig bedrohten, zum Beispiel in den Wandmalereien eines 1972 entdeckten liaozeitlichen Grabes in Qianwulibuge in der Provinz Jilin oder in einigen Jin-Gräbern: in Jiaozuo, Provinz Henan (1973 entdeckt) oder in Jishan, Provinz Shanxi (1979 entdeckt). Die Gräber bestehen meist aus einem rechteckigen Vorraum und einer achteckigen Grabkammer, ein Grundriß, der für die nordchinesischen Völker charakteristisch ist. Die Steinwände zeigen Szenen im traditionellen Stil der historischen Bildrollen, und die in Relief dargestellten Personen sind inschriftlich benannt. Auf den Ziegelwänden dagegen sind Menschen und Architektur illusionistisch wiedergegeben, um ein echtes Haus mit Säulen, Kapitellen, Türen, Fenstern, Möbeln und den üblichen Dienerinnen vorzutäuschen.

In beiden Räumen begleiteten *mingqi* den Verstorbenen, wie der Brauch es vorschrieb. Aber in Jiaozuo (Laowanya) tauchen auch malerische Gestalten auf, Musiker, Schauspieler und Tänzer mit Haube oder spitzem Hut, die man 1973 in europäischen Ausstellungen und später in den USA bewundern konnte. Dahinter steckt gewiß die Leidenschaft der Steppenvölker für Unterhaltungs- und szenische Ausdrucksformen, die in China seit der Tang-Zeit entwickelt, aber in der offiziellen Kunst nicht geduldet wurden. Eine der Stärken der Archäologie ist es also, Gegenstände dort zu präsentieren, wo die Texte versagen, denn Geschriebenes lügt manchmal, der Gegenstand nie.

DIE YUAN-DYNASTIE

Lange Jahrhunderte hindurch kritisierten die Gelehrten direkt oder indirekt die chinesisch-mongolische Gesellschaft der Yuan-Zeit; die meisten von ihnen akzeptierten nie die totale Unterwerfung des Reiches unter fremde Herrscher. Ein Verdienst der modernen Archäologie besteht darin, uns die Zeugnisse einer Epoche vorzuführen, die die Geschichte des Landes im positiven wie im negativen Sinn stark geprägt hat.

Entdeckungen in Dadu (Beijing)

172, 173 Besonders interessant war die leider nur kurze Wiederauferstehung von Dadu, der Hauptstadt der Yuan, die 1267 an der Stelle des heutigen Beijing (Peking) gegründet wurde; diesen yuanzeitlichen Kern veränderten die Ming, indem sie ihn leicht nach Süden verlagerten und zu ihrer nördlichen Hauptstadt machten, in Wirklichkeit der Hauptstadt von ganz China bis in die heutige Zeit.

Die in China immer wieder unternommenen Bauarbeiten großen Umfangs und die zerstörerische Kraft der Kulturrevolution führten 1969 paradoxerweise zu der überraschenden Entdeckung des Außenwerks, das das »Tor der Harmonie und der Redlichkeit« (Heyimen) in der Westmauer an der Stelle des heutigen Sizhimen verteidigte. Heyimen war eines der elf Stadttore von Dadu, das eine Umwallung von 28 600 m Länge schützte. Die *Geschichte der Yuan (Yuanshi)* berichtet über die Umstände, die den Bau dieser Verteidigungsanlage begleiteten. Aufständische Bauern drangen 1358 in das Vorstadtgebiet von Dadu ein. Kaiser Shun fürchtete das Schlimmste und befahl den unverzüglichen Bau von umfangreichen Verteidigungsanlagen vor jedem der elf Tore der Kaiserstadt und die Einrichtung von Zugbrücken, um ein Überqueren der Wassergräben zu verhindern. Die Bauarbeiten wurden in großer Eile unternommen und innerhalb eines knappen Jahres abgeschlossen. Eines dieser mächtigen Außenwerke entdeckte man 1969 in Beijing. Es war auf einem an der Basis 24 m dicken Erdwall errichtet, mit Ziegeln verkleidet und hatte eine Höhe von 22 m. Schwere Steinblöcke und ein Ziegelgewölbe

165
Gefäß mit Dekor der »Drei Freunde«. Blauweiß-Porzellan. H. 17 cm, ⌀ (Mündung) 5,7 cm, ⌀ (Fuß) 5,9 cm. Yuan-Zeit (1271–1368). Entdeckt 1976 in Puyang, Provinz Jiangxi

Die mit einem weiteren Blauweiß-Porzellan *(qinghua)* entdeckte Vase zeigt das berühmte Motiv der »Drei Freunde«: Kiefer, Bambus und Pflaumenbaum. Die Kiefer symbolisiert die Langlebigkeit, der Bambus die intellektuelle Gewandtheit und den unbeugsamen Charakter des Gelehrten, der Pflaumenbaum die Erneuerung im Frühjahr und die ewige Jugend. Das von den Gelehrten der Song-Zeit in Mode gebrachte Thema der »Drei Freunde« wurde in der Yuan-Zeit von den Töpfern der ersten Blauweiß-Gefäße aufgegriffen. Vgl. *Wenwu*, 1980, 2, S. 73 und Abb. 8, Nr. 4

bildeten einen Durchgang von 4,6 m Breite, 6,68 m Höhe und 10 m Tiefe. Unmittelbar oberhalb des Eingangs befanden sich drei Räume für die Wache. Für den Ernstfall waren Leitungen verlegt, aus denen man Wasser über die Holztore gießen konnte, um einer Zerstörung durch Feuer vorzubeugen. Soviel man heute weiß, gab es in China bis dahin keine vergleichbare Festungsarchitektur. Nachdem die Anlage fotografiert und genau vermessen war, fuhr man mit dem Abreißen der Stadtmauer von Beijing – nicht zu verwechseln mit der Stadtmauer der Verbotenen Stadt – fort, und das Außenwerk von Heyimen besteht heute nicht mehr.

Die Keramik und die Entstehung des Blauweiß-Porzellans

Doch immer wieder tauchen yuanzeitliche Reste von Dadu auf den unzähligen Baustellen von Beijing auf. Am »Trommeltor« (Jiugulou dajie) entdeckte man 1970 einen großen Tonkrug, der zwei Seladone und neun Blauweiß-Porzellane aus der Yuan-Zeit enthielt. In der Ziegelterrasse eines Gebäudes aus derselben Zeit, dessen Mauern nicht mehr existieren, stieß man auf ein schwarzweißes Gefäß und eine großartige Lackarbeit mit eingelegtem Perlmutt. Dieses kostbare, hier in feinen Teilchen verarbeitete Material sollte an den legendären Palast von Guanghan erinnern, den sich die Chinesen bei der Betrachtung des Mondes vorstellen.

Vielleicht symbolischen Wert hat die aufsehenerregende Entdeckung von 1976, als man auf ein schweres chinesisches Schiff aus der verrufenen Yuan-Zeit stieß, das an der koreanischen Küste vor Sinan gestrandet war. Es hatte 7168 Gegenstände geladen, darunter 6457 Keramiken: 3466 Seladone, 2281 weiße Keramiken aus Longquan und Jingdezhen, 117 Exemplare der schwarzglänzenden Jian-Ware, die man in Japan Temmoku-Ware nennt, und 700 Jun-Stücke mit violetten Flecken. Dazu kamen mehr als 500 Keramiken unterschiedlicher Herkunft, vor allem aus Korea. Außerdem fand man 130 Bronzen, Leuchter, Räuchergefäße, Kupfer- und Bronzemünzen und Lacke, Edelsteine, Lederzeug und Hölzer. Da das Schiff seit mehreren Jahrhunderten in 20 m Tiefe lag, waren zwei Drittel der Ladung versteinert.

Wann ging das Schiff unter? Die Archäologen konnten anhand mehrerer Indizien ein Datum festlegen. So liest man im 70. Kapitel der *Wahren Geschichte von Hongwu (Hongwu shilu)*, daß der erste Ming-Kaiser Hongwu Ende 1371 all seinen Untertanen verbot, in See zu stechen oder privat Handel zu treiben, als eine Maßnahme zur Bekämpfung des Piratentums an den chinesischen Küsten. Zhu Yuangzhong (Hongwu) verkündete dieses Gesetz zwar erst im Jahre 1371, hatte es aber bereits mehrere Jahre vorher in den von ihm eroberten Gebieten angewandt. Zhejiang unterwarf er im Jahre 1367. Das Schiff kann also nur vor diesem Datum China verlassen haben.

Aus welchem Ausgangshafen war es gekommen? Es mangelt nicht an Vorschlägen – Mingzhou, Quanzhou oder ein anderer? Der Zielort scheint ebensowenig eindeutig zu sein – Japan oder Korea? Sowohl in Korea als auch in Japan waren Keramiken, wie man sie auf diesem Schiff transportiert hatte, höchst beliebt. Möglicherweise hatte das Schiff auf einer Fahrt von Korea zum Inselreich Schiffbruch erlitten, da es noch mit den in Japan besonders geschätzten Temmoku und koreanischen Keramiken schwer beladen war.

Diese Entdeckung belegt die Berühmtheit, die die großen chinesischen Brennöfen damals im Ausland erlangt hatten. Die Manufaktur von Longquan wurde in der Tat seit der Yuan-Zeit beträchtlich erweitert. Um die unter dem Namen Dayao bekannte Hauptwerkstatt entstanden im ganzen mehr als 150 Filialen. Man kann von einem Brennofen zum andern den wachsenden Wohlstand der Gegend verfolgen, im gleichen Maß, wie rund um das Zentrum, vor allem in östlicher Richtung, neue Werkstätten gegründet wurden. Wenn man außerdem die kostbaren Materialien in Betracht zieht, die man in den Gräbern oder in der Hauptstadt Dadu gefunden hat, so liebten die mongolischen Herren von China besonders die Longquan-Waren, die dank neuerer Funde für das 14. Jahrhundert nach einer ziemlich genauen Zeitskala datiert werden können.

Die Manufaktur von Jingdezhen existierte, wie man jetzt weiß, bereits unter den Tang und blühte in der Song-Zeit auf. Ihre Tätigkeit nahm in der Yuan-Zeit noch zu; sie umfaßte nun über 300 öffentliche und private Brennöfen, in denen grüne und weiße Stücke sowie Shufu genannte Schalen und Schüsseln entstanden, wie man sie heute noch in Hutian herstellt. Das war der Beginn einer Entwicklung, die in der Ming-Zeit zu einem industriellen Produktionszentrum führen sollte.

Diese Angaben sagen aber noch nichts Sicheres über die geheimnisvolle Geschichte der *qinghua* aus. Die Ladung des gestrandeten Schiffes enthielt kein Blauweiß-Porzellan. Das könnte beweisen, daß die *qinghua* noch nicht allgemein üblich waren, obwohl ihre Herstellung zweifellos in der Yuan-Zeit begann; oder vielleicht waren sie noch kein Objekt des später sehr lebhaften Exporthandels, zumindest nach Korea und Japan, wo man schlichtere Stücke schätzte. Mit den westlichen

165, 166, 171, 175, 176

166
Große achteckige Schultervase. Blauweiß-Porzellan. H. 50,5 cm. Yuan-Zeit (1271–1368). Entdeckt 1964 in Baoding, Provinz Hebei. Beijing, Palace Museum
Die Vase, die mit einer zweiten ein Paar bildet, veranschaulicht die Technik der ersten Blauweiß-Porzellane *(qinghua)* in der Yuan-Zeit. Ein porzellanartiger Scherben (am Fuß sichtbar) wurde mit einer weißen Engobe überfangen. Darauf brachte man einen prachtvollen Dekor in importiertem Kobaltblau mit Drachen über einem Wellengrund an. In den vier Lambrequins der Schulterzone erscheinen Phönix, Einhorn *(qilin)* und Blumen, während vier Lambrequins mit Blumen die Fußzone umziehen. Vgl. *Wenwu*, 1965, 2, S. 17 und Abb. 11, Nr. 1–2

167–170
Vier *zaju*-Schauspieler. Ton. H. 33–38 cm. Yuan-Zeit (1271–1368). Entdeckt 1963 in Jiaozuo, Provinz Henan

Die drei Schauspieler und der Tänzer erinnern daran, daß sich das chinesische Theater in der Yuan-Zeit dank der Tätigkeit mongolischer Meister voll entfaltete und einen Erfolg erlebte, der für Jahrhunderte andauern sollte. Vgl. *Wenwu*, 1979, 8, S. 8, 9, 14

171
Großer Schultertopf vom Typ *guan*. Porzellan mit rotem Unterglasurdekor. H. 66 cm, ⌀ (Mündung) 25,3 cm, ⌀ (Körper) 47 cm. Yuan-Zeit (1271–1368). Entdeckt 1961 in Haidian, Beijing

Der sechspassig geschweifte Topf (mit neunfach geschweiftem Dekkel) zeigt in einem eleganten Dekor mit Blumenzweigen, Lotosblattfeldern und Lambrequins die handwerkliche Meisterschaft der Yuan-Töpfer. Er zeugt auch vom Bemühen der yuanzeitlichen Meister um den roten Unterglasurdekor *(liulihong),* der erst in der Ming-Zeit völlig beherrscht wurde. Das unbeständige Kupferoxyd hatte anfangs immer die Neigung, sich graublau zu verfärben. Die erzielte Wirkung gleicht jener der Blauweiß-Porzellane, von denen die frühesten Stücke mit kupferrotem Dekor oft schwer zu unterscheiden sind. Vgl. *Wenwu,* 1972, 8, S. 52–53 und Abb. 8, Nr. 5

Ländern verhielt es sich anders, denn man hat Scherben yuan-zeitlicher Blauweiß-Porzellane, allerdings von mittlerer Qualität, sogar im Sudan gefunden. In China selbst waren die Blauweiß-Porzellane damals sehr selten. Man kennt nur einige Fundorte, darunter das 1966 in der Provinz Jiangsu entdeckte Versteck von Jintan.

174   Dort fand man einen sehr schönen Topf mit Blauweiß-Dekor. Drachen umschlingen den Gefäßbauch, und ihre vier überlangen Pranken verschmelzen mit den in die Länge gezogenen Wolken. Lambrequins schmücken Fuß und Hals des Gefäßes. Das Blau des Dekors ist recht hell, mit kleinen, schwarzen Flecken übersät und das klare, opake Weiß der Glasur milchig.

Dieses Stück war neben einem herrlichen Silbergefäß versteckt worden, ein Zeichen dafür, welchen Wert es damals besaß. Das Silbergefäß enthielt eine tiefe Schüssel mit dem gleichen Drachenmotiv wie auf dem Topf, aber in Relief und am oberen Rand in eine Art Henkel auslaufend, neun Schalen mit Werkstattmarken oder Signaturen, drei Gefäße und sechs Schalen, eine davon mit Lotosblüten und *vajra*-Motiven im Dekor, was auf den esoterischen Buddhismus verweist. Schmuckstücke und Silbermünzen vervollständigten den Schatz. Die Inschriften auf den Schalen geben einen *terminus a quo* an, und das schlichte Versteck legt nahe, daß man die Gegenstände unter dem Druck dramatischer Ereignisse hastig verborgen hatte. Nach der Meinung der chinesischen Archäologen kommt dafür die ausgehende Yuan-Dynastie in Frage, die von Unruhen erschüttert war.

Im Winter 1975 entdeckte man im mongolischen Huochengxian am anderen Ende Chinas ein kleines Versteck (D. 50 cm, Tiefe 60 cm), in dem mehrere Objekte aufgestapelt waren: Schalen, verschieden große Schüsseln und ein Bronzepokal mit Fuß. Sie gingen alle auf die Yuan-Zeit zurück und wurden im Laufe von zwei Grabungskampagnen 1976 und 1977 untersucht. Die erstaunlichsten Stücke sind eine Schüssel und eine große Schale mit Blauweiß-Dekor. Die Schüssel zeigt am Rand in einem Blumenmotiv die glückbringenden Zeichen *fulu,* während sich im Innern der Schale zwei Phönixe gegenüberstehen.

Die Münzen, die bei den Keramiken lagen, bestätigen eine Datierung in die Yuan-Zeit. Einige kleine Münzen tragen die Aufschrift *Alimoli* und verweisen damit wahrscheinlich auf den Namen der yuanzeitlichen Stadt, die sich damals an diesem Ort befand. In diesem Fall wären die Gegenstände die ersten Hinweise für eine Lokalisierung dieser Stadt, die in den Texten vorkommt, deren Lage aber trotz archäologischer Forschungen seit fünfzehn Jahren nicht genau bestimmt werden konnte. So steht dank eines Geizhalses oder einfach eines um seine Schätze besorgten Menschen eine ganze Kultur wieder auf. Interessanterweise enthielt das Versteck im wesentlichen Blauweiß-Porzellane, was zeigt, wie wertvoll sie in einer Zeit eingeschätzt wurden, als sie noch eine Neuheit darstellten. Aus all diesen Gründen erhält Huochengxian vielleicht bald eine große Bedeutung.

206

172
Gefäß mit Ständer. Jun-Ware. Steinzeug mit lavendelblauer und violetter Glasur. H. 63,8 cm, ⌀ (Mündung) 15 cm, ⌀ (Körper) 17,5 cm, ⌀ (Ständer) 19,2 cm. Yuan-Zeit (1271–1368). Entdeckt 1972 am Fuß der Stadtmauer im Norden Beijings
Das lavendelblaue Gefäß mit violetten Flecken und braunen Rändern erinnert in seiner Form mit den beiden tierförmigen Ösenhenkeln an sasanidische Amphoren, die in der Yuan-Zeit hochgeschätzt waren. Die Herstellung der Jun-Ware wurde in der Song-Zeit zu voller Reife geführt. Vgl. *Kaogu,* 1972, 6, S. 31 (vergleichbares Stück)

173
Löwe. Stein. H. 27 cm, L. 24 cm, B. 24 cm. Yuan-Zeit (1271–1368). Entdeckt 1964 am Fuß der Stadtmauer im Norden Beijings
Dieser steinerne Löwe ist einer der wenigen Überreste von Dadu, der Hauptstadt der Yuan-Dynastie. Das Tier, das im allgemeinen den Eingang buddhistischer Tempel bewacht, ist hier lebendig in der Pose eines liegenden Haustiers gestaltet. Vgl. *Kaogu,* 1972, 6, Abb. 11, Nr. 1

174
Topf. Blauweiß-Porzellan. H. 26 cm, ∅ (Mündung) 22,2 cm, ∅ (Körper) 35,5 cm. Yuan-Zeit (1271–1368). Entdeckt 1966 in Jintan, Provinz Jiangsu

Das Versteck von Jintan enthielt neben einigen bemerkenswerten Silberschmiedearbeiten dieses schöne Blauweiß-Porzellan, ein Zeugnis für die bereits in der Yuan-Zeit erreichte Meisterschaft der Töpfer. Vermutlich wurde der Schatz von Jintan kurz nach 1350 versteckt. In der zweiten Hälfte des 14. Jahrhunderts kam es in Süd-China zu Wirren und Unruhen, die den Niedergang der Mongolenherrschaft und den Aufstieg einer neuen Dynastie, der Ming, begleiteten. Das Hauptmotiv des Gefäßkörpers ist ein vierklauiger schreitender Drache. In den Lotosblattfeldern am Hals wechseln sich Blumenmotive und die »Acht buddhistischen Embleme« ab. Vgl. Wenwu, 1980, 1, S. 59 und Abb. 6, Nr. 1

175
Großer Deckeltopf. Blauweiß-Porzellan mit rotem Unterglasurdekor. H. 42,3 cm, ∅ (Mündung) 15,2 cm. Yuan-Zeit (1271–1368). Entdeckt in Baoding, Provinz Hebei

Der schöne Topf, dessen Deckel von einem Löwen bekrönt ist, hat einen komplizierten Dekor. Der am Fuß sichtbare Scherben ist ockerfarben und mit einer weißen Engobe überzogen. Der Dekor ist unter der Glasur in Kobaltblau und stellenweise auch in Kupferrot ausgeführt, nach der schwierigen Technik des roten Unterglasurdekors (liulihong), die in der Yuan-Zeit entwickelt wurde. Vier blau-rote Blumenmotive umziehen den Gefäßkörper und sind mit einem geschweiften Doppelrand in Schlicker eingefaßt. Der blaue Dekor zeigt Lotosblattfelder in der Fußzone und auf dem Deckel, verschiedene Bänder an der Mündung und auf dem Deckelrand sowie Lambrequins mit Lotosblüten auf Wellengrund in der Schulterzone.

176
Großer Schultertopf vom Typ meiping. Blauweiß-Porzellan. H. 44,1 cm. Yuan-Zeit (1271–1368). Entdeckt 1955 in Nanjing, Provinz Jiangsu. Nanjing, Museum

Das Blauweiß-Porzellan vom Typ meiping ist eine Vase (ping), in die ein Zweig mit Pflaumenblüten (mei) gesteckt wird. Der vielfältige, lebendig gestaltete Dekor umfaßt Pflanzenmotive und die Figur eines Reiters. Malereien von Reitern und Pferden waren in China seit langem üblich und erfreuten sich bei den mongolischen Herren großer Beliebtheit.

DIE MING-DYNASTIE

Nach der Yuan-Zeit trat China in eine Periode ein, die die heutigen Archäologen weniger interessiert. Dafür gibt es mehrere Gründe. Ein Grund ist materieller Art und trifft auf alle Länder zu: Gegenstände aus der jüngeren Vergangenheit gibt es noch in Hülle und Fülle in Privatbesitz und in Museen. Wir kennen sie, leben häufig mit ihnen und empfinden folglich nicht das Bedürfnis, ähnliche Objekte anderswo zu suchen. Wenn nicht genügend Mitarbeiter zur Verfügung stehen und das Geld – wie so häufig – fehlt, konzentriert man Anstrengungen und Mittel auf unbedingt notwendige Ausgrabungen, die Unbekanntes zutage fördern, und vernachlässigt Forschungen, die weniger eindrucksvolle Ergebnisse versprechen.

Den westlichen Beobachter überrascht, daß auch die beginnende Ming-Zeit, das 15. und das 16. Jahrhundert – eine faszinierende Epoche in Europa –, wenig Beachtung findet, obwohl ihre Zeugnisse schon seltener sind. Aber aus chinesischer Sicht stellen sich die Dinge anders dar. Die zwar glanzvolle Ming-Dynastie wird zu Recht als die unmittelbare Vorstufe der Qing-Dynastie betrachtet, die den Zusammenbruch des Kaiserreiches auf politischem, geistig-sittlichem und wirtschaftlichem Gebiet und die schwierigen Anfänge eines ungewissen Neubeginns mit sich brachte. Der Historiker mag dabei auf seine Kosten kommen, der Patriot aber kann in dieser jüngeren Vergangenheit nicht mehr wie in früheren Zeiten die triumphale Entfaltung einer Gesellschaft verfolgen, die bereits im 12. Jahrhundert alles erfunden hatte. Gelehrte aus aller Welt und die Chinesen selbst forschen nach den weit zurückliegenden, vielfältigen Ursachen, die im 19. Jahrhundert zu dem dramatischen Untergang der chinesischen Welt geführt hatten. Das erklärt vielleicht, warum es gegenwärtig so wenige Arbeiten über die Ming- und die Qing-Kultur gibt. Vielleicht ist auch der Abstand im Laufe der langen und bewegten Geschichte Chinas erst so gering, daß sich der Historiker noch nicht in der Lage sieht, objektiv zu urteilen.

Die andere Ursache ist eher theoretischer Art. Wo liegen die Grenzen der Archäologie? Im Westen ist die Frage einfach zu beantworten, wie Louis Réau bemerkte: »Wenn die Ar-chäologie die Vergangenheit anhand von materiellen Zeugnissen erklärt, warum sollte man dann nicht auch von einer Archäologie des 17. oder sogar des 19. Jahrhunderts sprechen?« Dies gilt zwar auch für China, aber hier kommt noch etwas anderes hinzu: Zur Archäologie gehört eigentlich nur, was den Mangel an Texten ausgleicht. Im Grund handelt es sich beim gegenwärtigen Stand der chinesischen Geschichtswissenschaft weniger um eine theoretische Position als um ein pragmatisches Prinzip. Das bevorzugte Tätigkeitsfeld der Archäologie ist die Welt, die vor Erfindung der Schrift existierte; aber da relativ wenige Schriftdokumente vorhanden sind, dehnt sich dieses Feld bis zu Beginn des Kaiserreiches aus. Bezüglich der Han-Zeit, in der offiziell Archive im Dienst der Regierung eingerichtet wurden, beschränkt sich das Interesse der heutigen chinesischen Archäologen darauf, Datierungen vorzunehmen und unvermutete oder lediglich durch Beschreibungen bekannte Gegenstände zu finden. Was den Zeitraum von der Han- bis zur Song-Dynastie anbetrifft, so dient die chinesische Archäologie weitgehend dazu, zuweilen unklare Berichte zu veranschaulichen oder zumindest einseitige Vorstellungen über die Künste und Techniken in einem vergangenen Zeitalter zu revidieren. Von der Song-Dynastie an klärt die Archäologie nur noch Details oder schafft sichere Grundlagen für Einzeldarstellungen; in diesem Sinne sind beispielsweise die Arbeiten über die Keramikbrennöfen zu verstehen. Die Ming-Dynastie gehört für die chinesischen Archäologen bereits zur Gegenwart, die überall in zahllosen Gegenständen und Texten vertreten ist, kurz, sie halten sich hier für überflüssig.

Dennoch gibt es eine Archäologie der Ming-Zeit. So öffnete man 1970, mitten in der Kulturrevolution, das Grab des Zhu Dan, des zehnten Sohnes des Dynastiegründers Zhu Yuanzhang. Der mit 19 Jahren verstorbene junge Mann war in Zhangzhai (Zhouxian) in der Provinz Shandong beerdigt worden. Sein Grabmal ist ein weitläufiges, mit großen Ziegeln verkleidetes Gebäude, das sich über 100 m tief in einen Berg hinein erstreckt. Traditionsgemäß begleiteten etwa 1000 Tonfiguren und die üblichen Grabbeigaben den Toten, die nichts wirklich Neues zu unserem Wissen über die damaligen Künste und Techniken beitragen. Dagegen haben Malereien und Kalligraphien aus diesem Grab das chinesische Kulturerbe beträchtlich vermehrt: eine Kalligraphie im Stil des »feinen Goldes« von Kaiser Gaozong der Südlichen Song-Dynastie (1127–1162), zwei Malereien, von denen die eine Schmetterlinge auf Hibiskus und die andere Sonnenblumen zeigt, und mehr als 300 gedruckte Werke aus der Yuan-Zeit. Andere Gräber, die man vor kurzem im Gebiet von Nanjing (1977, Grabmäler von Xu Pu und seiner Gemahlin), bei Nanchang in der Provinz Jiangxi (1979, Grabmal von Zhu Yiyin) und in Si-

nan in der Provinz Guizhou (1980, Grabmal von Zhang Shenzong und seiner Gemahlin) öffnete, enthielten alle die üblichen Gegenstände und Dokumente, wie die »Verkaufsbelege« *(maidiquan),* die einen rein imaginären Besitz des Toten bescheinigen.

Dank der Öffnung des Dingling, des Grabes des Ming-Kaisers Wanli (reg. 1573–1619), kennt die Öffentlichkeit nun einen besonders eindrucksvollen Grabbau. Es ist ein riesiger unterirdischer Palast aus Quadersteinen, mit einem Vorraum, einem langen Gang, zwei Seitenräumen und der eigentlichen Grabkammer. Zahllose Besucher bewundern heute die wiederhergestellten drei Sarkophage – des Kaisers und seiner beiden Gattinnen zu seinen Seiten – und Behälter, die einstige Besitzstücke der Verstorbenen bargen. All diese Grabbeigaben sind in Ausstellungsräumen untergebracht, die sich auf der Erdoberfläche dicht beim Grab und auch in Museen der Hauptstadt befinden. Der Grabeingang selbst wurde stark umgebaut und sein ursprüngliches Aussehen erheblich verändert: Über eine betonierte Straße und Treppe laufen täglich die Massen der chinesischen und ausländischen Besucher, die hier die Pracht der Vergangenheit, die auf Schildern erklärten

177–179

177
Dingling, Grab des Ming-Kaisers Shenzong (Wanli, 1573–1619)
Die dreizehn Gräber der Ming-Kaiser, ein beliebtes Ausflugsziel von Beijing aus, das lange Zeit einer der wenigen, den Ausländern zugänglichen Orte war, liegen rund 40 km nordöstlich von Beijing zu Füßen von Bergen, die schon die Ausläufer der mongolischen und zentralasiatischen Gebirge sind. Unweit von den Gräbern befinden sich die jüngsten Teilstücke der Großen Mauer, die aus der Ming-Zeit datieren. Triumphbogen, Geisterweg *(shendao),* Stele, äußere und innere Mauer führen den Pilger ins Innere des Grabmals.

178
Grab des Ming-Kaisers Shenzong (Wanli, 1573–1619), Kammer mit den Opfergaben
Die drei Marmorthronsitze stehen bereit, um die Geister des Kaisers und seiner beiden mit ihm bestatteten Gemahlinnen zu empfangen. Alle Gefäße sind an ihrem Platz aufgestellt, um zur Zeremonie dienen zu können. Die größten Stücke in der Mitte – mit dem Dekor von fünfklauigen kaiserlichen Drachen – dienten als »zehntausendjährige Lampen«, die dazu bestimmt waren, »ewig« zu brennen.

Materialien und die Größe eines Werkes bewundern, das viele Monate hindurch mehrere tausend Menschen errichtet hatten. Das ist der moderne Aspekt der Archäologie, die den Tourismus fördert und folglich eine Devisenquelle darstellt, ein Zwang, unter dem alle Epochen von der Frühgeschichte bis zur Gegenwart leiden. Prachtvolle Publikationen rühmen die – tatsächlich vorhandenen – historischen Schönheiten von Xi'an, vom neolithischen Dorf Banpo bis zum Denkmal, das an den Durchzug der Achten Armee erinnert.

Aber die Archäologie der jüngeren Zeit hat auch andere, wissenschaftlichere Aspekte, die größtenteils die Inschriftenkunde betreffen. Diese Wissenschaft ist zwar wichtig für die frühen Epochen, wird aber von dem Reichtum anderer Kunstgegenstände bis zur ausgehenden Tang-Zeit mehr oder weniger in den Hintergrund gedrängt. Im Bereich der Vormoderne oder der Moderne hingegen widmen ihr die Archäologen wieder große Aufmerksamkeit, aus reinem Forschungsinteresse oder zur Beantwortung aktueller Fragen. Hier sieht man, wie sehr die Archäologie, eine Wissenschaft der Vergangenheit, auch die Gegenwart betrifft. Das heikle Problem der chinesisch-sowjetischen Grenzen, das bereits Pater Gerbillon und die Unterhändler des Vertrages von Nertschinsk Ende des 17. Jahrhunderts lösen wollten, ist gewiß allen bekannt. Folglich kann man die 1974 veröffentlichten archäologischen Untersuchungen der Inschriften nicht als Zufall betrachten, die man 1891 an den Felswänden von Ashihata und auf den 1885 entdeckten Stelen des Klosters Yongning (Yongningsi) in Liaoyang, Provinz Liaoning, gefunden hatte.

Die Inschriften auf den Felswänden erinnern an die Verdienste von Song Guozong, der mit dem Titel »General Ming Wei« geehrt wurde und sich seit der Yongle-Ära (1403–1424) und während der Xuande-Ära (1426–1435) an jenen weit entfernten nordöstlichen Grenzen befand. Die Inschriften auf den Stelen berichten von der Ankunft von 1000 Männern und

25 großen Schiffen im Jahre 1411, die die Errichtung einer Militärverwaltung in diesem Gebiet gewährleisten sollten.

Die 1974 unternommenen Grabungen auf den Inseln von Xisha an der südöstlichen Küste Chinas beruhen auf einem ähnlichen Anliegen. Man will dort anhand reicher Bestände tang- bis qingzeitlicher Keramiken eine kulturelle Einheit und damit die Zugehörigkeit dieses Archipels zum chinesischen Festland beweisen. Je mehr wir uns der Gegenwart nähern, desto zahlreicher werden Aufgaben dieser Art für die Archäologie.

Aber andere Entdeckungen dienen dennoch der reinen Wissenschaft. So fand man in der Provinz Jiangxi zwei vergessene Werke des Gelehrten Song Yingxing (1615–1645) – der das berühmte *Tiangong kaiwu* (1637), eine Geschichte der chinesischen Technik, verfaßt hatte –, die wissenschaftlich bedeutenden Traktate *Über den Himmel (Tantian)* und *Über das Klima (Lunqi)*. In Guangshan in der Provinz Henan stieß man auf ein Bronzesiegel der Armee der Roten Turbane *(Hongjinjun)*, deren Erhebung zum Sturz der mongolischen Yuan-Dynastie führte und Zhu Yuanzhang an die Macht brachte. Das alles sind wertvolle materielle Anhaltspunkte für den Historiker.

179
Grab des Ming-Kaisers Shenzong (Wanli, 1573–1619), Durchgang zu den Grabkammern

SCHLUSSWORT

Die chinesische Archäologie beschränkt sich nicht auf das Land der Han, dessen Grenzen und auch Charakteristika leidenschaftlich diskutiert werden, wie wir hier angedeutet haben. Heute stellen sich alle großen Kulturzentren diese wichtige Frage nach der Identität: Wo endet die Region, wo beginnt das Land?

Die gegenwärtige Regierung achtet offiziell die Identität der lokalen Kulturen und schenkt der Entwicklung der Archäologie auf dem Gebiet der Minderheiten große Aufmerksamkeit. Auch hier scheint oft eine politische Absicht ausschlaggebend zu sein, die jedoch verständlich ist, wenn man die Völker in Betracht zieht, die in der chinesischen Geschichte zuweilen eine entscheidende Rolle spielten und gleichzeitig Feinde und Bewunderer der Schöpfungen in der Großen Ebene waren. Das Problem der Randkulturen erweist sich als besonders vielschichtig, da es zahlreiche ethnische Gruppen und viele Einflüsse gegeben hat, die andere Synthesen als im kaiserlichen China bewirkten. Diese Synthesen waren teilweise von kurzer Dauer, teilweise hielten sie sich länger und gehörten zu den kulturellen Verbindungen, die auf komplizierten und oft umstrittenen Wegen über Zentralasien bis ins Abendland führten.

Diese Erkenntnis ist eigentlich nicht neu. Die Sammler zu Beginn des 20. Jahrhunderts schätzten beispielsweise schon die Kunst aus dem Ordos-Gebiet (sinosiberische Kunst), von der es zahllose Zeugnisse in westlichen Sammlungen gibt. Salmony schrieb 1933 darüber ein immer noch gültiges Werk. Aber zahlreiche, gut lokalisierte und datierte Funde bilden heute eine sichere Grundlage für vertiefte Studien über Objekte und Gesellschaften, die sie repräsentierten.

So kennt man seit 1955 das Königreich Dian in der Provinz Yunnan aus dem Beginn unserer Zeitrechnung, und neuere archäologische Ergebnisse über das Land Chu in der Zeit der Streitenden Reiche belegen bisher nicht vermutete Beziehungen zwischen der Kunst der Bergvölker im Südwesten und der Kunst der Bewohner Zentral-Chinas.

Die Xiongnu, die gefürchteten Nachbarn im Nordwesten, die die Große Mauer nicht zurückhalten konnte, waren vor allem durch die Beschreibungen von Sima Qian bekannt. Er hatte ein Bild von ihnen gezeichnet, das die neueren Funde bestätigen oder ergänzen. So tritt die Kultur der Xiongnu, die sich von der der chinesischen Bauern erheblich unterscheidet, in der Inneren Mongolei zutage. Eine Datierung dieser Zeugnisse aus dem Ende der Zeit der Königreiche erweist sich stets als problematisch, doch meistens begegnet man an derselben Stelle chinesischen Gegenständen, die als Orientierung für zeitliche Bestimmungen dienen können. So liefern einige, in etwa 500 m von den Xiongnu-Gräbern gemachte Funde aus der Zeit der Streitenden Reiche Anhaltspunkte dafür, daß die Xiongnu-Grabmäler von Aluchaideng einige Jahrhunderte v. Chr. entstanden und somit zu den ältesten heute bekannten gehören.

Die zwei, infolge des Sandbodens stark beschädigten Gräber – das waldige Gebiet eignete sich im übrigen gut zur Besiedlung – wurden 1972 lokalisiert und 1973 geöffnet. Die Grabausstattung umfaßte 218 Gegenstände aus Gold und einige aus Silber. Sie sind in den verschiedensten Techniken ausgeführt – gegossenes, gehämmertes oder getriebenes Metall – und stellen erstaunliche Schmuckstücke dar, rechteckige Plaketten mit Tiermotiven und sogar eine Kopfbedeckung mit einem Vogel, die auf ein Königsgrab schließen läßt. Ähnliche Schmuckstücke findet man in Xiongnu-Gräbern des 7. bis 3. Jahrhunderts v. Chr.; sie bestätigten die Beschreibungen von Sima Qian, der auch über den Schmuck der Herrscher dieses von den Han gefürchteten Volkes berichtet. Es ist nicht weiter verwunderlich, daß die Züchter von Pferden und Schafen eine hervorragende Tierkunst schufen; die chinesischen Archäologen betonen jedoch, daß diese Darstellungen von Tiger, Pferd und Ziege an die totemistischen Sippensymbole in einer Gesellschaft erinnern, die sich hauptsächlich der Jagd widmete.

Wenn man die jüngsten Entdeckungen in Betracht zieht, so entwickelte sich der Stil der Tierdarstellungen in den Grenzgebieten Nord-Chinas und in den Provinzen Hebei, Shanxi, Shaanxi und Ninxia – zumindest bei den ethnischen Minderheiten – in vier Phasen. Von der ausgehenden Shang-Dynastie bis zur beginnenden Zhou-Dynastie (13.–9. Jahrhundert v. Chr.) bestand der Schmuck meistens aus Tierköpfen an

180
Plakette in Form eines Löwen. Gold, getrieben. L. 20,5 cm. Westliche
Han-Zeit (206 v.–24 n. Chr.). Entdeckt 1976–1978 im Grab Nr. M 30 in
Alagou, Provinz Xinjiang, Autonome Region Uighur
Das beschädigte Schmuckstück befand sich in einem der 85 Gräber von
Vertretern ethnischer Minderheiten, die in der Gegend von Alagou
1976–1978 freigelegt wurden. Soweit sich heute erkennen läßt, war das
Grab Nr. M 30 die Grabstätte einer jungen Frau, die mit einem Gefolge
von Sklavinnen beigesetzt worden war. Nach den Grabbeigaben zu
schließen, datiert die Anlage aus der Zeit der Westlichen Han-Dynastie.
Stilistisch ist dieser Schmuck mit der Steppenkunst vom Ordos-Gebiet
bis zum Schwarzen Meer verbunden. Vgl. *Wenwu*, 1981, 1, S. 18–22
und Abb. 8, Nr. 4

v. Chr.), kamen zu den runden Plaketten rechteckige hinzu.
Damals entstand das eleganteste Motiv, das des Kampfes
zwischen wirklichen und mythischen Tieren. In diese Phase
gehört die Kunst der Xiongnu in den Steppen des Ordos-Ge-
biets. In der Westlichen und der Östlichen Han-Zeit (206 v. –
220 n. Chr.) entwickelten sich die rechteckigen, durchbrochen
gearbeiteten Plaketten, die als Gürtelverzierung dienten.

So zeichnet sich allmählich eine Archäologie der chinesischen Randgebiete ab: Reste der Yangshao-Kultur in Suibin,
Provinz Heilongjiang (1973 entdeckt), Tonwaren mit übernommenen Bronzemotiven der Shang und Zhou in Baijinbao,
Provinz Heilongjiang (1974 entdeckt), unzählige Han-Zeug-
nisse im ganzen Grenzgebiet, reiche Grabmalereien in Holingol in der Inneren Mongolei (1972 entdeckt), die das Leben
einer lokalen Persönlichkeit in der Östlichen Han-Dynastie
(25–220) schildern, Tang-Gräber in Turfan (1972–1973 entdeckt) mit Unmengen von Brokaten, Malereien und Grabfi-
gürchen. Im entgegengesetzten Teil Chinas scheint die
Provinz Yunnan an Bedeutung zu gewinnen, wo die 27 im
Jahre 1972 entdeckten Gräber von Lijiashan mehr als 1000
Objekte enthielten, darunter elegante Bronzen mit dem bereits bekannten Motiv des Tigers, der einen friedlichen Büffel
anfällt.

Diese lange Aufzählung gibt nur annähernd eine Vorstellung von der Aufgabe, vor der die heutigen chinesischen
Archäologen stehen. Sie betonen immer wieder, nichts über-
stürzen zu wollen, sehen sich aber ständig zu dringenden Rettungsaktionen veranlaßt, die infolge der großen Bauunter-
nehmungen in ganz China immer häufiger erforderlich
werden, und müssen überdies ihre Funde veröffentlichen, bekannt machen und interpretieren, die sonst unübersehbar an-
wachsen und zu Stiefkindern der Wissenschaft würden.

Schwertknäufen und Griffen von bronzenen Messern oder
Dolchen. Vom Ende der Westlichen Zhou-Dynastie bis zum
Anfang der Zeit der Frühlings- und Herbstannalen (9. bis
6. Jahrhundert v. Chr.), schuf man durchbrochene Metallarbeiten, wie die berühmten runden Plaketten mit dem Motiv
des zusammengekauerten Tiers, dessen charakteristischster
Typ aus Xiajiadan stammt. In einer dritten Phase, von der
ausgehenden Zeit der Frühlings- und Herbstannalen bis zum
Ende der Zeit der Streitenden Reiche (6.–3. Jahrhundert

ANHANG

ANMERKUNGEN

1 Henri Maspéro, *La Chine antique*, Neuaufl. Paris 1955 und 1965, S. 1

2 An Zhimin, »The Neolithic Archaeology of China, A Brief Survey of the Last Thirty Years«, in: *Kaogu*, 1979, 5, S. 393–403; ins Engl. übers. von Chang Kuang-chih, in: *Early China*, 5, 1979–1980, S. 35–45

3 »Excavation of a Neolithic Site in Dahe Village near Zhengzhou«, in: *Kaogu xuebao*, 1979, 3, S. 301–374

4 »Excavation at San-li-ho in Chao-hsien, Shantung Province«, in: *Kaogu*, 1977, 4, S. 262–267

5 »A Report on the Excavation of the Chengzi Site in Zhucheng County, Shandong Province«, in: *Kaogu xuebao*, 1980, 3, S. 329–385

6 Han Kangxin und Pan Qifeng, »On the Racial Type of the Dawenkou Population«, in: *Kaogu xuebao*, 1980, 3, S. 387–402

7 Henri Maspéro (zit. Anm. 1), S. 22, 25–26

8 »Excavation of the Palace Remains of the Early Shang in Yen-shih County, Honan Province«, in: *Kaogu*, 1974, 4, S. 234–248; »Reconnaissances and Trial Diggings of the Erlitou Sites in South Shanxi«, in: *Kaogu*, 1980, 3, S. 203–210, 278

9 »Excavations Conducted to the South of Hsiao-t'un Village in Anyang«, in: *Kaogu*, 1975, 1, S. 27–46; »Excavation of the Yin Tombs in the Western Section of Yin-hsü, 1969–1977«, in: *Kaogu xuebao*, 1979, 1, S. 27–146

10 »New Finds of Significance in the Excavation of Yin-hsü, A Well Preserved Royal Tomb at Hsiao-t'un«, in: *Kaogu*, 1977, 3, S. 151–153

11 »Excavation of Tomb n° 5 at Yin-hsü in Anyang« in: *Kaogu xuebao*, 1977, 2, S. 57–98

12 Henri Maspéro (zit. Anm. 1), S. 40

13 Robert W. Bagley, »P'an-lung-ch'eng: A Shang City in Hupei«, in: *Artibus Asiae* 49 (1977), Nr. 3/4, S. 165–219

14 Virginia C. Kane, »A Re-examination of An-yang Archaeology«, in: *Ars Orientalis* 10 (1975), S. 93–110

15 Léon Vandermeersch, *Wangdao ou la Voie royale*, Bd. I, Paris 1977, S. 32–33

16 »Excavation of the Western Zhou Dynasty Bronze Pit at Fengchu Village in Qishan County, Shaanxi Province«, in: *Wenwu*, 1979, 11, S. 12–15; Fu Xinian, »A Primary Inquiry into the Remains of the Western Zhou Buildings at Shaochen Village in Fufeng County, Shaanxi Province«, in: *Wenwu*, 1981, 3, S. 34–45

17 Léon Vandermeersch (zit. Anm. 15), Bd. II, S. 484

18 Henri Maspéro (zit. Anm. 1), S. 124

19 Henri Maspéro (zit. Anm. 1), S. 263

20 »The Remains of the City of Chu at Jijiahu in Danyang County, Hubei Province«, in: *Wenwu*, 1980, 10, S. 31–41; Gao Zhixi und Xiong Chuanxin, »Remains of Things done by Chu Man in Hunan«, in: *Wenwu*, 1980, 10, S. 50–60

21 »The Chu Tombs of the Spring and Automn Period at Xiasi in Xichuan County, Henan Province«, in: *Wenwu*, 1980, 10, S. 13–20; »Excavation of the Tomb N° 1 at Xiasi, Xichuan, Henan«, in: *Kaogu*, 1981, 2, S. 119–127

22 »Excavation of an Ancient Tomb of Hougudui at Gushi County, Henan Province«, in: *Wenwu*, 1981, 1, S. 1–8

23 Henri Maspéro (zit. Anm. 1), S. 263

24 Henri Maspéro (zit. Anm. 1), S. 339–340

25 »Der Bestattete und die Chronologie des Grabes Nr. 1 von Wangshan«, in: *Beiträge zum 1. Archäologie-Kongreß*, 1979, S. 229–236

26 »Excavation of the Tomb of Zeng Houyi at Suixian County in the Hubei Province«, in: *Wenwu*, 1979, 7, S. 1–24 und 32–39

27 »Excavation of the Tombs of the State of Chung Shan in the Warring States Period in Pingshanxian, Hebei Province«, in: *Wenwu*, 1979, 1, S. 1–31

28 Yang Hongxun, »A Study of the King's Mausoleum of Warring States Zhongshan Kingdom and ‚Zhao Yu Tu'«, in: *Kaogu xuebao*, 1980, 1, S. 119–138; Fu Xinian, »A Study of ‚Zhao yu tu' and its Mausoleum Planning Unearthed from Zhongshan Kingdom Royal Tombs of the Warring States Period at Pingshan County«, in: *Kaogu xuebao*, 1980, 1, S. 97–118; Huang Shengzhang, »Further Notes on the Royal Tombs of the Zhongshan Kingdom at Pingshan«, in: *Kaogu*, 1980, 5, S. 444–447

29 Henri Maspéro, (zit. Anm. 1), S. 175

30 Léon Vandermeersch (zit. Anm. 15), Bd. II, S. 383

31 »Gold and Silver Coins of the State of Chu Found at Gucheng Village, Fugou County, Henan Province«, in: *Wenwu,* 1980, 10, S. 61–66

32 »Excavation of the Spring and Automn Period Copper Smelting Remains at Tonglushan, Hubei Province«, in: *Wenwu,* 1981, 8, S. 30–39; »Restauration of Copper Smelting Shaft Furnace at Tonglushan, Hubei Province«, in: *Wenwu,* 1981, 8, S. 40–45

33 Lei Congyun, »Les outils aratoires en fer à l'époque des Royaumes combattants: découvertes et premières conclusions«, in: *Kaogu,* 1980, 3, S. 259–265

34 Henri Maspéro (zit. Anm. 1), S. 351

35 A. F. P. Hulsewé, »The Ch'in Documents Discovered in Hupei in 1975«, in: *T'oung Pao* 64 (1978), Nr. 4/5, S. 175 bis 217

36 Zitiert nach E. Chavannes, *Les Mémoires historiques de Sse-ma Ts'ien,* Paris 1895–1905, Neuaufl. Paris 1967, 5 Bde., Bd. II, S. 193–195

37 »Die Herstellung der Tonfiguren von Kriegern und Pferden aus dem Grabgang des Ersten Kaisers«, in: *Kaogu yu wenwu,* 1980, 3, S. 108–119

38 »Clearing Up Some Qin Tombs at Shangjiao Village in Lintong«, in: *Kaogu yu wenwu,* 1980, 2, S. 42–50

39 Zitiert nach E. Chavannes (zit. Anm. 36), Bd. II, S. 195

40 Zitiert nach E. Chavannes (zit. Anm. 36), Bd. II, S. 58

41 Yuan Zhongyi, »Inscriptions on the Pottery Made in the Workshop Run by the Central Government of the Qin Dynasty«, in: *Kaogu yu wenwu,* 1980, 3, S. 83–92; Yuan Zhongyi, »Studies on the Inscriptions of the Pottery Made in the Private Owned Workshops of the Qin Dynasty«, in: *Kaogu yu wenwu,* 1981, 1, S. 95–100

42 »Excavations of the Site of Palace n° 3 in Xianyang, Capital of the Qin Dynasty«, in: *Kaogu yu wenwu,* 1980, 2, S. 34–41

43 Zitiert nach E. Chavannes (zit. Anm. 36), Bd. II, S. 174 bis 176, 283

44 Cheng Te-k'un, »Ch'in-Han Mortuary Architecture«, in: *The Journal of the Institute of Chinese Studies of the Chinese University of Hongkong* 11 (1980), S. 193–269

45 Lu Zhaoyin, »A Preliminary Study on the Jade Funerary Clothes of the Han Dynasty, in: *Kaogu,* 1981, 1, S. 51–58

46 »Excavations of the Western Han Dynasty Wooden-chambered Top at Daishu in Laixi County, Shandong Province«, in: *Wenwu,* 1980, 12, S. 7–16

47 Yao Shengmin, »Survey of the Site of the Ganquan Palace of the Han Dynasty«, in: *Kaogu yu wenwu,* 1980, 2, S. 51–60

48 »Excavation of the Han Dynasty Tomb n° 40 at Dingxian«, in: *Wenwu,* 1981, 8, S. 1–10

49 »Han Dynasty Bamboo Slips from Han Tomb n° 40 at Dingxian«, in: *Wenwu,* 1981, 8, S. 11–12

50 Robert G. Henricks, »Examining the Ma-wang-tui Silk Texts of Lao-tzu, with Special Note of their Differences from the Wang Pi Text«, in: *T'oung Pao* 65 (1979), Nr. 4/5, S. 166–199

51 Fu Xingyu, »Quelques questions à propos de la date de la ›Carte des cantonnements militaires‹«, in: *Kaogu,* 1981, 2, S. 171–173

52 »Excavation of Liu Ci's Tomb Dating from the West Han Dynasty at Linyi in Shandong«, in: *Kaogu,* 1980, 6, S. 493–495

53 Yu Weichao, »Notes on the Eastern Han Dynasty Images of Buddha«, in: *Wenwu,* 1980, 5, S. 68–77

54 »Excavations of Four Granaries in the Imperial City of Luoyang, Eastern Capital of the Sui and Tang Dynasties«, in: *Kaogu,* 1981, 4, S. 309–314

55 Li Zhiyan, »A Preliminary Study on the Pottery from Tombs of the Sui and Tang Dynasties in Xian Area«, in: *Kaogu yu wenwu,* 1981, 1

56 Zhuo Zhenxi, »New Discoveries from the Reconnaissance and Excavation of the Yaozhou Kilns«, in: *Kaogu yu wenwu,* 1980, 3, S. 54–62

57 »An Investigation of Tongguan Kiln-sites of the Tang Dynasty at Changsha«, in: *Kaogu xuebao,* 1980, 1, S. 67–96

KARTE MIT BEDEUTENDEN ARCHÄOLOGISCHEN FUNDORTEN IN CHINA

(ohne die Provinzen Heilongjiang, Jilin und Liaoning)

1	Anyang, Henan	36	Maba, Guangdong
2	Banpo, Shaanxi	37	Machang, Gansu
3	Banshan, Gansu	38	Majiabang, Zhejiang
4	Baoji, Shaanxi	39	Majiayao, Gansu
5	Changyang, Hubei	40	Mancheng, Hebei
6	Chengziyai, Shandong	41	Mawangdui, Hunan
7	Chongyang, Hubei	42	Miaodigou, Henan
8	Dadunzi, Jiangsu	43	Mixian, Henan
9	Dahe, Henan	44	Ningbo, Zhejiang
10	Datong, Shanxi	45	Ningxiang, Hunan
11	Dawenkou, Shandong	46	Panlongcheng, Hubei
12	Dehua, Fujian	47	Pingshan, Hebei
13	Dengfeng, Henan	48	Qijia, Gansu
14	Dingcun, Shanxi	49	Qingliangang, Jiangsu
15	Dingxian, Hebei	50	Qishan, Shaanxi
16	Dunhuang, Gansu	51	Qujialing, Hubei
17	Erlitou, Henan	52	Sanmenxia, Henan
18	Fufeng, Shaanxi	53	Shilou, Shanxi
19	Hepu, Guangxi	54	Shizhaishan, Yunnan
20	Houma, Shanxi	55	Shouxian, Anhui
21	Jiangling, Hubei	56	Suixian, Hubei
22	Jiaoxian, Shandong	57	Tunqi, Anhui
23	Jiaozuo, Henan	58	Wanjiaba, Yunnan
24	Jingdezhen, Jiangxi	59	Wuchang, Hubei
25	Jizhou, Jiangxi	60	Wuwei, Gansu
26	Kongwangshan, Jiangsu	61	Wuzhou, Guangxi
27	Lantian, Shaanxi	62	Xianyang, Shaanxi
28	Liangzhu, Zhejiang	63	Xuzhou, Jiangsu
29	Lijiashan, Yunnan	64	Yangshao, Henan
30	Lingbao, Henan	65	Yangzhou, Jiangsu
31	Lintong, Shaanxi	66	Yaozhou, Shaanxi
32	Linyi, Shandong	67	Yongjing, Gansu
33	Longquan, Zhejiang	68	Yuanmou, Yunnan
34	Longshan, Shandong	69	Zhoukoudian, Hebei
35	Luoyang, Henan	70	Ziyang, Sichuan

● archäologische Fundorte

○ Provinzhauptstädte

- - - heutige Provinzgrenzen

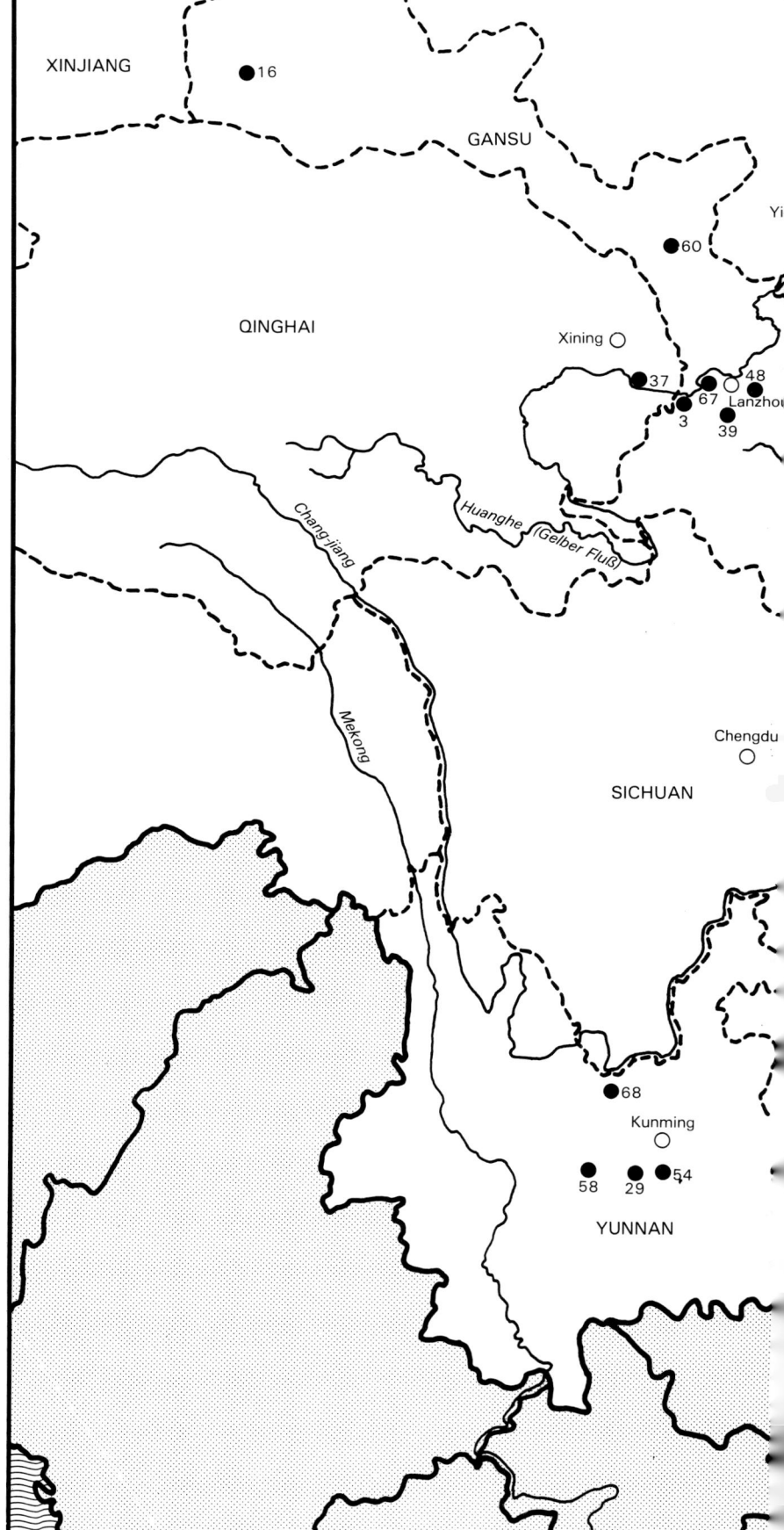

Guisui

INNERE MONGOLEI

Beijing

●69 ○

●10

●40

Tianjin

●47

●15

HEBEI

Taiyuan ○

Huanghe (Gelber Fluß)

SHANXI

●53

Huanghe (Gelber Fluß)

32● 6● ●34

Jinan ○

SHANDONG

22● ●

●1

●14

●11

●20

23● 9●

64● ●13

Zhengzhou ○

66● 27●

18● 35 17

●8 26●

4● 50● 62● 52●

30● 42●

Xi'an ○ 31●

2●

HENAN

63● ●

●43

49● ●

JIANGSU

65● ●

Huai

●55

Hefei ○

Nanjing ○

HUBEI

●56

Shanghai ○

ANHUI

28● ●38

●51

Hangzhou ○

44● ●

Yangzi-jiang

5● ●21

46●

Wuhan ○

59●

●57

ZHEJIANG

●7

●24

●33

Yangzi-jiang

Nanchang ○

45● ●41

Changsha ○

HUNAN

JIANGXI

GUIZHOU

●25

Fuzhou ○

FUJIAN

Guiyang ○

●12

GUANGDONG

●36

GUANGXI

61●

Guangzhou
(Kanton) ○

Nanning ○

●19

DIE WICHTIGSTEN ARCHÄOLOGISCHEN FUNDORTE IN CHINA

Ein Verzeichnis der wichtigsten archäologischen Fundorte in China aufzustellen ist insofern unbefriedigend, als sich die Ausgangslage durch die Tätigkeit der Archäologen ständig ändert. Wir beschränken uns hier auf eine Auswahl von 200 Orten aus den im Buch behandelten Perioden. Dagegen bleiben die Grabungsstätten unerwähnt, die bereits in spezialisierten archäologischen Indizes vorkommen, wie in den Arbeiten von Cheng Te-k'un über die Archäologie der Shang- und Zhou-Zeit aus den sechziger Jahren.

ANYANG, Provinz Henan
Seit der Song-Zeit (960–1279) bekannt. Wissenschaftliche Grabungen wurden erst von 1928 an durchgeführt. Anyang ist der größte augenblicklich bekannte Fundort der Shang-Zeit. Vgl. DASIGONGCUN, HOUGANG, HOUJIAZHUANG, WUGUANCUN, XIAOTUN, XIBEIGANG, YINXU

BAIJI, Provinz Jiangsu
1965 entdeckt. Gräber mit gravierten Steinplatten aus der Östlichen Han-Zeit (25–220 n. Chr.).

BAIJINBAO, Provinz Heilongjiang
1974 entdeckt. Reste einer Kultur aus der Zeit vor der Gründung des Kaiserreiches.

BALING, Provinz Shaanxi
Mausoleum des Kaisers Wen (179–157 v. Chr.) aus der Westlichen Han-Dynastie.

BANPO, Provinz Shaanxi
1954 entdeckt. Der wichtigste augenblicklich bekannte neolithische Fundort (4500–2500 v. Chr.) der Yangshao-Kultur.

BAOJI, Provinz Shaanxi
Seit 1925–1926 wurden Bronzen aus der Zhou-Zeit in der Umgebung des Ortes ausgegraben. 1959 entdeckte man Überreste der neolithischen Yangshao-Kultur und 1974 in Rujiazhuang Gräber aus der Zhou-Zeit (10. Jahrhundert v. Chr.).

BEISHOULING, Provinz Shanxi
1959 entdeckt. Ort der neolithischen Yangshao-Kultur.

CHANG'AN, Provinz Shaanxi
Die Hauptstadt der Han- und Tang-Dynastie erhob sich an der Stelle des heutigen Xi'an. Der erste bedeutende Grabungsbericht erschien 1959; sein Thema ist der Daminggong, der Palast der Hauptstadt der Tang-Dynastie (618–907).

CHANGPING, Beijing
1981 entdeckt. Man fand Shang-Bronzen mit einem Gesamtgewicht von 2 Tonnen, darunter 56 Stücke von hohem Wert. Bisher wurde noch keine Untersuchung über diesen Fundort veröffentlicht.

CHANGYANG, Provinz Hubei
1956 entdeckt. Knochen eines Neandertalers, der vor 200 000 bis 300 000 Jahren lebte.

CHENG RENTAI, Grab des, bei Xi'an, Provinz Shaanxi
1972 ausgegraben. Das Grab aus dem 7. Jahrhundert n. Chr. enthielt Keramiken mit »Dreifarben«-Glasur (sancai).

CHENGZIYAI, Provinz Shandong
Neolithischer Fundort der Longshan-Kultur (ca. 2500–2400 v. Chr.).

CICUN, Provinz Shandong
1976 ausgegraben. Keramik-Brennofen der Tang-Zeit (618–907) und Song-Zeit (960–1279).

CISHAN, Provinz Hebei
Fundort aus dem Anfang des Neolithikums (ca. 6000–5000 v. Chr.).

DABAOTAI, Beijing
1974–1975 entdeckt. Grab mit Bohlenwänden (Grab vom Chu-Typ) aus der Westlichen Han-Zeit (206 v. – 24 n. Chr.).

DADU, Beijing
Bedeutende Grabungen förderten 1969 die Überreste der ehemaligen Hauptstadt der Yuan-Dynastie (1279–1368) an der Stelle des heutigen Beijing zutage.

DAHE, Provinz Henan
1972 entdeckt. Neolithischer Fundort der Yangshao- und Longshan-Kultur (ca. 5000–2100 v. Chr.).

DAISHU, Provinz Shandong
1978 entdeckt. Ein Grab aus der Han-Zeit (Ende 1. Jahrhundert v. Chr.) enthielt eine Holzpuppe mit beweglichen Gliedern (H. 193 cm).

DASIKONGCUN, Provinz Henan
Einer der Fundorte von Anyang, Hauptstadt (ca. 1350–1100 v. Chr.) der Shang-Dynastie.

DASONGYUAN, Provinz Jiangsu
1975 entdeckt. Keramik-Brennofen der Zeit der Sechs Dynastien (4.–6. Jahrhundert n. Chr.).

DAWENKOU, Provinz Shandong
1959 entdeckt. Bedeutender Fundort, nach dem eine Kultur genannt wird, die zum Yangshao- und Longshan-Kreis gehört (ca. 5000–2100 v. Chr.).

DAXI, Provinz Sichuan
1959 entdeckt. Neolithische Kultur (um 2500 v. Chr.)

DEHUA, Provinz Fujian
1953 entdeckt, neue Funde 1961. In 1976 unternommenen Grabungen legte man Keramik-Brennöfen aus der Song-Zeit (960–1279) frei.

DENGFENG, Provinz Henan
1977 ausgegraben. Bronzegießerei aus der Zeit der Streitenden Reiche (475–221 v. Chr.).

DINGCUN, Provinz Shanxi
1954 entdeckt. Clactonien-Fundort aus dem Älteren Paläolithikum.

DINGLING, Beijing
Mausoleum des Ming-Kaisers Wanli (reg. 1573–1619).

DINGMAOQIAO, Provinz Jiangsu
1982 entdeckt. In den Grundmauern eines Hauses der Tang-Zeit (618–907) stieß man auf einen bedeutenden Silberschatz mit mehr als 1000 Gegenständen. Man kann ihn mit dem 1970 entdeckten Schatz von Hejiacun vergleichen, doch sind die Objekte in Dingmaoqiao oft schwer beschädigt.

DINGXIAN, Provinz Hebei
1973 entdeckt. Reste einer ummauerten Stadt und von Gräbern aus der Westlichen Han-Zeit (206 v. – 24 n. Chr.). Das Grab Nr. 40 enthielt insbesondere ein Jadegewand mit Goldfäden und zahlreiche Handschriften. Dieser reiche Fund übertraf den bereits 1969 gemachten eines Schatzes der Song-Zeit (960–1279) mit Gegenständen aus Gold, Silber, Jade und Keramik.

DONGXIAFENG, Provinz Shanxi
Fundort der Kupferzeit (ca. 2100–1600 v. Chr.), vergleichbar Erlitou in der Provinz Henan.

DUJIANGYAN, Provinz Sichuan
1974 entdeckt. Inmitten eines bedeutenden Bewässerungssystems fand man eine Steinstatue aus der Östlichen Han-Zeit (25–220). Sie stellt Li Bing dar, Gouverneur des Landes Shu (Sichuan) zur Zeit des Ersten Kaisers.

EGOUBEIGANG, Provinz Henan
1977 entdeckt. Neolithischer Fundort der Yangshao-Kultur, an dem man insbesondere einen tönernen Menschenkopf zutage förderte (ca. 5300 v. Chr.).

ERLIGANG, Provinz Henan
1952 entdeckt. Der Fundort gehört zu Zhengzhou, Hauptstadt zu Beginn der Shang-Dynastie (16. Jahrhundert v. Chr.).

ERLITOU, Provinz Henan
1954 entdeckt. Am Ende der neolithischen Longshan-Kultur und zu Beginn der Shang-Dynastie besiedelter Ort (1960 stieß man auf einen Palast aus der Zeit um 1600 v. Chr.). Sind zwischen diesen beiden Perioden möglicherweise Reste der Xia-Dynastie zu finden?

FANCUI, Provinz Henan
Grab aus der Nördlichen Qi-Zeit (550–577) mit Proto-sancai-Keramik.

FENGHUANGSHAN, Provinz Hubei
Gräber aus der Han-Zeit (2.–1. Jahrhundert v. Chr.), in denen man insbesondere auf einen mumifizierten Leichnam stieß.

FUFENG, Provinz Shaanxi
1962 entdeckt. In diesem bedeutenden Fundort aus der Zeit der Streitenden Reiche (475–221 v. Chr.) stieß man auch auf andere Zeugnisse, so vor allem 1973 auf Gräber vom Beginn der Shang-Dynastie (16.–14. Jahrhundert v. Chr.) in Famen und 1976 auf Zhou-Bronzen (ca. 1100–771 v. Chr.).

FUZHOU, Provinz Fujian
1975 entdeckt. Man fand ausgezeichnet erhaltene Stoffe aus der Südlichen Song-Zeit (1127–1279).

GANQUANGONG, Provinz Shaanxi
1978–1979 entdeckt. Reste einer Palastanlage aus der Han-Zeit (Ende 1. Jahrhundert v. Chr. – Anfang 1. Jahrhundert n. Chr.).

GONGXIAN
1958–1959 entdeckt. Bronzegießerei aus der Han-Zeit (206 v. bis 220 n. Chr.).

GOURONG, Provinz Jiangsu
Früher Grabhügel der Shang-Dynastie (ca. 1600–1100 v. Chr.).

GUANGSHAN, Provinz Henan
1965 entdeckt. In diesem Bezirk fand man ein Siegel, das in den Umkreis der Bewegung der Roten Turbane gehört. Diese Geheimgesellschaft wirkte in den Aufständen mit, die 1368 zum Untergang der Yuan-Dynastie führten.

GUANGZHOU, Provinz Guangdong
Im Gebiet des heutigen Kanton machte man mehrere Entdeckungen. Für die Geschichte der Wissenschaften in China sind am wichtigsten: der Fund eines Schiffsmodells mit Heckruder 1958 in einem Grab aus der Östlichen Han-Zeit (25–220) und die Freilegung einer Schiffswerft der Qin- und Han-Zeit in den Jahren 1974–1976.

GUANYINDONG, Provinz Yunnan
1964 entdeckt. Fundort des Älteren Paläolithikums.

GUCHENG, Provinz Henan
1974 entdeckt. Ein Versteck enthielt Gold- und Silbermünzen aus der Zeit der Streitenden Reiche (475–221 v. Chr.).

GUWEI, Provinz Henan
Grabhügel aus der Zeit der Streitenden Reiche (475–221 v. Chr.) mit den Resten eines Zeremonialgebäudes.

HEJIACUN, südlich von Xi'an, Provinz Shaanxi
1970 entdeckt. Schatz mit zahlreichen Goldschmiedearbeiten aus der Tang-Zeit (8. Jahrhundert n. Chr.).

HEMUDU, Provinz Zhejiang
Neolithischer Fundort am unteren Lauf des Yangzi-jiang.

HETAO, Innere Mongolei
Fundort des Jüngeren Paläolithikums.

HEZHANG, Provinz Guizhou
1976 entdeckt. Gräber aus der Qin-Zeit (221–207 v. Chr.).

HEZHONGYUAN, Provinz Jiangsu
Gruppe von befestigten Städten oder Dörfern aus der Östlichen Han-Zeit (25–220).

HOLINGOL, Innere Mongolei
Gräbergruppe mit Malereien aus der Östlichen Han-Zeit (25–220).

HOUGANG, Provinz Henan
Fundort von Anyang, Hauptstadt der Shang-Dynastie (ca. 1350–1100 v. Chr.), mit zahlreichen Überresten von Wohnhäusern.

HOUGUDUI, Provinz Henan
Das Grab Nr. 1 der hier entdeckten Nekropole enthielt die Gebeine der Gemahlin des Herzogs Jing (515–451 v. Chr.) von Song.

HOUJIAZHUANG, Provinz Henan
Fundort von Anyang, Hauptstadt der Shang-Dynastie (ca. 1350–1100 v. Chr.), seit 1934 ausgegraben. In einigen seiner Friedhöfe (Xibeigang) stieß man auf königliche Gräber.

HOUMA, Provinz Shanxi
1957 entdeckt. Bedeutender Fundort aus der Zeit der Streitenden Reiche (475–221 v. Chr.). 1965 stieß man auf Holztäfelchen mit Inschriften.

HUOCHENGXIAN, Innere Mongolei
1975 entdeckt. Schatz aus der Yuan-Zeit (1271–1368) mit Münzen, Goldschmiedearbeiten und Blauweiß-Porzellanen (qinghua).

JIAOZUO, Provinz Henan
1973 entdeckt. Gräber aus der Jin-Zeit (1115–1234) und der Yuan-Zeit (1271–1368).

JIAYUGUAN, Provinz Gansu
1972–1973 entdeckt. Gräber mit Malereien aus der Östlichen Han-Zeit (25–220) und vor allem aus der Zeit des Sechs Dynastien (5.–6. Jahrhundert).

JINAN, Jiangling, Provinz Hubei
1975–1980 ausgegraben. Befestigte Stadt, ehemalige Hauptstadt des Staates Chu (Zeit der Streitenden Reiche, 475–221 v. Chr.).

JINAN, Provinz Shandong
1969 entdeckt. Mehrere Gräber aus der Westlichen Han-Zeit (206 v. – 24 n. Chr.). Ein Grab enthielt eine Gruppe von Tonfiguren, die auf einer Platte stehen. Vor einem Publikum von Würdenträgern und Beamten treten Akrobaten und Musikanten auf.

JINCUN, bei Luoyang, Provinz Henan
Hier entdeckte man Gläser, die zur Zeit der Streitenden Reiche (475–221 v. Chr.) nach China eingeführt worden waren.

JINGDEZHEN, Provinz Jiangxi
Seit 1966 intensive Ausgrabungstätigkeit in diesem berühmten Ort mit Keramik- und Porzellan-Werkstätten, die seit der Tang-Zeit (618–907) tätig waren.

JINQUESHAN, Provinz Shandong
1976 entdeckt. Grab aus der Han-Zeit (2.–1. Jahrhundert v. Chr.) mit einem Grabbanner.

JINTAN, Provinz Jiangsu
1966 entdeckt. Schatz aus der Yuan-Zeit (1271–1368) mit Silber und Blauweiß-Porzellanen *(qinghua).*

JIUQUWAN, Provinz Hunan
Im 9. und 8. Jahrhundert v. Chr. ausgebeutete Kupferminen.

JIZHOU, Provinz Jiangxi
Werkstatt, die in der Song-Zeit (960–1279) der nordchinesischen Cizhou-Ware vergleichbare Stücke und Keramiken mit bläulichem Dekor herstellte.

KEZUO, Provinz Liaoning
1973 entdeckt. In Öfen aufgestapelte Shang- und Zhou-Bronzen (ca. 13.–8. Jahrhundert v. Chr.).

KONGWANGSHAN, Provinz Jiangsu
Buddhistische Flachreliefs aus der Han-Zeit (206 v. – 220 n. Chr.).

LAIWU, Provinz Shandong
1972 entdeckt. In der Westlichen Han-Zeit (206 v. – 24 n. Chr.) tätige Werkstatt für Ackergeräte aus Eisen.

LANGJIAZHUANG, Provinz Shandong
1971 entdeckt. Bedeutendes Grab aus der Zeit der Streitenden Reiche (475–221 v. Chr.), dessen Reichtum den Wohlstand des Staates Qi zu dieser Zeit bezeugt.

LANTIAN, Provinz Shaanxi
1963 entdeckt. Reste eines Hominiden, der etwas älter als der Sinanthropus ist und vor 600 000 bis 700 000 Jahren lebte.

LEIGUDUN siehe SUIXIAN

LEITAI siehe WUWEI

LIANGZHU, Provinz Zhejiang
Neolithischer Fundort am unteren Lauf des Yangzi-jiang.

LIANHUABAO, Provinz Liaoning
Werkstatt, in der während der Zeit der Streitenden Reiche (475–221 v. Chr.) Eisen bearbeitet wurde.

LI FENG, Grab des, bei Xi'an, Provinz Shaanxi
1973 ausgegraben. Das Grab enthielt bedeutende *sancai*-Keramiken aus der zweiten Hälfte des 7. Jahrhunderts.

LIJIASHAN, Provinz Yunnan
1972 entdeckt. Der Ort ist reich an Gräbern aus der Westlichen Han-Zeit (206 v. – 24 n. Chr.) und illustriert die Kunst des Königreiches Dian.

LIJIAZUI, Provinz Hubei
1974 ausgegraben. Der Ort liegt östlich von Panlongcheng, einer befestigten Stadt aus der Shang-Zeit (ca. 1600–1100 v. Chr.).

LI JINGXUN, Grab der, Provinz Shaanxi
In dem 1957 in Xi'an entdeckten Grab war ein achtjähriges Mädchen beigesetzt, die Enkelin der Gemahlin des Kaisers Xuan der Nördlichen Zhou-Dynastie (557–581). Kostbare Gebrauchsgegenstände, Schmuck und Tonfiguren waren um den Steinsarkophag deponiert.

LINAN, Provinz Zhejiang
In den unweit von Hangzhou gelegenen Ort kamen zutage: 1. während der Grabungen von 1958–1965 Gräber aus der Zeit der Fünf Dynastien (10. Jahrhundert) mit Himmelskarten, deren verschiedene Sektoren mittels bestimmter Farben und Motive bezeichnet sind; 2. 1969 ein Keramik-Brennofen; 3. 1978 das Grab des Qian Kuan mit einer Himmelskarte und weißen Keramiken vom Ende der Tang-Zeit (9. Jahrhundert).

LINGBAO, Provinz Henan
1972 entdeckt. Gräber der Östlichen Han-Zeit (2. Jahrhundert n. Chr.) mit interessanten Architekturmodellen, einer Darstellung von *liubo*-Spielern in Ton und einem Armbrust-Mechanismus.

LINTONG, Provinz Shaanxi
In diesem Bezirk erhebt sich das Mausoleum des Ersten Kaisers (221–207 v. Chr.), in dessen Umkreis seit 1974 ständig neue Entdeckungen gemacht werden.

LINYI, Provinz Shandong
1972 entdeckt. Gräber aus der Westlichen Han-Zeit (206 v. bis 24 n. Chr.) mit reichen Grabbeigaben, darunter Texte sowie Kopfbekleidungen, Handschuhe und Schuhe für die Toten.

LIUJIANG, Provinz Guizhou
1958 entdeckt. Reste eines Homo sapiens, der vor 30 000 bis 40 000 Jahren lebte und Merkmale der mongolischen Rasse besitzt.

LIULIHE, Beijing
1972 entdeckt. Friedhof aus der Westlichen Zhou-Zeit (ca. 1100–771 v. Chr.).

LONGQUAN, Provinz Zhejiang
Zahlreiche, seit rund dreißig Jahren gemachte Funde tragen
dazu bei, die Tätigkeit dieses berühmten Keramikzentrums
aufzuhellen, das schon zur Song-Zeit (960–1279) sehr aktiv
war.

LONGSHAN, Provinz Shandong
Fundort, der der letzten Phase des chinesischen Neolithikums
(ca. 2500–2100 v. Chr.) seinen Namen gab. In Longshan schuf
man eine meist schwarze, glänzende, feine Keramik, die auf
der Töpferscheibe gedreht oder fertiggestellt wurde.

MABA, Provinz Guangdong
1958 entdeckt. Reste eines Neandertalers, der vor rund
100 000 Jahren lebte.

MAJIABANG, Provinz Zhejiang
1959 entdeckt. Sitz einer neolithischen Kultur am unteren
Lauf des Yangzi-jiang.

MAJIAYAO, Provinz Gansu
1958 entdeckt. Neolithischer Fundort der Yangshao-Kultur,
der um 3000 v. Chr. besiedelt war.

MANCHENG, Provinz Hebei
1968 entdeckt. Gräber aus der Westlichen Han-Zeit mit den
Jadegewändern des Fürsten Liu Sheng und der Prinzessin
Dou Wan (2. Jahrhundert v. Chr.).

MAOLING, Xi'an, Provinz Shaanxi
Grabmal des Kaisers Wu (141–87 v. Chr.) der Westlichen
Han-Dynastie. Im Mai 1981 entdeckte man an der Grenze
des heiligen Bereichs ein unbekanntes Grab, aus dem man ein
Stück bisher unbekannter Art zutage förderte: ein vollständig
vergoldetes Bronzepferd (H. 62 cm, L. 76 cm; augenblicklich
im Shaanxi Provincial Museum in Xi'an; vgl. Fig. 23).

MAPIGU, Provinz Jiangsu
1975 entdeckt. Keramik-Werkstatt aus der Zeit der Sechs Dynastien (5.–6. Jahrhundert).

MAPUTOU, Provinz Shanxi
Fundort der Kupferzeit, ähnlich wie Erlitou in der Provinz
Henan.

MAWANGDUI, Provinz Hunan
1972–1974 entdeckt. Drei Gräber aus dem Beginn der Westlichen Han-Zeit (Ende 3. Jahrhundert v. Chr.) enthielten die
sterblichen Überreste von Li Cang, dem Markgrafen von Dai,
Kanzler des Fürsten von Changsha, den Leichnam seiner Gemahlin und den seines Sohnes. Im Grab Nr. 1 (dem Grab der
Gemahlin) befanden sich ein Banner, bedeutsame Texte und
drei geographische Karten.

Fig. 23 Pferd. Bronze, vergoldet. H. 62 cm, L. 76 cm. Westliche Han-
Zeit. Entdeckt 1981 im Grab eines Unbekannten, unweit des Maoling,
des Mausoleums Kaiser Wu (140–87 v. Chr.). Nach *Wenwu*, 1982, 9,
Abb. 1

MEISHAN, Provinz Henan
1958 entdeckt. Ort der Longshan-Kultur. Neue Entdeckungen 1970: Freilegung einer Schicht des Erlitou-Typs (Phasen I
und II). Ausgrabungen 1975: Nachweis einer »Meishan-Kul-
tur«, die die Anfänge der Bronzezeit in der Großen Ebene bezeugt.

MEIXIAN, Provinz Shaanxi
Fundort aus der Westlichen Zhou-Zeit (ca. 1100–771 v. Chr.).

MENGXI, Provinz Hunan
1966 entdeckt. Ort einer neolithischen Kultur (ca. 2400
v. Chr.).

MENGZHUANG, Provinz Henan
1976–1977 ausgegraben. Dorf vom Anfang der Shang-Zeit,

entspricht dem Niveau der Erligang-Kultur in Zhengzhou (ca. 1600 v. Chr.).

MIAODIGOU, SANMENXIA, Provinz Henan
1956 entdeckt. Der Ort umfaßt zwei Kulturschichten: Die eine gehört zur Yangshao-Kultur (4500–2500 v. Chr.), die andere enthielt graue Tonware (2700 v. Chr.).

MIXIAN, Provinz Henan
Gräber mit Malereien aus der Westlichen Han-Zeit (206 v. bis 24 n. Chr.).

MIZHI, Provinz Shaanxi
1971 entdeckt. Grab aus der Östlichen Han-Zeit (107 datiert), geschmückt mit skulpierten Steinplatten, die mythologische Szenen darstellen.

NANCHANG, Provinz Jiangxi
1973 ausgegraben. Keramik-Werkstatt aus der Han-Zeit und der Zeit der Sechs Dynastien (5.–6. Jahrhundert).

NANSHANGENG, Provinz Liaoning
1963 entdeckt. Grab aus dem 9.–8. Jahrhundert v. Chr. mit interessanten Bronzen aus Provinzwerkstätten.

NANZHAO, Provinz Henan
1979 entdeckt. Reste eines Sinanthropus.

NINGBO, Provinz Zhejiang
1974 entdeckt. Für den Export bestimmte Keramiken der Tang-Zeit (618–907) und der Zeit der Fünf Dynastien (907–960).

NINGXIANG, Provinz Hunan
1960 entdeckt. Kultgefäß vom Typ *fang ding* zum Kochen von Opferspeisen, mit rechteckigem Körper, vier Füßen und einem Dekor von Menschengesichtern auf den vier Seiten (Shang-Zeit, ca. 1600–1100 v. Chr.).

OUMAKOU, Provinz Shanxi
1963 ausgegraben. Eine der größten Steinschnitt-Werkstätten in Nord-China aus dem Beginn des Neolithikums.

PANLONGCHENG, Provinz Hubei
1974 ausgegraben. Befestigte Stadt aus der Shang-Zeit (ca. 1600–1100 v. Chr.).

PEILIGANG, Provinz Henan
Fundort aus dem Anfang des Neolithikums (ca. 6000–5000 v. Chr.).

PINGLU, Provinz Shanxi
Gräber mit Malereien aus der Han-Zeit (1. Jahrhundert n. Chr.).

PINGSHAN, Provinz Hebei
1974–1975 ausgegraben. Fünf Königsgräber aus der Zeit der Streitenden Reiche (475–221 v. Chr.). Das Grab Nr. 1 enthielt eine Bronzeplatte mit dem Grundriß der Mausoleen.

PU QIANQIU, Grab des, bei Luoyang, Provinz Henan
1976 entdeckt. Anlage mit den ältesten bekannten Grabmalereien: Sie datieren aus der Han-Zeit (2.–1. Jahrhundert v. Chr.).

PUTIAN, Provinz Fujian
1958 entdeckt. Neue Funde 1966. Seit der Tang-Zeit (618–907) tätige Keramik-Werkstatt.

PUYANG, Provinz Henan
Grab aus der Nördlichen Qi-Zeit (550–577) mit Proto-*sancai*-Keramiken.

QIANWULIBUGE, Provinz Jilin
1972 entdeckt. Grab aus der Liao-Zeit (916–1125).

QIJIA, Provinz Gansu
1959 entdeckt. Ort einer bedeutenden neolithischen Kultur.

QILIHE, Provinz Henan
1972 entdeckt. Grab aus der Östlichen Han-Zeit (25–220), das unter anderem zwei besonders interessante Stücke enthielt: einen großen, vielarmigen Leuchter und ein Gefäß in Form eines Brunnens, dessen Aufbau zwei sich auf dem Brunnenrand in Gleichgewicht haltende Akrobaten bilden.

QINGLIANGGANG, Provinz Jiangsu
1951 entdeckt. Ort der neolithischen Yangshao-Kultur.

QINGZHOU, Provinz Shandong
Fundort, an dem man Gold- und Silbermünzen aus der Zeit der Streitenden Reiche (475–221 v. Chr.) entdeckte.

QISHAN, FENGCHU, Provinz Shaanxi
1977 entdeckt. Palastanlage aus der Westlichen Zhou-Zeit (ca. 1100–771 v. Chr.).

QUANZHOU, Provinz Fujian
1973–1974 entdeckt. Reste von Hochseeschiffen mit Schotten aus der Song-Zeit (960–1279).

QUJIALING, Provinz Hubei
1954 entdeckt. Neolithische Kultur (um 2500 v. Chr.).

RENJIAPO, Provinz Shaanxi
Möglicher Ort des Baling, des Mausoleums des Han-Kaisers Wen (180–157 v. Chr.).

RUJIAZHUANG siehe BAOJI

SANLIHE, Provinz Shandong
Fundort der neolithischen Longshan-Kultur und der Kupfer-zeit.

SANMENXIA siehe MIAODIGOU und SHANGCUNLING

SHANBAOYINGZI, Provinz Jilin
1973–1974 entdeckt. Zeugnisse aus der Zeit der Streitenden Reiche (475–221 v. Chr.). Getreidemaß mit dem Edikt zur Vereinheitlichung der Maße und Gewichte des Ersten Kaisers (221 v. Chr.).

SHANGCUNLING, SANMENXIA, Provinz Henan
Erste Entdeckungen 1956. Neue Funde 1975. Gräber aus der Zeit der Streitenden Reiche (475–221 v. Chr.) enthielten bedeutende Bronzen: Grab Nr. 5 ein Kultgefäß vom Typ *fang lei* und einen Leuchter mit Figuren (Grab Nr. 5).

SHANGYUANJIA, Provinz Gansu
1967 entdeckt. 17 Bronzegefäße aus der Qin-Zeit (221–207 v. Chr.) und eine trag- und drehbare Bronzelampe. Auf einem Gefäß war das Edikt zur Vereinheitlichung der Maße und Gewichte des Ersten Kaisers eingeschrieben.

SHIJIAYUAN, CHUNHUAXIAN, Provinz Shaanxi
1979 entdeckt. Der Ort aus der Westlichen Zhou-Zeit (1100–771 v. Chr.) wurde bekannt durch die Entdeckung eines riesigen Dreifußes vom Typ *ding*: 140 cm hoch, 120 cm Durchmesser und ein Gewicht von 226 kg.

SHIJIAZHUANG, Provinz Hebei
1978 entdeckt. Gräber aus der Östlichen Han-Zeit (25–220).

SHINING, Provinz Guangdong
1976 entdeckt. Sechs Boote aus der Östlichen Han-Zeit (25–220).

SHIZHAISHAN, Provinz Yunnan
1955 entdeckt. Die Freilegung des Ortes machte mit der erstaunlichen Kultur des Königreiches Dian zur Han-Zeit (206 v. – 220 n. Chr.) bekannt.

SHOUXIAN, Provinz Anhui
1955 entdeckt. Grab des Markgrafen von Cai aus der Zeit der Streitenden Reiche (475–221 v. Chr.). 1979 stieß man auf Gold- und Silbermünzen aus derselben Zeit.

SHUINI, Provinz Henan
Fundort bei Luoyang aus der Zeit der Frühlings- und Herbstannalen (770–476 v. Chr.) mit Eisenwerkzeugen, die zu den ältesten bisher bekannten zählen.

SIMAJINLONG, Provinz Shanxi
1972 entdeckt. Grab aus der Nördlichen Wei-Zeit (386–534)

mit den ältesten bisher bekannten glasierten Grabfiguren *(mingqi)*.

SINAN, Korea
1976 entdeckt. In 20 m Tiefe vor der koreanischen Küste stieß man auf das Wrack eines chinesischen Handelsschiffes, das Keramiken geladen hatte und im 14. Jahrhundert untergegangen war.

SONGCUN, Provinz Shaanxi
1965–1966 entdeckt. Gräber aus dem Staat Qin (4. Jahrhundert v. Chr.) mit Skeletten von fünf Pferden.

SONGSHAN, Provinz Shandong
1978 entdeckt. Steinskulpturen aus der Han-Zeit (206 v. – 220 n. Chr.)

SUIBIN, Provinz Heilongjiang
1973 entdeckt. Reste einer neolithischen Kultur vom Yangshao-Typ.

SUIXIAN, Provinz Hubei
1977–1978 ausgegraben. Das Grab des Zeng Houyi aus der Zeit der Streitenden Reiche (475–221 v. Chr.) enthielt mehr als 7000 Gegenstände, darunter ein riesiges Glockenspiel mit 65 Glocken und wichtige Texte auf Bambustäfelchen.

SUJIALONG, Provinz Hubei
Grab aus der Zeit der Streitenden Reiche (475–221 v. Chr.) mit großformatigen Bronzegefäßen und Streitwagen.

TIANXINGGUAN, Provinz Hubei
1978 ausgegraben. Gräber des Landes Chu (4.–3. Jahrhundert v. Chr.), von denen eines (Nr. 1) rund 2500 Grabbeigaben enthielt.

TONGGUAN, Provinz Hunan
1957 entdeckt. Man fand hier die ältesten bisher bekannten Keramiken mit gemaltem Unterglasurdekor (9. Jahrhundert).

TONGLUSHAN, Provinz Hubei
1965 entdeckt, seit 1974 ausgegraben. Zwei Schächte einer Kupfermine aus der Zeit der Frühlings- und Herbstannalen (770–476 v. Chr.) und der Zeit der Streitenden Reiche (475–221 v. Chr.).

WANGDU, Provinz Hebei
Gräber mit Malereien aus der Östlichen Han-Zeit (25–220).

WANGHUI, Provinz Sichuan
Gräber mit Steinsärgen aus der Han-Zeit (206 v. – 220 n. Chr.).

WANGSHAN, Provinz Hubei
1965 entdeckt. Bedeutendes Grab (Nr. 1) aus der Zeit der Streitenden Reiche (475–221 v. Chr.).

WANJIABA, Provinz Yunnan
1975 entdeckt. Man fand hier die ältesten bisher bekannten Bronzetrommeln, die vielleicht aus der Östlichen Zhou-Zeit (1100–771 v. Chr.) datieren.

WEININGXIAN, Provinz Guizhou
1976 entdeckt. Gräber aus der Qin-Zeit (221–207 v. Chr.).

WENDENG, Provinz Shandong
1973 entdeckt. Gegossene Gewichte (32 kg) aus der Qin-Zeit (221–207 v. Chr.).

WUCHANG, Provinz Hubei
Fundort der Shang-Zeit (ca. 1600–1100 v. Chr.).

WUGUANCUN, Provinz Henan
1950 entdeckt. Einer der Fundorte von Anyang, der Hauptstadt der Shang-Dynastie (ca. 1350–1100 v. Chr.).

WUJIN, Provinz Jiangsu
1977–1978 ausgegraben. Schöne Lackarbeiten aus der Song-Zeit (960–1279).

WUWEI, Provinz Gansu
1969 entdeckt. Man fand hier 220 Gegenstände aus Gold, anderen Metallen, Stein, Knochen und Lack. Berühmtheit erlangte der Ort jedoch durch die einzigartige Armee aus Bronzefiguren mit 14 Streitwagen und 17 Pferden, die von 45 Pferdeknechten geführt oder Kriegern geritten wurden (mittlere Höhe ca. 40 cm). Hinzu kam das 34,5 cm große »fliegende Pferd«, eine in ihrer Art einzigartige Bronzefigur.

WUYANGTAI, Provinz Hebei
1973 entdeckt. Waffen, darunter einige aus Eisen, aus der Han-Zeit (206 v. – 220 n. Chr.).

WUZUOFEN, Provinz Hubei
1973 entdeckt. Gräber aus der Westlichen Han-Zeit (206 v. bis 24 n. Chr.) mit schönen Bronze- und Lackgegenständen.

XIADU siehe YAN XIADU

XIANGSHAN, Provinz Zhejiang
1978 entdeckt. Werkstätten für Proto-Seladone der Tang-Zeit (618–907).

XIANGYUN, Provinz Yunnan
Gräber aus der Han-Zeit (206 v. – 220 n. Chr.) mit Bronzesärgen.

XIANYANG, Provinz Shaanxi
Seit 1962 reiche Entdeckungen; ehemalige Hauptstadt des Ersten Kaisers (221–207 v. Chr.).

XIAOBAIYANGCUN, Xi'an, Provinz Shaanxi
1973 entdeckt. Grab aus der Westlichen Han-Zeit (206 v. – 24 n. Chr.) mit tierförmigen Bronzegefäßen.

XIAOTUN, Provinz Henan
Der bedeutendste Fundort von Anyang, Hauptstadt der Shang-Dynastie (ca. 1350–1100 v. Chr.). Erste Ausgrabungen 1928–1937. Seit 1949 wurden rund 200 Fundorte der Shang-Dynastie entdeckt.

XIASI, Provinz Henan
1978–1979 ausgegraben. Mehrere Gräber aus der Zeit der Frühlings- und Herbstannalen (770–476 v. Chr.) mit in Wachsausschmelzverfahren hergestellten Bronzegefäßen.

XIBEIGANG, Provinz Henan
Einer der Friedhöfe von Houjiazhuang in Anyang, Hauptstadt der Shang-Dynastie (ca. 1350–1100 v. Chr.). Ausgrabungen der Königsgräber seit 1934.

XINDU, Provinz Sichuan
1978 entdeckt. Ziegel mit schönen Flachreliefs aus der Han-Zeit (206 v. – 220 n. Chr.).

XINGLONG, Provinz Hebei
1953 entdeckt. Bronzewerkstatt aus der Zeit der Streitenden Reiche (475–221 v. Chr.).

XINYANG, Provinz Henan
1957 entdeckt. Ein Grab aus der Zeit der Streitenden Reiche (475–221 v. Chr.) enthielt ein Glockenspiel.

XUANHUA, Provinz Hebei
1971 entdeckt. Ein Grab aus der Liao-Zeit (916–1125) war mit Wandmalereien geschmückt, die Alltagsszenen und eine Himmelskarte darstellen.

XUJIAYAO, Provinz Shanxi
1975 entdeckt. Man fand hier die ältesten bisher bekannten chinesischen Mikrolithen, die vom Anfang der letzten Eiszeit datieren.

XUZHOU, Provinz Jiangsu
1952 entdeckt. Zahlreiche Gräber aus der Han-Zeit (206 v. bis 220 n. Chr.) mit skulpiertem Dekor.

XUYI, Provinz Jiangsu
1982 entdeckt. Schatz aus der Zeit der Streitenden Reiche (475–221 v. Chr.) mit einem Topf aus vergoldeter Bronze, auf dem ein goldener Deckel sitzt (Gewicht 9 kg).

Yangjiawan, Xianyang, Provinz Shaanxi
1965–1970 entdeckt. Ein Grab enthielt eine Miniatur-Wache aus Ton: 3000 Pferde- und Menschenfiguren (H. ca. 70 cm) aus der Zeit des Ersten Kaisers (221–207 v. Chr.).

Yangshao, Provinz Henan
Fundort, der der ersten Entwicklungsphase des chinesischen Neolithikums seinen Namen gab, gekennzeichnet durch eine aus Wülsten aufgebaute und bemalte Keramik.

Yang Sixu, Grab des, bei Xi'an, Provinz Shaanxi
1958 entdeckt. Das Grab von ca. 740 enthielt neben zahlreichen Grabbeigaben zwei Marmorstatuen (H. ca. 40 cm), die Jäger darstellen.

Yangzhou, Provinz Jiangsu
Zahlreiche Entdeckungen, darunter 1975 Tang-Keramiken mit floralem Dekor und 1977 ein Grab aus der Han-Zeit (206 v. – 220 n. Chr.) mit Glasfragmenten sowie in demselben Jahr bemalte Tang-Skulpturen.

Yan Xiadu, Provinz Hebei
1958 entdeckt. Hauptstadt des Yan-Reiches zur Zeit der Streitenden Reiche (475–221 v. Chr.). Teile von Rüstungen.

Yaozhou, Provinz Shaanxi
1973–1974 ausgegraben. Seit der Tang-Zeit (618–907) tätige Keramik-Werkstatt, die zur Song-Zeit (960–1279) sehr berühmt war.

Yide, Grab des, bei Xi'an, Provinz Shaanxi
1971 entdeckt. 706 angelegtes Grab für ein Mitglied der kaiserlichen Familie.

Yingzhen, bei Zhengzhou, Provinz Henan
1975 ausgegraben. Bronzegießerei aus der Han-Zeit (206 v. bis 220 n. Chr.).

Yinqueshan, Provinz Shandong
1972 entdeckt. Grab aus der Han-Zeit (134 v. Chr.) mit einem Banner und wichtigen Texten auf Bambustäfelchen.

Yinxu, Provinz Henan
Die »Ruinen von Yin« in Anyang. Seit der Song-Zeit (960–1279) bekannter Hauptort der Shang-Dynastie.
Vgl. Anyang

Yongtai, Grab der, bei Xi'an, Provinz Shaanxi
1960 entdeckt. 706 angelegtes Grab für ein Mitglied der kaiserlichen Familie.

Yuanmou, Provinz Yunnan
1965 entdeckt. Reste eines Hominiden, der vermutlich vor 1 700 000 Jahren lebte.

Yulongtai, Innere Mongolei
1974 entdeckt. Grab der Xiongnu-Stämme (5. Jahrhundert v. – 3. Jahrhundert n. Chr.).

Yunmeng, Xiaogan, Provinz Hubei
1975 entdeckt. Bedeutendes Grab der Qin-Zeit (221–207 v. Chr.) mit Texten auf Bambustäfelchen.

Zhaoling, bei Xi'an, Provinz Shaanxi
1972 ausgegraben. In einigen Gräbern neben dem Mausoleum des Tang-Kaisers Taizong (626–649) fand man interessante Figuren von Fabelwesen und Personen.

Zhaowuda, Provinz Liaoning
1963 entdeckt. Gegossene Gewichte aus der Qin-Zeit (221–207 v. Chr.).

Zhaozhou, Provinz Guangdong
1954 entdeckt. Keramik-Werkstätten aus der Tang-Zeit (618–907) und der Song-Zeit (960–1279).

Zhengzhou, Provinz Henan
1952 entdeckt. Ehemalige Hauptstadt der Shang-Dynastie (16. Jahrhundert v. Chr.).
Vgl. Erligang, Baijiazhuang

Zhiziling, bei Changsha, Provinz Hunan
Das Grab Nr. 34 enthielt Eisenwerkzeuge aus der Zeit der Frühlings- und Herbstannalen (770–476 v. Chr.), die zu den ältesten bisher bekannten gehören.

Zhongshan, Provinz Hebei
Königreich, das durch den Fundort Pingshan vertreten ist.
Vgl. Pingshan

Zhongzhoulu, Provinz Henan
1954–1955 entdeckt. Jadestücke, die ein Gesicht bilden und auf ein Gewand zu nähen sind, aus dem Ende der Zeit der Frühlings- und Herbstannalen (770–476 v. Chr.).

Zhoukoudian, Provinz Hebei
1921 entdeckt. Reste eines Hominiden, des Sinanthropus oder »Peking-Menschen«, der vor 500 000 oder 600 000 Jahren lebte.

Zhouyuan, Provinz Shaanxi
1977 entdeckt. Man fand hier 10 500 Knochen mit Orakelinschriften aus der Shang-Zeit (ca. 1600–1100 v. Chr.).

Zhu Dan, Grab des, Provinz Shandong
1970 ausgegraben. Grab des zehnten Sohnes des Gründers der Ming-Dynastie (Ende 14. – Anfang 15. Jahrhundert).

ZHUMAZUI, Provinz Shaanxi
1977 entdeckt. Gräber aus der Shang-Zeit (14. Jahrhundert v. Chr.) nordwestlich von Xi'an.

ZIDANKU, Provinz Hunan
1973 entdeckt. Grab mit zwei Malereien auf Seide aus der Han-Zeit (206 v. – 220 n. Chr.).

ZIYANG, Provinz Sichuan
1951 entdeckt. Neolithischer Fundort.

ZUOJIAGONGSHAN, Provinz Hunan
1954 entdeckt. Grab aus der Zeit der Streitenden Reiche (475–221 v. Chr.) mit dem ältesten bisher bekannten Pinsel.

DIE WICHTIGSTEN ARCHÄOLOGISCHEN ENTDECKUNGEN IN CHINA SEIT 1950

1950 WUGUANCUN, Provinz Henan: Große Königsgräber

1951 ZIYANG, Provinz Sichuan: Menschliche Knochen aus dem Jüngeren Paläolithikum
ZHOUKOUDIAN, Provinz Hebei: Wiederaufnahme der Grabungen
CHANGSHA, Provinz Hunan: Entdeckung von 145 Gräbern aus der Han-Zeit
QINGLIANGANG, Provinz Jiangsu: Entdeckung einer neolithischen Kultur
BINGLINGSI, Provinz Gansu: Buddhistische Höhlen

1952 ERLIGANG, ZHENGZHOU, Provinz Henan: Entdeckung einer Shang-Kultur

1953 XINGLONG, Provinz Hebei: Mehr als 70 Eisenwerkzeuge aus der Zeit der Streitenden Reiche

1954 ZUOJIAGONGSHAN, bei Changsha, Provinz Hunan: Entdeckung des ältesten bisher bekannten Pinsels in einem Grab aus der Zeit der Streitenden Reiche
BANPO, Provinz Shaanxi: Entdeckung und erste Ausgrabung einer bedeutenden neolithischen Anlage
DINGCUN, Provinz Shanxi: Paläolithische Reste
QUJIALING, Provinz Hubei: Entdeckung einer neolithischen Kultur

1955 SHIZHAISHAN, Provinz Yunnan: Entdeckung der Kultur des Königreiches Dian (Westliche Han-Zeit)
LIJIACUN, Provinz Shaanxi: Zahlreiche Bronzegefäße mit Inschriften aus der Westlichen Zhou-Zeit
LUOYANG, Provinz Henan: Entdeckung der Stadtmauer aus der Östlichen Zhou-Zeit
SHOUXIAN, Provinz Anhui: Grab des Markgrafen von Cai (Zeit der Streitenden Reiche)
SANMENXIA, Provinz Henan: Grabungen in der ganzen Gegend auf der Suche nach Spuren der Xia-Dynastie
ZHENGZHOU, Provinz Henan: Entdeckung der Stadtmauer aus der Shang-Zeit

1956 BANPO, Provinz Shaanxi: Umfangreiche Grabungen und Bau des Museums
Xiongnu-Gräber in der Provinz Liaoning
Entdeckung eines »Menschen von Changyang«, der vor 200 000 oder 300 000 Jahren lebte, in der Provinz Hubei
MIAODIGOU, SANMENXIA, Provinz Henan: Entdeckung der neolithischen Yangshao-Kultur
CHANG'AN, Provinz Shaanxi: Beginn der Grabungen in der Stadt der Han-Dynastie
SHANGCUNLING, Provinz Henan: Mehr als 200 Gräber aus der Westlichen Zhou-Zeit und der Zeit der Frühlings- und Herbstannalen

1957 HOUMA, Provinz Shanxi: Stadt aus der Zeit der Frühlings- und Herbstannalen und der Streitenden Reiche
CHANG'AN, Provinz Shaanxi: Beginn der Grabungen in der Stadt der Tang-Dynastie
XINYANG, Provinz Henan: Grab vom Chu-Typ
ZUINAN, Provinz Anhui: 30 tierförmige Bronzegefäße aus der Shang-Zeit

1958 YAN XIADU, Provinz Hebei: Beginn der Grabungen
BANPO, Provinz Shaanxi: Eröffnung des Museums
Entdeckung der »Menschen von Maba«, der vor etwa 100 000 Jahren lebte, in der Provinz Guangdong
Entdeckung des »Menschen von Liujiang«, der vor 30 000 bis 40 000 Jahren lebte, in der Provinz Guangxi
GONGXIAN, Provinz Henan: Entdeckung von Bronzegießereien aus der Han-Zeit

1959 MAJIABANG, Provinz Zhejiang: Entdeckung einer neolithischen Kultur
DAWENKOU, Provinz Shandong: Entdeckung einer bedeutenden neolithischen Kultur, bezeugt durch mehr als 100 Gräber
ZHOUKOUDIAN, Provinz Hebei: Erneute Entdeckung von menschlichen Knochenfragmenten
DAXI, Provinz Sichuan: Entdeckung einer neolithischen Kultur

1960 ERLITOU, Provinz Henan: Reste einer Palastanlage der Shang-Dynastie

1962 CHANG'AN, Provinz Shaanxi: Arbeiten über die Stadt während der Sui- und Tang-Zeit

1963 Entdeckung des »Menschen von Lantian«, der vor 600 000 bis 700 000 Jahren lebte, in der Provinz Shaanxi

1964 GUANYINDONG, Provinz Guizhou: Entdeckung eines Ortes aus dem Älteren Paläolithikum

1965 Entdeckung des »Menschen von Yuanmou«, der vor 1 700 000 Jahren lebte, in der Provinz Yunnan
YANGJIAWAN, Provinz Shaanxi: Eine tönerne Armee von mehr als 3000 Soldaten- und Pferdefiguren aus der Westlichen Han-Zeit
WANGSHAN, Provinz Hubei: Drei große Gräber vom Chu-Typ
HOUMA, Provinz Shanxi: Wichtige Texte auf Holztäfelchen aus dem Staat Jin (Zeit der Streitenden Reiche)

1966 ZHOUKOUDIAN, Provinz Hebei: Schädel eines Sinanthropus

1968 MANCHENG, Provinz Hebei: Zwei Gräber aus der Westlichen Han-Zeit mit Jadegewändern

1969 LEITAI, Provinz Gansu: Armee aus Bronzefiguren

1970 HEJIACUN, Provinz Shaanxi: Mehr als 1000 Goldschmiedearbeiten aus der Tang-Zeit

1971 XI'AN, Provinz Shaanxi: Gräber der Kronprinzen Zhuanghuai und Yide

1972 LINYI, Provinz Shandong: Zwei Gräber aus der Westlichen Han-Zeit mit wichtigen Texten
MAWANGDUI, Provinz Hunan: Grab der Markgräfin von Cai (Nr. 1) aus der Han-Zeit
LIULIHE, Beijing: Fundort der Shang- und Zhou-Zeit

1973 TONGLUSHAN, Provinz Hubei: Erste Entdeckung von Kupferminen, die seit dem Ende der Zhou-Zeit in Betrieb waren
MAWANGDUI, Provinz Hunan: Entdeckung der Gräber Nr. 2 und 3

ANYANG, Provinz Henan: Grabungen in Yinxu und Xiaotun. Entdeckung von mehr als 1800 Knochen mit Orakelinschriften

1974 LINTONG, Provinz Shaanxi: Tönerne Armee des Ersten Kaisers
QUANZHOU, Provinz Fujian: Schiff aus dem Ende der Südlichen Song-Zeit
PINGSHAN, Provinz Hebei: Bedeutende Gräber des Königreiches Zhongshan aus der Zeit der Streitenden Reiche
GUANGZHOU, Provinz Guangdong: Entdeckung einer Schiffswerft aus der Qin- und Han-Zeit

1975 XUJIAYAO, Provinz Shanxi: Paläolithische Reste
YUNMENG, Provinz Hubei: Gräber der Qin- und Han-Zeit mit wichtigen Texten auf Bambustäfelchen

1976 ANYANG, Provinz Henan: Grab der Fu Hao
FUFENG, Provinz Shaanxi: Wichtige Bronzegefäße aus der Westlichen Zhou-Zeit

1977 ZHOUYUAN, Provinz Shaanxi: 10 500 Knochen mit Orakelinschriften aus der Shang-Zeit
DENGFENG, Provinz Henan: Ausgrabung des Ortes aus der Zeit der Streitenden Reiche, der möglicherweise auch Reste einer Stadt der Xia-Dynastie umfaßt

1978 SUIXIAN, Provinz Hubei: Grab des Zeng Houyi
TIBET: Erste archäologische Arbeiten und Ausgrabung eines neolithischen Ortes

1979 PINGSHAN, Provinz Hebei: Grab eines Königs von Zhongshan aus der Zeit der Streitenden Reiche

1980 JINAN, Provinz Hubei: Fortsetzung der Grabungen in der ehemaligen Hauptstadt des Staates Chu

1981 CHANGPING, Beijing: Entdeckung einer umfangreichen Gruppe von Shang-Bronzen von mehr als 2 Tonnen Gewicht, darunter 56 Stücke von großem Interesse

1982 XUYI, Provinz Jiangsu: Entdeckung eines Schatzes aus der Zeit der Streitenden Reiche mit einem Weinkrug, der 56 goldene Objekte enthielt. Der Topf aus vergoldeter Bronze hat einen goldenen Deckel in Tigerform, der 9 kg wiegt

AUSGEWÄHLTE BIBLIOGRAPHIE

Die Dokumente – Artikel, Abhandlungen und Grabungsberichte –, mit deren Hilfe dieses Buch verfaßt wurde, sind zum größten Teil in chinesischer Sprache geschrieben. Oft haben sie einen englischen Titel, der in den folgenden Literaturangaben beibehalten wurde. Wenn er fehlt, wird die Übersetzung des chinesischen Originaltitels auf deutsch gegeben. Die Arbeiten sind meist in spezialisierten Zeitschriften *(Kaogu, Kaogu xuebao, Wenwu, Kaogu yu wenwu)* veröffentlicht. Abgesehen von einigen wichtigen Referenzwerken schien es uns nicht angebracht, die Liste der Titel unnötig zu verlängern.

Unter der dynamischen Leitung von Professor Xia Nai publiziert das Archäologische Institut zwei wichtige Zeitschriften, *Archäologie (Kaogu)*, die zunächst fast nur über Funde berichtete, und die *Archäologische Zeitschrift (Kaogu xuebao)*, eine unerschöpfliche Quelle an Studien und Informationen aus erster Hand, die seit 1981 von einer nützlichen Auswahlbibliographie chinesischer Publikationen vervollständigt wird.

Außerdem gibt seit einigen Jahren jede Präfektur und Universität ihre eigene Reihe wissenschaftlicher Publikationen heraus, unter denen die Archäologie ihren Platz einnimmt. Eine der interessantesten dieser neuen, oft sehr ungleichen Zeitschriften ist nach wie vor *Archäologie und die kulturellen Zeugnisse (Kaogu yu wenwu)*, die die Universität von Shaanxi in Xi'an herausgibt. Daneben veröffentlichen Museen, wie das Palastmuseum (Gugong Bowuguan) in Beijing oder das Museum von Shanghai (Shanghai Bowuguan), wissenschaftliche Zeitschriften, in denen die ihnen anvertrauten Stücke behandelt werden – eine beträchtliche Arbeit, wenn man bedenkt, daß alle wichtigen Funde in den größten Regionalmuseen gesammelt werden.

Jährlich wird ein Archäologenkongreß in einer jeweils anderen Stadt abgehalten, 1979 in Xi'an, 1980 in Wuhan, 1981 in Hangzhou. Der erste versuchte, über die archäologischen Arbeiten der letzten dreißig Jahre eine Bilanz zu ziehen und Richtlinien für die Gegenwart aufzustellen. Der zweite, der mitten in China stattfand, befaßte sich mit dem Studium der Chu-Kultur, deren Reichtum und vielfältige Verzweigungen wir im Laufe dieses Werkes immer wieder betont haben. Der dritte Kongreß tagte in der ehemaligen Hauptstadt der Südlichen Song-Dynastie und führte zu einer umfassenderen und zugleich detaillierteren Sicht der gegenwärtigen Archäologie. Der Kongreßbericht versucht, die Archäologie methodisch nach Provinzen vorzustellen, und greift damit auf noch bessere Weise das Ziel eines 1979 im Rahmen des ersten Kongresses veröffentlichten Werkes auf, *Dreißig Jahre chinesische Archäologie (Zhongguo kaoguxe sanshi nian)*, von dem im Verlag Heibonsha 1981 eine japanische Ausgabe herauskam.

Schließlich gibt es nicht zuletzt die ausgezeichnete Zeitschrift *Kulturelle Zeugnisse (Wenwu)*, die vom Publishing Cultural Relics House *(Wenwu chubanshe)* herausgegeben wird. Wie schon der Name besagt, beschränkt sich ihr Interessengebiet nicht auf die Archäologie; weniger ausführliche Artikel als in der *Archäologie* und der *Archäologischen Zeitschrift* berichten über die wichtigsten Funde, bieten eine gute Zusammenfassung und eine kluge Einordnung in die Landesgeschichte. Vergleiche und verschiedene Standpunkte, die aus der Konfrontation dieser Publikationen entstehen, tragen zur Entfaltung einer lebendigen Wissenschaft bei, die unter Fachleuten den politischen Ramen sprengt. In den Museen bleibt dieser jedoch häufig gewahrt und ist daher der breiten Öffentlichkeit eher vertraut.

Untersuchungsreihen, für Zeitschriften zu umfangreiche Arbeiten oder die unvermeidlichen Reproduktionen der entdeckten Meisterwerke werden vom *Wenwu chubanshe* in verschiedener Form veröffentlicht, als Monographien auf gewöhnlichem Papier oder in prachtvollen Alben mit vielen Farbtafeln.

AKIYAMA, Terukazu   Arts of China, Neolithic Cultures to the T'ang Dynasty: Recent Discoveries, Tōkyō 1968
AN Zhimin   The Neolithic Archaeology of China, A Brief Survey of the Last Thirty Years, in: Kaogu, 1979, 5, S. 393–403
Archaeological Treasures Excavated in the People's Republic of China, Ausstellungskatalog, Tōkyō 1973 (jap.)
Archäologische Funde im neuen China, Beijing 1972

234

BAGLEY, Robert W.   P'an-lung-ch'eng, A Shang City in Hupei, in: Artibus Asiae 39 (1977), Nr. 3/4, S. 165–219

BARNARD, Noel   Bronze Casting and Bronze Alloys in Ancient China, Tōkyō 1961 (= Monumenta Serica Monograph XIV) und Canberra 1961 (The Australian National University and Monumenta Serica XXIV)

BARNARD, Noel   The Incidence of Forgery among Archaic Chinese Bronzes, Some Preliminary Notes, in: Monumenta Serica 27 (1968), S. 61–168

BARNARD, Noel und Tamotsu SATŌ   Metallurgical Remains of Ancient China, Tōkyō 1975

BOBOT, Marie-Thérèse   L'art chinois, Paris ²1980

BODDE, Derk   China's First Unifier, A Study of the Ch'in Dynasty as Seen in the Life of Li Ssu (280?–208 BC), Hongkong 1967 (Nachdruck)

BRINKER, Helmut und Roger GOEPPER   Kunstschätze aus China, 5000 v. Chr. bis 900 n. Chr., Neuere archäologische Funde aus der Volksrepublik China, Zürich 1980

CHANG Kuang-chih   Chinese Archaeology since 1949, in: Journal of Asian Studies 36 (1977), Nr. 54, S. 623–646

CHANG Kuang-chih   The Archaeology of Ancient China, New Haven – London ³1977 und 1979

CHANG Kuang-chih   Shang Civilization, New Haven – London 1980

Changsha Mawangdui yihao Han mu (The Han Tomb n° 1 at Mawangtui, Chang-sha), 2 Bde., Beijing o. J. (chin.)

CHENG Te-k'un   Archaeology in China, Bd. 1: Prehistoric China, Cambridge 1959 (Neuaufl. 1966); Ergänzungsbd. zu Bd. 1: New Lights on Prehistoric China, Cambridge 1966; Bd. 2: Shang China, Cambridge 1960; Bd. 3: Chou China, Cambridge 1963

CHENG Te-k'un   An Introduction to Chinese Art und Archaeology, The Cambridge Outline and Reading Lists, Cambridge 1973

CHENG Te-k'un   Ch'in-Han Mortuary Architecture, in: Journal of the Institute of Chinese Studies of the Chinese University of Hongkong 11 (1980), S. 193–269

CHENG Te-k'un   Ch'in-Han Architectural Remains, in: Journal of the Institute of Chinese Studies of the Chinese University of Hongkong 9 (1978), S. 1–81

COTTERELL, Arthur   Der Erste Kaiser von China, Frankfurt am Main 1981

Des profondeurs de la terre chinoise, Paris 1982

DEWALL, Magdalene von   Der Gräberverband von Wu-kuan-ts'un/Anyang, in: Oriens Extremus 7 (1960), S. 129–151

DEWALL, Magdalene von   New Data on Early Chou Founds, The Relative Chronology in Historical Perspective, in: Symposium in Honor of Dr. Li Chi, Bd. II, Taipei 1966

EGAMI, Namio   Migration of the Cowrie Shell Culture in East Asia, in: Acta Asiatica 26, Tōkyō 1974, S. 1–52

ELISSEEFF, Danielle und Vadime   La civilisation de la Chine classique, Paris 1979

ELISSEEFF, Vadime   La préhistoire de l'Asie nord-orientale, in: L'homme avant l'écriture, hg. von A. VARAGNAC, Paris ²1967

ELISSEEFF, Vadime (Hg.)   Trésors d'art chinois, Récentes découvertes archéologiques de la République populaire de Chine, Ausstellungskatalog, Paris 1973

FINSTERBUSCH, Käte   Zur Archäologie der Pei-Ch'i- (550 bis 577) und Sui-Zeit (581–618), mit einem Fundkatalog, Wiesbaden 1976 (Münchener Ostasiatische Studien, Sonderreihe Bd. 1)

FONG, Mary H.   Four Chinese Royal Tombs of the Early Eighth Century, in: Artibus Asiae 35 (1973), Nr. 4, S. 307–334

FONG, Wen (Hg.)   The Great Bronze Age of China, An Exhibition from the People's Republic of China, Ausstellungskatalog, London – New York 1980

FONTEIN, Jan und WU Tung   Unearthing China's Past, Boston 1973

FRANKE, Otto   Geschichte des chinesischen Reiches, Berlin – Leipzig 1930–1952

FRIEND, Robert   New Archaeological Work in China, in: East and West, IsMEO n.s. XXII (1972), Nr. 3–4, S. 233 bis 247

FU Xinian   Erste Untersuchungen der Architekturreste aus der Westlichen Zhou-Zeit in Fengchu (Qishan), Provinz Shaanxi, in: Wenwu, 1981, 1, S. 65–74 (chin.)

FU Xinian   A Primary Inquiry into the Remains of the Western Zhou Buildings at Shaochen Village in Fufeng County, Shaanxi Province, in: Wenwu, 1981, 1, S. 34–45 (chin.)

GAO Zhixi   Die Chronologie der Gräber von Chu in der Provinz Hunan, in: Beiträge zum 1. Archäologie-Kongreß, 1979, S. 237–248 (chin.)

GERNET, Jacques   Die chinesische Welt, Frankfurt am Main 1979

GOEPPER, Roger   Kunst und Kunsthandwerk Ostasiens, München 1968

HANSFORD, S. Howard   A Glossary of Chinese Art and Archaeology, London 1954, ²1972

HENRICKS, Robert G.   Examining the Ma-wang-tui Silk Texts of Lao-tzu, with Special Note of their Differences from the Wang P'i Text, in: T'oung Pao 65 (1979), Nr. 4–5, S. 166–199

HERVOUET, Yves   Découvertes récentes de manuscrits anciens en Chine, in: Comptes-rendus des séances de l'année 1977, avril-juin, à l'Académie des Inscriptions et Belles-Lettres, Paris 1977, S. 379–393

Ho Ping-ti   The Cradle of the East, An Inquiry into the Indigeneous Origins of Techniques and Ideas of Neolithic and Early Historic China, 5000–1000 BC, Hongkong 1975

Hou Ching-lang   La Sculpture des Ts'in, in: Arts asiatiques 33 (1977), S. 133–181

Hulsewé, A. F. P.   The Ch'in Documents Discovered in Hupei in 1975, in: T'oung Pao 64 (1978), Nr. 4/5, S. 175–217

Jia Lampo   Nos ancêtres les Chinois, la préhistoire de l'homme en Chine, Paris 1982

Jianming Zhongguo lishi tuben (Illustrierte Ausgabe einer einfachen und klaren Geschichte Chinas), 6 Bde., Tientsin 1978–1981 (chin.)

Kane, Virginia C.   The Independant Bronze Industries in the South of China Contemporary with the Shang and Western Chou Dynasties, in: Archives of Asian Art 28 (1974–1975), S. 77–107

Kane, Virginia C.   A Re-examination of An-yang Archaeology, in: Ars orientalis 10 (1975), S. 93–110

Keightley, David N.   The Bamboo Annals and Shang-Chou Chronology, in: Harvard Journal of Asiatic Studies 38 (1978), S. 423–438

Keightley, David N.   Sources of Shang History, The Oracle Bone Inscriptions of Bronze Age China, Berkeley – Los Angeles – London 1978

Lee, Sherman E.   Chinese Art under the Mongols, The Yuan Dynasty (1279–1368), Ausstellungskatalog, Cleveland 1968

Lei Congyun   Die Ackergeräte aus Eisen in der Zeit der Streitenden Reiche, Entdeckungen und erste Schlußfolgerungen, in: Kaogu, 1980, 3, S. 259–265 (chin.)

Li Chi   Anyang, Seattle 1977

Li Xueqin   The Wonder of Chinese Bronzes, Beijing 1980

Li Zhiyan   A Preliminary Study on the Pottery from Tombs of the Sui and Tang Dynasties in Xian Area, in: Kaogu yu wenwu, 1981, 1 (chin.)

Liu Dunzhen   Zhongguo zhuzhai gaishuo (Das chinesische Haus), Beijing 1957

Liu Yuhei und Xiong Lin   Hoard of Yuan's Blue and White and Underglazed Red Wares Found in Gao-an County, Jiangxi Province, in: Wenwu, 1982, 4, S. 58–69 (chin.)

Loehr, Max   Ritual Vessels of Bronze Age China, New York 1968

Loewe, Michael   The Manuscripts from Tomb Number Three Ma-wang-tui, in: China, Continuity and Change, Papers of the XXVIIth Congress of Chinese Studies, 1980, Zurich University, Zürich 1982, S. 29–57

Lu Zhaoyin   A Preliminary Study on the Jade Funerary Clothes of the Han Dynasty, in: Kaogu, 1981, 1, S. 51–58 (chin.)

Medley, Margaret   The Chinese Potter, A Practical History of Chinese Ceramics, Oxford – London 1976, ²1977

Medley, Margaret   Yuan Porcelain and Stonewares, London 1974

Needham, Joseph Science and Civilization in China, 7 Bde., Cambridge 1954–1971

Newsletter, East Asian Art and Archaeology, University of Michigan, Ann Arbor 1977 ff.

Pirazzoli-t'Serstevens   Michèle   China, Fribourg 1970 (Architektur der Welt)

Pirazzoli-t'Serstevens, Michèle   La civilisation du royaume de Dian à l'époque Han, d'après le matériel exhumé à Shizhaishan (Yunnan), Paris 1974 (Ecole Française d'Extrême-Orient Bd. 94)

Pirazzoli-t'Serstevens, Michèle   Extrême-Orient, préhistoire et archéologie, Chine: paléolithique, néolithique et âge du Bronze, in: Encyclopedia Universalis, Suppl. 1, Paris 1980, S. 582–590

Qian Hao, Chen Heyi und Ru Suichu   Out of China's Earth, Archaeological Discoveries in the People's Republic of China, Beijing – New York 1981

Rawson, Jessica   Ancient China, Art and Archaeology, London 1980

Sekino, Takeshi   Chūgoku kōkogaku sanjūnen (Dreißig Jahre chinesische Archäologie), Übersetzung und Bearbeitung von: Wenwu kaogu gongzuo sanshi nian (Beijing 1979), Tōkyō 1981 (jap.)

Sullivan, Michael   Chinese Art, Recent Discoveries, London 1973

Sullivan, Michael   The Arts of China, Berkeley – Los Angeles – London 1977

Sullivan, Michael   Chinese Landscape Painting, Bd. II: The Sui and T'ang Dynasties, Berkeley – Los Angeles – London 1980

Thilo, Thomas   Klassische chinesische Baukunst, Strukturprinzipien und soziale Funktion, Leipzig 1977

Treasures from the Tombs of Zhongshanguo Kings, An Exhibition from the People's Republic of China, Ausstellungskatalog, Tōkyō 1981 (jap.)

Twitchett, Denis C.   The Cambridge History of China, Bd. 3: Sui and T'ang China, 589–906, Teil I, Cambridge 1979

Vandermeersch, Léon   Wangdao ou la voie royale, Recherches sur l'esprit des institutions de la Chine archaïque, 2 Bde., Paris 1977–1980

Watson, William   Archaeology in China, London 1960

Watson, William   Ancient China, The Discoveries of Postliberation Chinese Archaeology, London 1974

Watson, William   China, Kunst und Kultur, Freiburg im Breisgau – Basel – Wien 1980

Wenwu Press (Hg.)   Xin Zhongguo du kaogu shouhuo (Archäologische Ernte im Neuen China), Beijing 1961

236

Wenwu Press (Hg.) Wenhua da geming qijian chutu wenwu, di yi ji (Während der Großen Kulturrevolution ausgegrabene Kulturgüter, Bd. 1), Beijing 1972

Wenwu Press (Hg.) Tang Li Xian Li Zhongjun mu bihua (Wandmalereien in den Gräbern von Li Xian und Li Zhongjun aus der Tang-Zeit), Beijing 1974

Wenwu Press (Hg.) Tang Li Xian mu bihua (Wandmalereien im Grab von Li Xian aus der Tang-Zeit), Beijing 1974

Wenwu Press (Hg.) Shang Zhou kaogu (Shang- und Zhou-Archäologie), Beijing 1979

Wu Zhenfeng Shaanxi chutu Shang Zhou qintongqi (Shang- und Zhou-Bronzen aus der Provinz Shaanxi), 6 Bde., Beijing 1979

Xia Nai Essays on Archaeology of Science and Technology in China, Beijing 1979 (chin. mit engl. Zusammenfassung)

Xia Nai Chinese Archaeology in the Last Thirty Years, in: Kaogu, 1979, 5, S. 385–392 (chin.)

Xu Xi-tai An Archaeological Record of Chou-Yüan, in: The Journal of the Institute of Chinese Studies of the Chinese University of Hongkong 12 (1981), S. 153–183 (chin.)

Zhongguo mingsheng cidian (Handbuch der chinesischen Fundorte), Shanghai 1981

Zhongguo taoci shi (Geschichte der chinesischen Keramik), Beijing 1982

Zhuang Wei Les quatre grandes découvertes de la Chine antique, Beijing 1981

ABBILDUNGSNACHWEIS

Autoren und Verlag danken den Fotografen, die die Aufnahmen für das vorliegende Buch machten, und den Museen und sonstigen Institutionen, die weiteres Fotomaterial zur Verfügung stellten. Die Ziffern verweisen auf die Abbildungsnummern.

Die Bildbeschaffung für dieses Buch besorgte Ingrid de Kalbermatten in Zusammenarbeit mit den Autoren.

Amsterdam, Rijksmuseum 44–49, 84, 86–88, 98, 100, 101, 103–105, 107, 108, 111, 112, 119, 128, 129, 135–137, 140, 141, 146, 151, 155, 158, 173
Beijing, Cultural Relics Publishing House 9, 11–22, 24, 31–33, 36, 37, 39, 40, 42, 50–64, 69, 70, 85, 89–97, 110, 115, 116, 118, 124, 125, 134, 138, 142, 145, 154, 160, 161, 164–169, 174–176, 180
Berlin, Propyläen Verlag 178, 179
Brüssel, Philippe de Gobert 106, 149, 159, 172
Fribourg, Leo Hilber 34, 35, 68, 71–78, 139, 150

Archiv des Autors 26, 27, 80, 120, 121, 131, 152, 153, 177

Ein besonderer Dank der Autoren geht an die Direktoren von *Wenwu chubanshe,* die ihnen in Beijing eine herzliche Aufnahme gewährten und zahlreiche Dokumente über die jüngsten Grabungen zur Verfügung stellten.

REGISTER

Die kursiv gesetzten Zahlen verweisen auf die Abbildungsnummern.